Peter O'Toole

Sibylle Luise Binder

Peter O'Toole

Ein Porträt

Henschel

Sie können uns 24 Stunden am Tag erreichen unter:
http://www.dornier-verlage.de
http://www.henschel-verlag.de

Die Deutsche Bibliothek – CIP-Einheitsaufnahme
Ein Titeldatensatz für diese Publikation ist bei
Der Deutschen Bibliothek erhältlich.

ISBN 3-89487-435-X

© Juli 2002 bei Henschel Verlag, Berlin.
Der Henschel Verlag ist ein Unternehmen der Verlagsgruppe Dornier.

Die Verwertung der Texte und Bilder, auch auszugsweise, ist ohne
Zustimmung des Verlags urheberrechtswidrig und strafbar.
Dies gilt auch für Vervielfältigungen, Übersetzungen, Mikroverfilmungen
und für die Verarbeitung mit elektronischen Systemen.
Die Schreibweise entspricht den Regeln der neuen Rechtschreibung.

Lektorat: Sibylle Wenzel
Umschlaggestaltung: Mediabureau Di Stefano, Berlin
Titelbild: CINETEXT
Satz und Gestaltung: AS Typo & Grafik Berlin
Druck und Bindung: Wiener Verlag, Himberg
Printed in Austria

Gedruckt auf alterungsbeständigem Papier mit chlorfrei gebleichtem Zellstoff

INHALT

Man and Superman
  Ein Vorwort 7

Oh My Papa: die frühen Jahre
  Irland – Yorkshire
  1932–1945 11

Lord Jim: Botenjunge, Jungreporter, Seemann
  Yorkshire
  1947–1953 23

The Stuntman: Ausbildung an der RADA
  London
  1953–1955 33

The Apple Cart: der junge Schauspieler
  Bristol – London – Stratford-upon-Avon
  1955–1960 49

Power Play: Lawrence und die Folgen
  London – Stratford-upon-Avon – Jordanien –
  Marokko – Spanien
  1959–1963 61

Wings of Fame: Ruhm und Absturz
   London – Paris – Dublin
   1963–1974 93

Rogue Male: Absturz und Comeback
   Mexiko – London – Irland – Amerika
   1974–1984 133

My Favorite Year: der Vater
   London – New York – New Jersey – Irland
   1984–1989 161

The Lion in Winter: zurück in die Zukunft
   London
   1989 bis heute 171

Anhang
   Anmerkungen 183
   Filmographie 191
   Literatur 215
   Dank 217
   Bildnachweis 218
   Namensregister 219

Man and Superman

Ein Vorwort

»Natürlich sieht er aus wie neunzig – und das schon seit zwanzig Jahren. Dabei wird er am 2. August erst siebzig. Und in Wahrheit hat er das wildeste, jüngste Herz von allen. Er ist der ewige ›Lawrence von Arabien‹. Er lebt nach dem ›Lawrence‹-Prinzip: ›Für mich gibt es kein Gesetz. Ich bin das Gesetz.‹ Bei Partys ist er schon edel betrunken, bevor es losgeht. Und wenn alle schon gegangen sind, ist er immer noch da und immer noch edel. Man sagt, Peter O'Toole schläft nie. Er war verheiratet, aber er ließ nie eine Frau in sein Herz. Man sagt, er habe noch nie geweint.«[1]

Das las ich vor kurzem in einem deutschen Magazin. Ich stelle mir Peter O'Tooles Reaktion vor, wenn man ihn mit diesen Worten konfrontieren würde. Wahrscheinlich würde er vielsagend in sich hineinlächeln, denn schließlich hat er hart am Image des einsamen Wolfs, der nur seine eigenen Gesetze befolgt und von niemandem abhängig ist, gearbeitet. Er hat viele Jahre damit verbracht, seine Verletzlichkeit hinter einem großen Mundwerk und exzentrischem Benehmen zu verbergen, er hat sich einen Spaß daraus gemacht, brave Bürger zu erschrecken. Er hat polarisiert, und es ist ihm recht so, denn es war nie sein Ehrgeiz, jedermanns Liebling zu sein. Im Gegenteil: O'Toole sagte oft genug, er hasse nichts mehr als Mittelmäßigkeit – und er bezog das nicht nur auf seine Arbeit, sondern auch auf sein Leben. O'Toole gibt es immer nur ganz oder gar nicht. Er hat nie zwischen Schauspieler und Privatmann getrennt. Er hat immer – ob auf der Bühne, vor der Kamera oder im »wahren Leben« – alles gegeben.

Heute, fast siebzig Jahre alt, hat er sein Lebensziel erreicht: Er war im Verlauf dieses langen Künstlerlebens allerlei, man hat ihm jede Menge Etiketten, angefangen von »verrücktes Genie« über »undisziplinierter Trunkenbold« bis zu »exzentrischer Spinner« angehängt, aber Mittelmäßigkeit hat ihm noch nie jemand vorgeworfen. Und noch einen Vorwurf konnte man ihm nie ernsthaft machen: O'Toole war nie korrumpierbar. Weder Ruhm noch Rückschläge konnten ihn davon abbringen, seinen Weg zu gehen, und so sehr er Geld und Luxus zu schätzen weiß, seine Freiheit ging ihm immer über alles. Er hat sich nie auf Hollywood beschränken lassen – obgleich ihm bewusst war, dass dies seine Karriere und das Geldverdienen sicherlich erleichtert hätte –, er ließ sich nie auf Linie bringen, und den Mund durfte ihm auch nie jemand verbieten.

Peter O'Toole ist ein Individualist, und er ist der Prototyp eines Künstlers, für den sein Werk – sei es die Arbeit auf der Bühne oder vor der Kamera, sei es die am Schreibtisch als Schriftsteller – nicht nur Ausdruck seiner Persönlichkeit ist, sondern eine Überlebensnotwendigkeit. Er selbst sagte einmal: »Wenn ich nicht Schauspieler geworden wäre, wäre ich kriminell geworden.«[2] Bürgerliche Maßstäbe darf man an ihn nicht anlegen. Für O'Toole gilt der Satz von Martin Gregor-Dellin, wonach die unverbindliche Liebenswürdigkeit eines Wiener Konditors vom Genie nicht zu haben ist. Ebenso zutreffend ist für ihn aber auch ein Ausspruch von C. G. Jung: Es gebe selten einen schöpferischen Menschen, der den göttlichen Funken des großen Könnens nicht teuer bezahlen muss. Peter O'Toole ist wie der Titel eines seiner Lieblingsstücke *Man and Superman* Mensch und überlegener Künstler gleichzeitig. Damit muss er leben, damit hat er sich gequält. Uns, seinem Publikum, hat er damit aber ein Geschenk gemacht.

Damit habe ich bereits etwas über meine Rolle als Biographin gesagt. Ich habe O'Tooles Wirken – sei es als Schauspieler oder als Autor – als Geschenk empfunden und mich als privilegiert, weil ich als Autorin Gelegenheit bekam, mich ausführlich mit diesem Leben zu beschäftigen. Ich bringe Peter O'Toole Dankbarkeit und Respekt entgegen. Deshalb ist O'Tooles Privatleben in diesem Buch nur so weit Gegenstand der Debatte und Betrachtung, wie es sein Reifen als Künstler beeinflusst und geprägt hat.

Ich denke und hoffe aber auch, dass ich trotz der Verehrung die nötige kritische Distanz aufgebracht habe. Ich wollte kein Heldenepos schreiben, denn der Mann, den ich Ihnen vorstellen will, ist kein strahlender Ritter in schimmernder Rüstung. Er ist ein Mensch – ein hochbegabter sicherlich, aber auch ein irrender, suchender, fehlbarer Mensch. Auch das soll in diesem Buch deutlich werden.

Stuttgart, im März 2002
Sibylle Luise Binder

Oh My Papa:
die frühen Jahre

IRLAND – YORKSHIRE
1932–1945

Kontraste sind es, die Peter O'Tooles Kindheit geprägt haben: der ersehnte, innig geliebte Sohn – dessen genaues Geburtsdatum aber im Chaos der väterlichen Lebensführung vergessen wurde. Das hochintelligente Kind, das mit vier Jahren lesen konnte – und später in der Schule versagte. Das Sensibelchen, dem sich Kriegserlebnisse so einprägten, dass er sie noch fünfzig Jahre später mit ergreifender Detailtreue wiedergeben konnte – und der Raubautz, der sich in den Slums einer nordenglischen Industriestadt durchprügelte. Der kleine Lord mit weißem Kragen und polierten Schuhen, von der ebenso kultivierten wie belesenen Mutter schon früh an Literatur herangeführt – und der Gassenjunge, der sich in den grauen Straßen einen Wortschatz zulegte, der noch Jahrzehnte später brave Bürger schockierte.

Die Mutter: Constance Jane Eliot Ferguson, aus einer gutbürgerlichen schottischen Familie, früh verwaist, in Kinderheimen groß geworden und zu einer selbstständigen und selbstbewussten Frau herangewachsen, die als Oberschwester in einer Klinik arbeitete. Bilder zeigen sie als dunkelhaarige Schönheit. Der späteren Schwiegertochter Siân Phillips, die Constance Jane nicht mochte, fiel zu ihr das Attribut »glamourös«[1] ein. Der Sohn sagt, seine Mutter sei sich ihrer

Attraktivität wohl bewusst gewesen, und sie habe beabsichtigt, sie auf dem Heiratsmarkt effizient einzusetzen. Ein gutsituierter Mann sollte es sein, der ihr den entsprechenden Rahmen verschaffen würde. Dieses berechnend-pragmatische Element ihres Charakters half ihr später, ihr und ihrer Kinder Leben immer wieder selbst in die Hand zu nehmen. Und das musste sie, denn über ihren Gatten Patrick Josef O'Toole kann man viel – und auch Positives – sagen, aber bestimmt nicht, dass er ein treusorgender Ehemann und Vater gewesen wäre.

Der Vater also: »Captain Spats« O'Toole, das schwarze Schaf einer irischen Familie, die sich in Sachen Unangepasstheit und Widerstandsgeist in ihrer Heimat einen beachtlichen Ruf erworben hatte. Schon zu Cromwells Zeiten war der O'Toole-Clan der Obrigkeit unangenehm aufgefallen und deswegen aus dem fruchtbaren Osten der Insel ins karge Connemara verbannt worden.

Patrick Josef muss ein besonders eigenwilliger O'Toole gewesen sein. Seinen militärischen Spitznamen »Captain« hatte er sich keineswegs bei der Army, sondern in einem Fußballteam zugelegt. Gelernt hatte er einst die ehrenwerte Profession eines Werkzeugmachers, aber ausgeübt hat er diesen Beruf nur während einiger Kriegsjahre. Ansonsten verdiente »Captain Spats« – der sich nicht wehrte, wenn man ihn irrtümlich für einen ehemaligen Offizier hielt – seinen und der Familie Lebensunterhalt als Spieler und Buchmacher. Dass Wetten und Wettannahme in England und Irland zu dieser Zeit illegal waren, belastete ihn dabei offenkundig wenig.

Auf der Rennbahn war es dann auch, wo sich Mitte der zwanziger Jahre des vorigen Jahrhunderts Patrick O'Toole und Constance Jane Ferguson zum ersten Mal begegneten. Was sie zu sehen bekam, war durchaus interessant: ein hochgewachsener Dunkelblonder mit hellwachen, moosgrünen Augen, der aufrechten Haltung des stolzen Iren und eleganten Bewegungen, gut gekleidet, fast dandyhaft. Der Sohn beschreibt ihn mit dem (unübersetzbaren) Attribut »lordy«[2] – ob er sich dabei bewusst war, dass diese »Lordiness« auch ihn selbst auszeichnet und in fortgeschrittenen Jahren zur Idealbesetzung eines Edelmanns gemacht hat?

Die Eloquenz scheint der Sohn auch vom Vater geerbt zu haben. Patrick O'Toole war in diesen Jahren innerhalb seines Umfeldes ein Anführertyp – einer, der andere überzeugen und lenken konnte. Und er war zweifellos charmant. Constance Jane, von Freunden zum Picknick auf der Rennbahn eingeladen, lachte erst, dann lächelte sie, dann ließ sie sich von ihm zu einer Pferdewette überreden. Das Pferd, auf das sie setzte, gewann tatsächlich. Und es brachte ihr letztendlich nicht nur einen finanziellen Gewinn ein, sondern auch einen Ehemann. Schon während der Verlobungszeit wurde sie mit der Unberechenbarkeit ihres Erwählten konfrontiert: Oft genug kamen statt seiner nur Blumen oder Anrufe, manchmal blieb auch jede Botschaft aus. Doch er tauchte immer wieder auf, und Constance Jane, von ihm zärtlich »Connie« gerufen, liebte ihn wohl genug, um seinen Freiheitsdrang nicht einschränken zu wollen. Vielleicht hatte sie aber auch erkannt, dass ihr Verlobter sich sowieso nicht in Fesseln schlagen lassen würde.

Dem ehelichen Band jedenfalls wich er nicht aus, wobei die unterschiedliche Konfession zwischen der Protestantin und dem auf seine Art strenggläubigen Katholiken keine Rolle spielte. Connie war von Riten und Weihrauchduft durchaus angezogen und stimmte zu, künftige Kinder katholisch zu erziehen. Kinder kamen dann auch bald: 1930 die Tochter Patricia, 1932 der Sohn Peter Seamus. Doch an welchem Tag wurde er geboren?

Peter O'Toole weiß es nicht – und gehört damit wahrscheinlich zu den letzten Europäern, die sich darüber Gedanken machen müssen. In seinem Pass jedenfalls ist der 2. August 1932 angegeben. Doch in seinen Memoiren berichtet er: »Die Familienversion von meinem Geburtstag und -ort ist Juni 1932 in Irland, dasselbe Ereignis ist im August desselben Jahres für ein englisches Unfallkrankenhaus aufgezeichnet, meine Taufe war im November 1932 in England.«[3]

Ebenso wenig wie Peters Geburtstag ist der Verbleib der Familie in seinen ersten Lebensjahren nachvollziehbar. Die O'Tooles reisten mit ihrem Ernährer von einem Rennplatz zum anderen, doch so unsicher ihre Lebensumstände in dieser Zeit zu sein schienen: Die Kinder Patricia und Peter litten wohl nicht darunter. Im Gegenteil. Peters frühe Kindheitserinnerungen sprechen von Liebe und Geborgenheit, so zum Beispiel, wenn er im ersten Band seiner Memoiren von Ausflügen mit dem Vater erzählt: »Auf den Schultern meines Vaters, als ich ungefähr fünf Jahre alt war und die Welt noch jung. Meine Beine um seinen Nacken und auf seine adrett gekleidete Brust herunter baumelnd, meine Knöchel in seinen Fäusten, meine Hand fasste nach dem Rand seines Bowlers ... Seligkeit war es in diesen Tagen, ein Kind zu sein, meterhoch in der Luft, glücklich mit dem Vati, unser großartiges Ziel ansteuernd, die Muh-Kuh-Milchbar ... Papa nannte sie mein Pub ...«[4]

Mit Pubs hatte O'Toole senior Erfahrung – nicht nur, weil er in Kneipenhinterzimmern Wetten annahm und Karten spielte, sondern auch, weil er gerne und ausführlich trank. Aus späteren Zeiten ist von ihm eine Anekdote überliefert, wonach er mit seinem Sohn die Geburt einer Enkelin feierte. Dabei gelang es dem Senior dank langer Übung scheinbar mühelos, den Junior, der ja auch nicht eben für zurückhaltenden Umgang mit Alkohol bekannt war, im wahrsten Sinne des Wortes unter den Tisch zu trinken. Als Peter flach lag und auch nicht mehr auf die väterliche Anordnung: »Auf die Füße, Sohn!«[5], reagierte, öffnete Patrick O'Toole die letzte Flasche und gesellte sich damit zum Sohn auf den Boden. Constance Ferguson O'Toole, die Vater und Sohn am nächsten Morgen friedlich schlafend auf dem Teppich fand, soll herzlich gelacht haben. Sie war hart im Nehmen – und das musste sie in der Umgebung, in der sich die Familie niedergelassen hatte, als Peters Schwester Patricia in die Schule kam, auch sein. Der Arbeitervorort von Leeds, in dem sie viele Jahre leben sollte, war alles andere als ein Paradies.

Das Leeds der dreißiger Jahre des vorigen Jahrhunderts: Die sozialen Kontraste waren krass, auf der einen Seite die Stahlbarone und Herren der Großwebereien – Leeds war eines der Zentren der Baumwollverarbeitung – in ihren großzügigen, von Grün umgebenen Villen und auf der anderen Seite die Arbeitervororte, von O'Toole selbst direkt und deutlich »Slums«[6] genannt. Reihenhaus an Reihenhaus, schnell und eng aneinander gebaut. Die meisten dieser kleinen Häuser bestanden aus einer Wohnküche und einem Zimmer im Erdgeschoss, eine steile Stiege führte zu einem Schlafzimmer und einer Kammer unter dem Dach. Oft genug gab es keinen Wasseranschluss im Haus, die Frauen trafen sich im Hinterhof an der Pumpe – und im Hinterhof standen meist auch die Häuschen mit dem Herz in der Tür.

Ein solches Reihenhaus mieteten die O'Tooles, denn Leeds war nicht nur Zentrum der Großindustrie, sondern auch die »goldene Stadt« der Spieler. Die Industrie zog Emigranten aus dem armen Irland an, und viele von ihnen hofften ihr Glück nicht nur an den Werkbänken und Webstühlen, sondern auch mit Pferdewetten zu machen. Und so kann man sich den kleinen Peter auf der Rennbahn vorstellen: Von der Mama stets adrett angezogen, die blonden Locken, die ihm den Kosenamen »Bubbles« eingetragen hatten, mit Wasser an den Kopf gebürstet, schaute er bewundernd zu seinem Vater auf, der im Gewühle auf seinem Stuhl stand und mit lauter Stimme seine Quoten aussang. Peter genoss die Bekanntheit seines Vaters, die Gesellschaft auf der Rennbahn, die ganz besondere Atmosphäre, die Jockeys in bunter Seide, die eleganten, nervösen Vollblüter, die Rennbahnbesucher, die Zocker. Jahre später – immer noch und immer wieder gerne auf Rennbahnen zu Gast – zitiert O'Toole in Beziehung auf seine Kindheitserinnerungen an die Rennbahn den Londoner Journalisten Jeffrey Bernard: »Die Welt der Pferderennen ist voll von Verrückten, Kriminellen, Idioten, Charmeuren, Mistkerlen und außergewöhnlich netten Leuten.«[7] An den Renntagen war das Leben für Peter O'Toole ein Picknick.

An den Schultagen war es weniger schön. Die Einschulung in die »Catholic Boys' Infants School« hatte dem aufgeweckten Sechsjährigen noch gefallen, aber schon bald geriet er in Schwierigkeiten. Er sollte etwas malen – und er entschied sich, etwas darzustellen, was ihn besonders beeindruckt hatte: ein urinierendes Wagenpferd. »Der riesige, schwarze Knüppel von einem Penis, mit Venen überzogen und sich streckend, ein Wasserfall von Pisse schoss heraus. Ströme davon rannen die Straße hinunter, bildeten dort Blasen und Schaum und wurden zu einem Fluss, der sich in den Abfluss ergoss«,[8] beschreibt O'Toole sein frühes Machwerk. Seine Klassenlehrerin, Schwester Aloysius, war von dieser Malerei nicht angetan. »Sie produzierte ein kleines Quietschen, ein kleines Grunzen, sie ließ Schwester Maria Concepta kommen. In heller Aufregung, hektisch wie aufgescheuchte Krähen, mit klappernden Rosenkränzen und Kruzifixen, schwarz behaubten Köpfen, von schwarzen Schwingen umgebenen Schläfen, weißen Zelluloid-Brüsten, mit harten, weißen, knochigen Händen zuschlagend, wurden die Bräute Christi sehr ärgerlich«,[9] erzählt O'Toole. Und da er sich ungerecht behandelt fühlte, begann er zu brüllen und um sich zu treten. Am Ende musste Constance Jane die Wogen glätten.

Das war aber nicht das einzige Problem: Peter O'Toole ist Linkshänder – und Linkshändigkeit galt damals noch nicht als genetische Disposition, sondern als schlechte Gewohnheit. Die frommen Schwestern bemühten sich folglich, Peter den Gebrauch der »falschen« Hand auszutreiben, indem sie den Einsatz der linken entweder durch Schläge mit dem Lineal auf die Finger straften oder die Hand kurzerhand auf seinem Rücken festbanden. Die Wirkung ihrer Kur bekamen sie nicht mehr mit: O'Toole verletzte sich als Erwachsener immer wieder die rechte Hand – als ob er immer noch dagegen protestieren müsse, sie bevorzugt einsetzen zu sollen.

Zudem hatte Peter Schwierigkeiten mit der Mathematik – dem offenkundig schon damals vorwiegend sprachlich-literarisch begabten Jungen fiel das Abstrahieren schwer. Auf der Rennbahn Quoten zu rechnen, war kein Problem – aber irgendwelche abstrakten Variablen in logischen Zusammenhang zu bringen, war ihm unmöglich. Die Demütigungen, die ihm aus dieser Schwäche erwuchsen, ärgerten ihn noch Jahrzehnte später: »Sie haben mich angemeckert, an den Haaren und Ohren gezogen, mir mit der Ecke Ihres Lineals auf den Handrücken geschlagen, um mir mit aller Kraft die Kenntnis nichtexistenter Fakten einzuprügeln, denn Sie, Miss Vixer, waren fest davon überzeugt, dass sie existieren. Sie dachten, weil ich mich bei X, Y und Formeln dumm anstellte, müsste ich durchgehend dumm sein ...«,[10] schrieb er in seinen Memoiren, und man kann seine Wut dabei immer noch spüren.

Und mit dem Versagen in Mathematik immer noch nicht genug der Probleme: Peter war kein robustes Kind. Er fehlte immer wieder wegen Krankheit, so schon ganz zu Anfang der Schulzeit, als sein Blinddarm sich entzündete – und wenn O'Toole krank wurde, dann dramatisch. Bei einem Einkaufsbummel brach er zusammen, seine Mutter beförderte ihn per Taxi ins nächste Hospital, wo man sofort eine Notoperation unternahm. Es war dennoch zu spät: Der entzündete Blinddarm war durchgebrochen, der Eiter hatte sich in die Bauchhöhle ergossen und löste eine schwere Bauchfellentzündung aus. Vor der Entdeckung der Antibiotika war eine solche Peritonitis lebensgefährlich und so wurde der kleine Peter nach der Operation auf eine Isolierstation verlegt, wo er die nächsten Wochen verbringen musste. Er überstand es, aber wie verlassen und verängstigt muss er sich dabei gefühlt haben.

Eine weitere Trennung von der Familie und von der vertrauten Schule brachte der Krieg mit sich. Er erreichte die nordenglischen Industriegebiete 1941. Die Kinder wurden aufs Land evakuiert. So packte auch Connie Ferguson-O'Toole eines Tages ein Köfferchen für ihren Jungen, hängte ihm ein Schild um den Hals und gab ihn am Bahnhof auf. Er landete bei Mr und Mrs Steeple in einem kleinen Dorf in den Midlands. Mr Steeple war Müller, seine Frau gab Sprech- und Klavierunterricht. Der Sohn des Paares war gefallen, und in seinem Zimmer wurde Peter einquartiert. Vielleicht war die Trauer um diesen verlorenen Sohn der Grund dafür, dass die Steeples sich nicht genügend um ihren Gast kümmerten. Jedenfalls fiel ihnen nicht auf, dass der kleine Katholik schon nach wenigen Tagen Krach mit seiner überzeugt anglikanischen Lehrerin hatte und darum nicht mehr in die Schule ging. Er verbrachte seine Zeit stattdessen mit den Dorfjungen oder stromerte allein, in Tagträume von Rittern und

Abenteuern versunken, durch die Felder und Wälder von Mittelengland. Erst seine Mutter, daran gewöhnt, dass der Sohn »immer vermisst war, immer unterwegs zu etwas, immer dabei, etwas anzustellen, immer da, wo [er] nicht sein und selten, wo [er] sein sollte«,[11] bemerkte bei einem Besuch, dass Peter die Schule schwänzte, und nahm ihn mit zurück nach Leeds, wo er den Rest des Krieges erlebte: Verdunkelung und der allabendliche Weg durch die Nacht zur einzigen funktionierenden Telefonzelle, von der aus seine Mutter mit dem Vater sprach, der als Werftarbeiter kriegsverpflichtet war; die Schrecken des Bombenkrieges, aber auch die Geborgenheit, die aus dem Zusammenhalt in Gefahr entsteht. Und dann endlich der »V-Day«: England feierte den Sieg über die Deutschen und das Ende des Krieges. O'Toole erinnert sich: »Glocken läuten, Kapellen spielen, Stimmen singen und lachen und schreien, Flaggen werden geschwenkt, Bier getrunken ... Vom Morgen bis zum frühen Nachmittag war ich alleine durch die Stadt gewandert und hatte mir den Spaß angeschaut..., aber obwohl ich den Lärm und die Fröhlichkeit um mich herum genoss und die Erleichterung darüber, dass der Krieg ... vorbei war, mitempfand – in mir breitete sich eine tiefe Traurigkeit aus, und ich ging fort von dem Freudenlärm ...«[12]

Warum er traurig war, führt Peter O'Toole in seinen Memoiren nicht aus. Aber es ist nicht schwer zu erraten: Er war sieben Jahre alt gewesen, als England in den Krieg eingetreten war. Am Kriegsende war er fast dreizehn. In diesen fünf Jahren hatte der Krieg nicht nur seine äußeren Lebensumstände bestimmt, sondern auch die Phantasie des Jungen beflügelt; die geifernden Hetzreden des deutschen »Führers« Adolf Hitler waren oft genug in den englischen Wochenschauen zu sehen gewesen. Hitler wurde zum allgegenwärtigen »Bogeyman« – dem »Schwarzen Mann« – seiner Kindheit, den er damals schon mit ganzer Seele verabscheute. In seinen Tagträumen sah er sich als »Geheimagent O'Toole« beauftragt, Hitler durch ein Attentat aus der Welt zu schaffen – eine Phantasie, die sich so in sein Gedächtnis gegraben hat, dass er sich viele Jahre später, als er in der Verfilmung von Geoffrey Households Thriller *Rogue Male* genau diese Rolle spielte, noch daran erinnerte und davon ergriffen war. Als Erwachsener beschäftigte er sich intensiv mit der jüngeren deutschen Geschichte und im Besonderen mit der Biographie Hitlers; in dem ersten Band seiner Memoiren zieht er immer wieder Parallelen zwischen dem eigenen und Hitlers Werdegang – die Frage, wie es zu einem solchen Abgrund an Bösem kommen konnte, scheint O'Toole nie losgelassen zu haben. Und noch heute, in seinem siebzigsten Lebensjahr, kann sich O'Toole – so berichten Freunde von ihm – über kaum etwas mehr ereifern als über den wieder um sich greifenden Nationalsozialismus.

Ein trauriger Junge inmitten der feiernden Menschen – ein Außenseiter? Auf den ersten Blick weist nichts darauf hin. Peter war in seinem sozialen Umfeld nicht nur integriert, sondern anerkannt. Als Messdiener und frommer Katholik fand er innerhalb der irischen Exilgemeinschaft, in der sich seine Eltern bewegten, Zuspruch, ja, wahrscheinlich noch mehr: Irischen Familien wird nachgesagt, dass es ihr größter Ehrgeiz sei, einen der ihren zum Priester heranwachsen zu sehen. Und der junge Peter wollte Priester werden. Er verbrachte viel Zeit in der Kirche und spöttelte später darüber, dass er vom vielen Beten Hornhaut auf den Knien gehabt habe.[13] Doch muss man ihn sich deswegen nicht als schüchternen Stubenhocker vorstellen. Ganz im Gegenteil. Laut eigener Auskunft war er »der mit Mehrheit gewählte Anführer der Forschungsgruppe für schmutzige Stellen in der Bibel; Besitzer und großzügiger Verteiler von Kippen und ganzen Zigaretten ...; Lieferant der Filmzeitschrift ›Picturegoer‹, deren Titelbilder die Masturbierer im Luftschutzbunker mit Inspiration versorgten; Messdiener; als Wunderknabe beim Cricket angesehen; jüngstes Mitglied des Schwimmteams meiner Schule und selten nicht platziert im Hochpiss-Wettbewerb.«[14] Er hatte Freunde wie zum Beispiel Pongo und Big Hamish, mit denen er im Luftschutzraum der Schule rauchte (dabei war besonders wichtig, wer den Rauch am längsten in der Lunge behalten konnte) – und in der Kathedrale ministrierte. Und da war der Exilschotte Donal MacBruin, den der Krieg nach Leeds verschlagen hatte, wo er sein Geld mit dem Verkauf von Bürsten verdiente, aber ansonsten tief in seinen gälischen Träumen lebte. Peter hatte ihn in der Kirche kennen gelernt, wo MacBruin – zu Peters Erstaunen – mit der Pfeife im Mund gesessen hatte. MacBruin argumentierte »jesuitisch«: Er rauche nicht beim Beten, sondern er bete beim Rauchen, und daran würde Gott sich sicher nicht stören – so erklärte er jedenfalls Peter, und weil er gerade schon dabei war, wollte er von dem Jungen wissen, ob er tanzen könne. Peter konnte es nicht, hatte bis dahin auch nie daran gedacht, dass Tanzen eine Beschäftigung für einen Jungen sein könnte, doch MacBruin überzeugte ihn, dass Tanzen – jedenfalls in der Art, in der er, Donal MacBruin, es betrieb – ein sehr männliches Hobby sei. Er hatte nämlich einmal eine Gruppe von schottischen Pfeifern geleitet, und er wollte nun wieder eine aufbauen. Peter war interessiert und weil Pongo und Big Hamish immer da waren, wo er war, lernte das Trio alsbald unter Donal MacBruins Anleitung nicht nur Jig und Reel zu tanzen, sondern außerdem den Dudelsack zu blasen. Und weil MacBruin mit Leib und Seele gälisch war, bekamen seine Jungs schließlich auch Kilts und was sonst zur Ausstattung eines Schotten gehört. Peter war besonders von dem kleinen Dolch begeistert, der im Strumpf getragen wird, aber er mochte auch den Dudelsack, mit dem er und seine Freunde dann für einige Zeit als Mini-Kapelle durch Leeds zogen.

Obwohl O'Toole sein Talent als Sackpfeifer später in zwei Filmen unter Beweis gestellt hat, hält er es heute wohl mit dem Satz: Ein Gentleman ist ein Mann, der den Dudelsack blasen kann, es aber nicht tut. Jedenfalls schreibt er in seinen Memoiren: »Sie werden mit Erleichterung hören, dass mir heute zu befriedigendem Spiel auf dem Dudelsack Ansatz und Atem fehlen. Aber wenn Sie mir eine Woche zum Üben geben, spiele ich Ihnen ›Rakes of Hollow‹. Das ist die einzige Melodie aus meinen Pfeifertagen, von der ich noch weiß, wie man sie bläst.«[15]

Doch trotzdem: Spätestens mit Eintritt der Pubertät muss Peter sich immer öfter als Außenseiter empfunden haben, denn nun machte sich der Kontrast zwischen seiner von der Mutter geprägten, heimischen Umgebung und der Außenwelt immer mehr bemerkbar. Das Großmaul, das 1965 in einem ›Playboy‹-Interview damit schockte, ein Mitglied der »Bruderschaft für G. M. unter Aufsicht der heiligen Brüder – G. M. steht für gegenseitige Masturbation«[16] gewesen zu sein, hatte auch eine andere Seite, und die schwärmte eine junge Frau an, die er morgens in der Straßenbahn traf. »Ich hatte mir gewünscht, sie würde mich umarmen und an sich drücken, aber ich liebte den Schwung ihrer Nase so sehr ... und was ich für eine stolze, zarte Traurigkeit in ihrem Gesicht hielt«.[17] Er schlägt leise Töne an, wenn er über dieses Frühlingserwachen berichtet, und in der Ritterlichkeit, mit der er die von ihm »Celia« Genannte anbetete, zeigte sich der Sohn einer stolzen Mutter, die von den Männern ihrer Umgebung – sei es der Ehemann oder der Sohn – den ihr gebührenden Respekt forderte.

Zeichnete sich in diesen Jahren schon ab, dass der schmale blonde Junge einmal zu einem großen Schauspieler heranwachsen würde? In seinen Memoiren findet man nichts dazu. O'Toole versucht nicht, an der Legende zu stricken: »Theater und Schauspielerei sind mein Leben – ich wollte nie etwas anderes.« Im Gegenteil, er spielt herunter, dass es durchaus schon in seiner Kindheit Anzeichen für etwas gab, was ein Mensch mit mehr Neigung zum Pathos wohl als »Berufung« bezeichnen würde.

Da war zum Beispiel die Liebe zur Literatur als Erbteil der Mutter. Constance Jane hatte dem Sohn schon früh Gedichte vorgelesen – zum Beispiel Keats, den sie sehr liebte. G. B. Shaws *Pygmalion* wurde im Hause O'Toole so oft und ausführlich zitiert, dass Peter ihn später bei der Aufnahmeprüfung in der Royal Academy of Dramatic Art (RADA) ohne weitere Vorbereitung vortragen konnte. Diese Liebe zur Literatur und die Achtung vor dem Autor haben O'Toole auch später als Schauspieler ausgezeichnet. In einem Interview zitierte er 1999 zu diesem Thema die Bibel: »Am Anfang war das Wort«[18], und führte aus, dass er Schauspielerei als Umsetzung und Lebendigmachen des geschriebenen Wortes verstehe.

Einen weiteren Hinweis auf seine große Zukunft gab das einzige Lob, das Peter je in der Schule bekam: Sein Englischlehrer war von einem seiner Aufsätze begeistert. Es handelte sich dabei um eine

Charakterstudie eines in der Nachbarschaft lebenden, geistig behinderten Mannes namens Obidiah, in der Peter O'Toole nicht nur Talent als Erzähler zeigte, sondern auch schon seine Faszination am Andersartigen, an dem von der Norm abweichenden menschlichen Verhalten. Seine größten Erfolge sollte er später mit der Darstellung ebensolcher Abweichler feiern, Charakteren, die anders dachten und handelten als die übrigen Menschen.

Ein drittes Zeichen: Der »pensionierte Katholik«[19] Peter O'Toole schrieb einmal, dass er als Altardiener in der Heiligen Messe das feierliche Zeremoniell auch wegen des großen Schauspiels des priesterlichen Auftretens geschätzt habe. Sein Wunsch, Priester zu werden, war wohl durchaus schon mit einem unbewussten, aber dennoch starken Bedürfnis verbunden, nicht als Zuschauer am Rand, sondern als Akteur im Mittelpunkt zu stehen, allerdings nicht als er selbst, sondern in einer »Rolle« – der des Zelebranten im prächtigen Messgewand. Erneut zeigen sich hier jene Kontraste, die für seinen Charakter und sein Leben so bezeichnend sind: Der später oft so rüpelhafte O'Toole verbarg häufig genug Empfindsamkeit hinter Lautstärke wie ein Priester die eigene, fehlbare Menschlichkeit hinter dem Gepränge seines Amtes. O'Toole genoss es schon als Junge, im Rampenlicht zu stehen, aber schon damals war er nicht bereit, sein unmaskiertes, verletzbares Selbst zu Markte zu tragen.

Lord Jim: Botenjunge, Jungreporter, Seemann

YORKSHIRE
1947–1953

Kurz nach seiner ersten Liebe – mit vierzehn Jahren – beendete der junge O'Toole dann seine nicht sonderlich erfolgreiche Schulzeit. Sein Missfallen an der Schule – von dieser herzlich erwidert – war aber nicht der einzige Grund dafür. Die Familie O'Toole war in Schwierigkeiten: Sein Vater hatte sich offenkundig mit »Geschäftspartnern« eingelassen, die das Kleingedruckte in ihren Verträgen zur Not mit den Fäusten durchsetzten. Die Geschichte führte letztendlich dazu, dass Patrick O'Toole als Familienernährer ausfiel – mit gebrochenen Fingern ist schlecht Kartenspielen, und angeknackste Rippen machen sich nicht gut auf einer Rennbahn. Constance Jane musste übernehmen, zunächst verkaufte sie, was immer vom Hausrat entbehrlich schien, und betätigte sich dann als Bürohilfe und Putzfrau.

Peter unterdessen begann, sich seinen Lebensunterhalt als Botenjunge bei einem Geschäft zu verdienen, in einem anderen packte er Einkäufe ein und landete schließlich, vermittelt von einem hilfsbereiten Lehrer, in der Redaktion einer Zeitung. Seine ersten Schritte in die Pressewelt, die sich später so ausführlich mit ihm beschäftigen sollte, unternahm er als Juniorphotograph, doch in der Dunkelkammer fühlte er sich schon bald nicht mehr wohl. Immerhin muss er aber seinem Arbeitgeber positiv aufgefallen sein: Der Sechzehnjährige bekam eine Chance als Jungredakteur und durchwanderte im nächsten Jahr sämtliche Ressorts der Redaktion. Er zeigte Begabung als Journalist: Er besaß Talent als Schreiber, war neugierig auf Menschen und klug genug zu hinterfragen, was ihm erzählt wurde. Der Jungreporter gab sich abgebrüht – aber ob ihm das immer abgekauft wurde? Der Gerichtsreporter des Blattes jedenfalls scheint sich amüsiert zu haben, als er eines Morgens grinsend verkündete: »Das hier sollte einen scharfen kleinen Mistkerl wie dich interessieren ...«, und seinen Lehrling ins Leichenschauhaus schickte, wo er das Opfer eines Lustmordes (»Der Killer hat die Nippel von ihren beiden Titten abgebissen.«[1]) anzuschauen hatte. Dem Siebzehnjährigen wurde bei diesem Anblick ganz anders. Danach hatte er das dringende Bedürfnis nach einem Bier – und natürlich ließ er sich davon, dass Alkoholausschank an unter Achtzehnjährige nicht erlaubt ist, nicht aufhalten. Er vertraute auf seine Länge und eine Mütze, mit der er, wie er fand, sehr erwachsen aussah. Er war an diesem Tag aber nicht der einzige Minderjährige, der sich der schweren Aufgabe unterzog, mit ernster Miene und tiefer gelegter Stimme ein Bier zu ordern. Neben ihm an der Theke stand ein langer Schlaks, der draußen, vor dem Pub, erst noch eine Schülermütze hatte wegpacken müssen. Die beiden jungen Herren redeten nicht miteinander, aber sie musterten einander, und vielleicht stellten sie schon fest, dass sie sich im Typ ähnelten? Damit aber hatte es sich – zumindest für diesen Tag.

Ein paar Monate später lud der Chefredakteur seinen Volontär auf einen Kaffee ein. Er muss den jungen O'Toole geschätzt haben, denn im Café erzählte er ihm von einem Freund, dem Leitenden Redakteur einer überregionalen Tageszeitung, der Kummer mit seinem siebzehnjährigen Sohn hatte. Der Junge sei intelligent, charmant und zweifellos hochbegabt, aber unangepasst, rebellisch, aufsässig und schwierig. Und »vielleicht, so dachte mein Chef, wäre es eine gute Idee, wenn ich den Knaben treffen würde, denn, so setzte mein Chef seinen Gedankengang fort, der Junge ähnele mir in der Art, in der Sprache, ja, selbst in der Erscheinung ...«[2]

Der junge Mann, der seinem Vater Sorgen machte und auf den O'Toole einen guten Einfluss haben sollte, war jener Schuljunge aus dem Pub: Patrick O'Liver, der Freund, von dem O'Toole fast ein halbes Jahrhundert später schrieb, dass nichts und niemand einen stärkeren oder anhaltenderen Einfluss auf ihn gehabt habe.

Und ganz sicher hatte die Freundschaft, die schon bei der zweiten, vom Chefredakteur vermittelten, Begegnung entstand, damit zu tun, dass Peter O'Toole kein Journalist oder Autor, sondern ein Schauspieler wurde. O'Liver, später ein renommierter Maler, führte O'Toole nämlich in sein Elternhaus ein, in dem die Bohème verkehrte: Schriftsteller, Maler, Musiker, Schauspieler, Bühnenbildner, Architekten. Es war eine neue Welt, von der der sonst so freche Peter O'Toole beeindruckt und eingeschüchtert war, in der er fürchtete, angesprochen zu werden, aber als begeisterter Zuschauer mit dem brennenden Wunsch, eines Tages selbst dazuzugehören, das Treiben beobachtete.

Dazu war O'Liver die Welt des Theaters vertraut – er war mit Shakespeare groß geworden, kannte die historischen Hintergründe seiner Stücke, wusste über die Orte Bescheid, die der Dichter beschrieben hatte, und sprach gerne darüber. Und O'Toole hörte zu. Er saugte das Wissen seines Freundes und die Atmosphäre in dessen Elternhaus auf wie ein Schwamm. In O'Liver hatte er einen Bruder im Geiste gefunden und in der Gesellschaft, in die der Freund ihn einführte, einen Ort, an dem er sich heimisch fühlte.

Doch lange durfte sich Peter O'Toole nicht an dem neu gewonnenen Freund und seinem Umfeld erfreuen. In England gab es zu dieser Zeit noch die allgemeine Wehrpflicht, und die Tatsache, dass O'Toole sich als Ire empfand, interessierte die englischen Behörden nicht. Die Republik Irland war damals von England noch nicht anerkannt, also galt er als Engländer und wurde zum Militärdienst eingezogen. Ihm blieb keine Wahl – außer der der Truppengattung. Da er keine Lust hatte, als Infanterist durch Dreck zu robben, meldete er sich zur Marine. Dabei galt es aber eine Hürde zu nehmen: Die Royal Navy ist ein elitärer Club, der nicht jeden aufnimmt. Doch Peter O'Toole sorgte dafür, dass man ihn erwählte: Er packte sein bestes Benehmen samt dem berühmten O'Toole-Charme aus und drehte zudem ein wenig an den Tatsachen: Sein Vater, »Captain Spats«, stamme von einer langen Reihe irischer Seefahrer ab, erzählte er. Er habe nun den Ehrgeiz, in die Fußstapfen dieser Vorfahren zu treten. Er kam an – so sehr, dass man ihn in seiner schmucken Uniform bald danach auf Werbeplakaten für die Navy bewundern konnte: der blonde, blauäugige, hochgewachsene Prototyp eines Offiziersanwärters.

Das Problem – für die Marine – war nur, dass Peter den Dienst schon bald langweilig fand und seine Intelligenz alsbald darauf verwandte, die dreijährige Dienstzeit abzukürzen. Um die vorzeitige Entlassung zu erreichen, beschloss er, ein Schauspiel aufzuführen, das eines Felix Krulls würdig gewesen wäre. O'Toole stellte sich dumm – und das sehr erfolgreich. Bei einem Intelligenztest brachte er die Offiziere zum Staunen: Er versuchte mit todernster Miene und voller Konzentration eine halbe Stunde lang, ein achteckiges Hölzchen in das nicht dafür vorgesehene, runde Loch zu applizieren.[3]

Auch an Bord der HMS Montclare, der er schließlich als Signalmaat zugeteilt war, erwies er sich nicht eben als Gewinn für die Navy. Während die HMS Montclare als U-Boot-Mutterschiff im Hafen vor Anker lag, sah er überhaupt nicht ein, sich den abendlichen Ausgang dadurch verkürzen zu lassen, dass er rechtzeitig an Bord zurückkam, um den allabendlich durchgegebenen Wetterbericht zu decodieren. Stattdessen überredete er die weibliche Hilfskraft, die die Daten zu funken hatte, ihm telefonisch eine Klartextversion zu liefern. Natürlich flog die Geschichte eines Tages auf, und O'Toole wurde für ein paar Tage arretiert. Aber er gewöhnte sich bald daran, seine Zeit lesend und schlafend in der Arrestzelle zu verbringen – und wahrscheinlich war ihm das lieber als der langweilige Routinedienst.

Den erleichterte er sich allerdings auch so gut es ging. Er überzeugte den Schiffsarzt davon, dass seine Füße für die schweren Marinestiefel zu empfindlich wären – und bekam die Erlaubnis, leichte Segeltuchschuhe zu tragen. Und natürlich konnte er seine Länge nicht unbeschadet in einer Hängematte verstauen – ihm wurde zur Schonung der Wirbelsäule erlaubt, in einem Bett zu schlafen.

Dass er sich außerdem standhaft weigerte, die marineübliche Terminologie zu lernen, und statt von »backbord« und »steuerbord« beharrlich von »links« und »rechts« redete, machte ihn bei seinen Vorgesetzten nicht beliebter. Und spätestens, als die HMS Montclare als erstes englisches Marineschiff nach dem Krieg zu einem offiziellen Besuch in Stockholm anlegte, hatte der Captain von diesem Signalmaat genug. Der Stockholmer Hafen lag nämlich in dichtem Nebel, als die HMS Montclare einlaufen sollte. Um aber auf die Begrüßung durch die schwedische Königsjacht, die den Engländern entgegenkam, vorbereitet zu sein, schickte der Captain der Montclare ein Beiboot voraus. An Bord war neben einem Offizier der Signalmaat O'Toole, der Befehl hatte, die Position und das Tempo der königlichen Jacht per Funk an sein Mutterschiff weiterzugeben. Dumm war nur, dass dem Signalmaat O'Toole das Walky-Talky aus der Hand fiel und im Hafenbecken unterging. Damit fiel die Vorbereitung zur Begrüßung ins Wasser – und der Captain knurrte vor Zorn.

Dessen Rache ließ nicht lange auf sich warten: Das Rugbyteam der HMS Montclare trat gegen eine Mannschaft der schwedischen Polizei zu einem Freundschaftsspiel an. Und mitten im Spiel erreichte O'Toole, bis dahin als schneller Läufer immer auf einer seitlichen Position, der Befehl, sich als »Fullback« ins Zentrum des Geschehens zu begeben. Dort kam es dann, wie es kommen musste: »›Du schaust auf nichts anderes als den Ball und wenn er einen Meter oder so vor dir ist, lässt du dich auf ihn fallen, umklammerst ihn in einer liebenden Umarmung und lässt ihn nicht mehr los.‹ Ein Rudel Polizisten fand, dass mein Kopf besser geeignet war, um dagegen zu treten, als ein Ball, und als ich aufwachte, bestand mein Kiefer aus Einzelteilen …, und ich hatte meine Zunge durchgebissen.«[4] Außerdem hatten ihm die »Wikinger«[5], wie O'Toole die schwedischen Polizisten nannte, einige Zähne ausgeschlagen und die Nase verbogen. O'Toole landete in einem Stockholmer Krankenhaus, der Kiefer wurde gerichtet, die Nase verpflastert, die Zunge geklammert – und für die nächsten Tage konnte er seinen Charme bei den schwedischen Krankenschwestern nur noch mimisch einsetzen.

Er muss trotzdem gewirkt haben, denn er war in Begleitung einer Schwester, als er – nach einer Irrfahrt durch Stockholm – zum Ablegen seines Schiffs zu spät in den Hafen kam. Die HMS Montclare hatte die Leinen bereits gelöst und wurde von Schleppern aus dem Hafenbecken gezogen. Doch O'Tooles schwedische Eroberung wusste Rat: Mit einem fahnengeschmückten Tretboot brachte sie den Matrosen zurück zu seinem Schiff, wo er nicht eben begeistert aufgenommen wurde. Der Captain steckte ihn für die Heimreise wieder einmal in die Arrestzelle.

Schließlich sah die Royal Navy ein, dass sie und das O'Toolesche Temperament nicht zusammenpassten. Nach achtzehn Monaten wurde er vorzeitig entlassen und kehrte nach Leeds zu seiner Familie, der Zeitung und seinem Freund O'Liver zurück.

Patrick O'Liver war auch dabei, als Peter das von der Marxist Association und der Young Communist League geführte Arts Centre in Leeds für sich entdeckte. Politik hat dabei wohl keine Rolle gespielt. O'Toole hat seine politische Ausrichtung zwar später als links deklariert, aber der real praktizierte Kommunismus zog den Individualisten wenig an. Was ihn am Arts Centre faszinierte, waren die hübschen Mädchen, die tolerante Atmosphäre und die dort ansässige Amateurtheatergruppe.

Amateurtheatergruppen waren keine Seltenheit im Leeds der vierziger Jahre. Es gab viele davon, und das Spektrum reichte von Truppen, die in Schulturnhallen oder Hinterzimmern von Pubs Komödien und Sketche aufführten, bis hin zu sehr ambitionierten Ensembles, die in Theatern wie dem des Arts Centres Shaw, Tschechow, Ibsen und andere moderne Autoren spielten. O'Toole ist nicht der einzige Schauspieler seiner Generation, der in einer solchen Gruppe seine ersten Bühnenerfahrungen sammelte: Brian Blessed, später neben O'Toole in dem Film *Man of La Mancha* (in Deutschland erschienen unter dem Titel *Der Mann von La Mancha*) und in dem berühmten *Macbeth* auf der Bühne zu sehen, hat in Yorkshire als Amateurschauspieler angefangen. An seiner Seite war damals Patrick Stewart, der später als Shakespeare-Mime und Star-Trek-Darsteller berühmt wurde.

Peter O'Tooles Theaterbegeisterung führte ihn allerdings nicht gleich auf die Bühne. Sie machte einen Umweg: Eine Photographie von der Beerdigung des Königs Georg IV., auf der Königin Victoria, ihre Mutter und die Königinwitwe zu sehen waren, inspirierte ihn zu einem Theaterstück. Doch zufrieden war er nicht mit diesem ersten dramatischen Versuch. Er schreibt über sein erstes Stück: »Seinen leuchtendsten Moment hatte es, als ich es ins Feuer warf.«[6]

Seine Chance, die Bühne zu erobern, kam bald. Da war eine Weihnachtsshow mit kleinen Sketchen, an der er teilgenommen hatte – und kurz darauf trat Ben Awad, ein in Yorkshire aufgewachsener Türke, der das Civic Theatre des Arts Centres leitete, an ihn heran. Er bereitete eine Bühnenadaption von Turgenjews *Väter und Söhne* vor, die Hauptrollen darin sollten von Profis gespielt werden. Doch der Hauptdarsteller wurde krank, und Ben Awad fragte Peter O'Toole, ob er den Part übernehme wolle. Er hatte ihn kurz davor in der Weihnachtsshow gesehen und fand, dass O'Toole aus dem Holz geschnitzt sei, aus dem man Schauspieler mache.

Das war der Stein, der die Lawine ins Rollen brachte. O'Toole war nicht glücklich mit seinem Job bei der Zeitung. Er, der mit siebzehn Jahren in einem Gedicht geschrieben hatte, es sei sein »Recht, ein ungewöhnlicher Mann«[7] zu werden, wollte sich nicht für den Rest seines Lebens damit begnügen, über Ereignisse zu berichten. Er wollte selbst in ihrem Zentrum stehen. Und da war seine Faszination am Theater, ein noch vager Wunsch, »irgendetwas« am Theater zu machen: »Als regelmäßiger Kinobesucher und gelegentlicher Gast im Theater hatte ich darüber nachgedacht, Schauspieler zu werden, aber zu irgendwelchen praktischen Schritten ... hatte das nicht geführt. Sicher, die Idee, gelegentlich in einem meiner Stücke ... zu erscheinen, war Teil meines großen Plans, Dichter und Stückeschreiber zu werden, aber meine Gedichte waren erbärmlich, und meine Stücke brachte ich noch nicht einmal zu Papier.«[8]

Im Nachhinein, im Wissen um die Karriere und das außerordentliche Talent des Peter O'Toole, ist man versucht zu schreiben: Natürlich nahm er die Rolle an. Und natürlich wurde es ein Erfolg. Und man wünscht fast, sagen zu können, dass dieser erste ernst zu nehmende und von ihm ernst genommene Auftritt das Schlüsselerlebnis gewesen sei. Man erinnert sich daran, dass seine nicht minder begabte Kollegin Jodie Foster später einmal apodiktisch verkündete: »Es gibt Personen und Schauspieler. Peter O'Toole ist definitiv ein Schauspieler.«[9]

Aber so einfach war es nicht. Peter O'Toole betrat die Probenbühne des Art Centres nicht mit festem Schritt und mit der Erkenntnis, auf diesen Brettern zu Hause zu sein. Er tastete sich vorsichtig, fast zögernd, heran, mit einer Schüchternheit, die nicht zu seinem sonstigen rüpelhaften Verhalten zu passen scheint.

Über vierzig Jahre später amüsiert er sich über die eigene Unsicherheit: »Das erste Mal in meinem Leben plagte ich mich damit, eine Rolle für die Bühne einzustudieren. Als echter Dilettant hatte ich den Text gelernt; hatte Schlangen an Bushaltestellen erschreckt, wenn ich plötzlich im Vorübergehen mit Brocken daraus laut herausplatzte, und hatte Kollegen bei der Zeitung geschockt, die mich dabei ertappten, wie ich auf dem Flur bittere Anklagen gegen die Wände richtete, während ich bei Proben betreten, verlegen und verzweifelt unsicher war.«[10] Auch der Erfolg auf der Bühne brachte ihm nicht den inneren Durchbruch. O'Toole blieb weiterhin der unzufriedene Jungreporter, der zwar viele Rosinen im Kopf hatte, aber nichts unternahm, um den hochgesteckten Zielen näher zu kommen. Fast scheint es, als ob er sogar Scheu davor gehabt hätte, seinen Wunsch, Schauspieler zu werden, sich selbst oder anderen einzugestehen. Die Scheu wird verständlich, wenn man seine Herkunft bedenkt, eine Welt, in der Männlichkeit an Trinkfestigkeit und Muskelkraft festgemacht wird und der Wunsch, Künstler zu werden, vermutlich Gelächter und Spott ausgelöst hätte. O'Toole ahnte, dass ihm in diesem Kreis das Dasein als Schauspieler nur Akzeptanz bringen würde, wenn der Erfolg in klaren Maßeinheiten nachweisbar war – in Ruhm fassbar, in Zahlen messbar und in Statussymbolen sichtbar.

Zur gezielten Umsetzung seines Traums fehlte ihm noch der Glaube an sich selbst und – wahrscheinlich noch wichtiger – jene leidenschaftliche Liebe zum Theater, die ihn später auszeichnen sollte.

Er hatte die Attraktivität der Bühne eben erst entdeckt, er hatte gerade begonnen, vorsichtig mit ihr zu flirten.

Für die nächsten Schritte brauchte er einen Führer. O'Toole fand ihn, kurz nachdem sein erstes Stück im Arts Centre abgelaufen war, als er eines Abends dort Klavierspiel und Gesang hörte. Peter suchte neugierig nach der Quelle und entdeckte Phillip Stone, einen Schauspieler, dessen in London erfolgreich begonnene Karriere durch eine Tuberkulose zum Erliegen gekommen war. Die Rekonvaleszenz hatte ihn nach Leeds geführt, wo er Kontakt zum Arts Centre bekommen hatte; er hatte O'Toole bei seinem ersten Auftritt gesehen, und er fragte nun direkt: »Denkst du, du bist ein Schauspieler?«[11]

Peter O'Toole wurde verlegen und druckste erst einmal eine ganze Weile herum. Er war sich bewusst, dass er gerade einmal die Bühnenluft geschnuppert hatte, nur »in einer Amateuraufführung eines unbekannten Stückes in einem verhältnismäßig kleinen Theater in einem Vorort einer Stadt im nördlichen Teil Englands« getestet hatte, ob daraus vielleicht mehr werden könnte. Dabei aber, so sagte er zu Phillip Stone, sei es ihm »durch den Kopf gegangen, dass ich unter Umständen, wenn ich ein Pfund oder zwei zusammenkratzen könnte, was ja notwendig wäre oder, um es genau zu sagen, eigentlich die Voraussetzung wäre – also, dann könnte ich der Sache vielleicht einen Versuch geben ...«[12]

Phillip Stone hörte sich das an, sprach über das Stück und kritisierte es hart, aber kompetent. Er fand O'Toole talentiert, aber »einen unverschämten Trottel, der noch eine Menge zu lernen hat«.[13]

Hatte O'Toole nun endlich sein Ziel gefunden? Es spricht einiges dafür: Er kündigte seinen zeitraubenden Job bei der Zeitung und verdingte sich stattdessen als Bauarbeiter, um an den Abenden und Wochenenden für das Theater frei zu sein. Er nahm Unterricht bei einer betagten Schauspielerin. Er las alles, was er in den Buchhandlungen und Bibliotheken über Schauspiel, Schauspieler, Stücke und Theater finden konnte. Er sprach sogar bei einer örtlichen Truppe vor, wo man ihn zwar zu unerfahren fand, ihm aber Talent bescheinigte, er unterhielt sich mit Phillip Stone über Schauspielschulen. Und er spielte Theater. Ein Einakter, für den sein Freund O'Liver das Bühnenbild gestaltete, war der nächste Versuch, er wurde ein Erfolg – und fast erstaunt stellte O'Toole fest, dass man ihm Größeres zutraute.

War das der letzte Anstoß? Es scheint so, denn kurz danach packten in Leeds zwei Einundzwanzigjährige ihre Rucksäcke: O'Toole und Freund O'Liver machten sich auf den Weg nach London zu den Königlichen Akademien – der erste zu der für darstellende, der zweite zu der für bildende Kunst.

The Stuntman:
Ausbildung an der RADA

LONDON
1953–1955

Zwei junge Männer auf der Straße in die Metropole. Ein Lastwagenfahrer auf dem Weg nach Birmingham nimmt sie ein Stück mit, zum Dank dafür spendieren sie ihm in einem Pub hart gekochte Eier und ein Bier. Zu Fuß oder per Anhalter geht es weiter, zum ersten Etappenziel: Shakespeares Geburtsort Stratford-upon-Avon. Es ist Sommer, die Nächte sind warm, die beiden Jungen schlafen eine Nacht auf der Bank einer Bushaltestelle. Am nächsten Morgen erreichen sie Stratford, stellen sich in der Schlange vor der Theaterkasse an, erwischen gute Plätze für die Abendvorstellung und freuen sich auf ein erhebendes Ereignis: Michael Redgrave wird *König Lear* spielen.

Am Abend sitzen die beiden Jungen im Theater. Michael Redgrave spielt einen majestätischen, kraftvollen Lear – und findet in dem einundzwanzigjährigen Peter O'Toole einen Zuschauer, dessen Begeisterung und Bewunderung für den Könner Redgrave und seinen genialen Autor Shakespeare über Jahrzehnte anhalten wird. Noch über vierzig Jahre später sieht er das Bühnenbild vor sich, hört er die Worte und die immer etwas verhangene, doch klare Stimme des Kollegen. Er entdeckt an diesem Abend, wie modern Shakespeares Sprache immer noch ist, wie zeitgemäß das menschliche Leiden, das er beschreibt. Seine Shakespeare-Auffassung wird schon da geprägt und wird sich im Grundlegenden nicht mehr ändern (was ihm in der Zukunft einige Probleme bereiten wird).

Die beiden Jungen sitzen nach der Vorstellung im Pub, reden über die Vorstellung, diskutieren Shakespeare, unterhalten sich über das Bühnenbild; O'Liver weiß, welche Örtlichkeiten und Landschaften Shakespeare im Sinn hatte, als er das Stück schrieb, er zeichnet Skizzen auf den Bierdeckel. Peters Augen leuchten, wenn er über Michael Redgrave spricht, und erst als der Wirt anfängt, die Stühle auf den Tisch zu stellen, treten Patrick O'Liver und Peter O'Toole in die Sommernacht hinaus. Sie sind immer noch ganz erfüllt von dem, was sie gesehen haben, aber nach dem langen Tag brauchen sie nun einen Schlafplatz. Keinem der Jungen kommt die Idee, in eine Pension zu gehen – warum auch? Die Nacht ist warm, sie werden unter dem klaren Sternenhimmel schlafen. In der Dunkelheit (und wahrscheinlich auch durch einige Pints Bier in die entsprechend optimistische Stimmung versetzt) meinen sie, das mit frischem Heu bestreute Feld sei ein ideales Nachtlager. Sie graben sich tief in das frische Heu, und »je mehr wir davon bekamen, desto mehr wollten wir; so gruben wir uns tiefer und tiefer ein, um dann zu entdecken, dass all das feine Heu nur die Abdeckung über dicken Batzen von verrottendem Mist war. Heißem Mist.«[1]

Die Helden dufteten nicht eben nach Maiglöckchen, als sie sich am nächsten Morgen nach einer Katzenwäsche am Avon auf den Weg nach London machten. Aber auf der Ladefläche eines Lastwagens, der sie mitnahm, störte der strenge Geruch niemand, und in London, so war jedenfalls ihr Plan, würden sie in einem preiswerten Männerheim unterkommen, duschen, sich umziehen, eine Kleinigkeit essen und vielleicht nach der vorausgegangenen kurzen Nacht eine Stunde nachschlafen.

Der Ausführung des Plans standen aber der Zufall und O'Tooles Impulsivität im Weg. Der Zufall wollte es, dass der Lastwagenfahrer die beiden Anhalter in der Tottenham Court Road absetzte und ihr Weg von dort zur Pension an der Royal Academy of Dramatic Art vorbeiführte. Peter O'Toole entschied spontan, einen Blick ins Innere zu wagen, und während sich Freund O'Liver noch darüber amüsierte, dass er ihn bestimmt in fünf Minuten, von einer Person mit Wäscheklammer auf der Nase ins Freie verfrachtet, wiedersehen werde, fand sich O'Toole in der mit Marmor ausgelegten Halle Auge in Auge mit G. B. Shaw wieder.

Der irische Stückeschreiber war einer der großen Förderer der RADA gewesen. Er hatte der Akademie unter anderem die Einnahmen aus seinem Erfolgsstück *Pygmalion* vermacht und sich immer wieder persönlich um die Schüler gekümmert. Die RADA ehrte ihn dafür, indem sie in ihrer Eingangshalle eine Bronzebüste von ihm aufstellte.

Vor der stand nun ein nachdenklicher Peter O'Toole, bis ihn eine Stimme aufschreckte. Die Büste sei von Epstein, sagte ein älterer Mann in der Uniform eines Sergeants. Es war der Pförtner der Akademie, ein pensionierter Soldat und eine anerkannte Autorität im Hause. Und er schien den Jungen, der fröhlich mit ihm Shaw-Anekdoten austauschte, trotz seines strengen Geruchs und seines unpassenden Aufzugs sympathisch zu finden. Dieses Empfinden teilte Sir Kenneth Barnes, der brummige Direktor der Royal Academy, der dazukam und, nachdem sich »Sergeant« respektvoll zurückgezogen hatte, wissen wollte, ob der Fremde Student in seiner ehrwürdigen Anstalt sei. Peter O'Toole erkannte seine Chance: Obgleich Sir Kenneth ihn darüber aufklärte, dass eine Bewerbung an der Royal Academy mit einigem Papierkrieg verbunden sei, fragte O'Toole, ob es nicht unter Umständen – wie zum Beispiel denen, dass er nun da sei – möglich wäre, die üblichen Präliminarien zu umgehen?

»Sir Kenneth schaute auf Bernard Shaw, dann auf mich und dann auf seine Uhr. Ich schaute auf meine Uhr – 14 Uhr –, dann auf Bernard Shaw und dann auf Sir Kenneth. ›Kommen Sie um 16 Uhr 45 diesen Nachmittag in mein Büro‹, sagte Sir Kenneth.«[2]

Sir Kenneth Barnes war offenkundig beeindruckt von dem langen Blonden, der so direkt fragte – aber er hatte dennoch nicht vor, es ihm einfach zu machen. Ob ihm klar sei, dass er vor einem Komitee vorzusprechen habe, fragte er am Nachmittag. Und dass nur 10 Prozent von den Kandidaten, die zum ersten Vorsprechen eingeladen wurden, zum zweiten Durchlauf zugelassen würden, bei dem noch einmal zwei Drittel aller Bewerber aussortiert wurden? Ob er sich darüber bewusst sei, dass die nicht eben niedrigen Studiengebühren im voraus zu zahlen seien? Aber es gäbe diverse Stipendien, um die sich ein Student bewerben könne. Davor aber eine andere Frage: Er sei doch wohl auf ein Vorsprechen vorbereitet? »Natürlich!«, antwortete O'Toole und bekam ein zweiseitiges Dokument in die Hand gedrückt. Man sehe sich dann – übermorgen.

Ein in den Knien reichlich wackliger und nachdenklicher Peter O'Toole stolperte aus dem Gebäude der Royal Academy hinaus. Er hatte achtundvierzig Stunden Zeit, einen der auf Sir Kenneths Liste aufgeführten Monologe zu lernen und außerdem einen selbst gewählten Text vorzubereiten.

Zwei Tage später stand er in einem großen, nur von zwei kleinen Lampen erhellten Raum in der Royal Academy vor einer langen Reihe von Schatten hinter einem großen Tisch. Er grüßte, kündigte an, was er sprechen würde, trug seine zwei Monologe vor und machte sich wieder auf den Weg zur Tür. »Guten Morgen«, sagte er noch einmal in den Raum, dieses Mal als Abschied.

»Zwischen all den ›Guten Morgen‹-Grüßen fragte mich eine Stimme, wie groß ich sei, ein anderer Schatten wollte wissen, ob ich irgendwelche professionelle Erfahrung hätte, das Gesicht auf der ausladenden Figur von Sir Kenneth knurrte mich an, dass ich unten in der Halle warten solle. ›188 Zentimeter. Nein. Danke, Sir.‹«[3]

Nach nervenzerrüttender Wartezeit wurde er in das Sekretariat gebeten, wo man ihm mitteilte, dass sein Vorsprechen sehr gut angekommen sei, er in zwei Wochen zum zweiten Durchlauf anzutreten habe und ob er bis dahin bitte diese Papiere lesen und ausfüllen könne?

Zurück in Leeds, während der Vorbereitung für das zweite Vorsprechen, bekam Peter O'Toole einen Brief und einen Schock. Die Royal Navy, mittlerweile in den Korea-Krieg verwickelt, rief den Reservisten Peter O'Toole wieder zur Fahne. Es hätte keinen unpassenderen Moment geben können. Immerhin blieb ihm aber vor dem Einrücken noch Zeit, zum zweiten Vorsprechtermin in London zu erscheinen. Er war pünktlich an der Royal Academy, lieferte die ausgefüllten Papiere ab, versprühte seinen Charme bei den Sekretärinnen, trug seine Texte vor, beantwortete Fragen und wurde in eine Zukunft entlassen, in der nur eines sicher war: dass er nun wieder in die Uniform und an Bord eines Schiffes zu steigen hatte.

Die nächsten Wochen verbrachte er auf See, doch immer, wenn er nicht gerade von dienstlichen Obliegenheiten oder Seekrankheit verhindert wurde, las und lernte er, denn obwohl er immer noch keinen Bescheid von der Royal Academy hatte, war ihm nun klar: Er wollte Schauspieler werden.

Endlich wieder entlassen, las er in einer Marine-Baracke in einer englischen Hafenstadt ein Telegramm seiner Eltern: Die Royal Academy of Dramatic Art hatte ihn nicht nur als Schüler für das Wintersemester 1953 aufgenommen, sondern ihm dazu auch noch ein Stipendium gewährt.

Das Semester hatte aber schon vor zehn Tagen begonnen, also war keine Zeit zu verlieren. O'Toole sparte sich den Umweg nach Leeds ins Elternhaus, in Marine-Uniform und mit dem Seesack über der Schulter nahm er den nächsten Zug nach London, wo er sein Gepäck in einem Seemannsheim unterstellte und daran ging, die Hauptstadt zu erobern. Das Erste, was er dazu brauchte, war angemessene Kleidung.

»Matrosenanzüge waren sicherlich nicht das, was man in einer Königlichen Akademie tragen sollte, meine eigenen Kleider waren weit weg, und so zog ich los, um akzeptable Klamotten zu organisieren. Ein Army- und Navy-Secondhand-Shop versorgte mich mit robuster Unterwäsche, Socken, zwei lose sitzenden, aber tragbaren Hosen, einem Gürtel, einem transparenten Plastikregenmantel und ein paar Hemden, die als ›lumberjack‹ ausgezeichnet waren.« Auch bei seinen weiteren Einkäufen zeigte er sich uneitel: Die Farben der beiden Jacketts, die er in einem anderen Laden auftrieb, bezeichnet er selbst als »ein bisschen seltsam«[4], aber sie passten – ihm und vor allem zu seinem Budget.

Peter O'Toole war erwachsen geworden. Er hatte die Schule gehasst – aber nun, wo er sein Ziel gefunden hatte, begab er sich freiwillig und im Wissen, dass mehr von ihm erwartet werden würde als einst bei den barmherzigen Schwestern, wieder unter die Aufsicht gestrenger Lehrer. Doch die Freiwilligkeit und die Einsicht in die Notwendigkeit zu lernen machten aus ihm noch lange keinen Musterschüler. Dem standen sein Temperament, seine Intelligenz und seine Lebenslust im Weg. Die ersten Eigenschaften brachten ihn immer da in Schwierigkeiten, wo er einen Lehrer nicht wirklich überzeugend fand. Wenn einer versuchte, sich mit auf Hierarchie gegründeter Autorität anstatt durch Kompetenz gegen O'Toole durchzusetzen, konnte es durchaus vorkommen, dass er im Zorn seinen geliebten G. B. Shaw zitierte: »Wer es kann, tut es. Wer es nicht kann, unterrichtet.«

Da die Royal Academy aber schon immer darauf hielt, Lehrer mit langer Berufserfahrung und Kompetenz zu engagieren, waren solche Zusammenstöße eher selten. Denen, die konnten und lehrten, begegnete Peter nämlich mit Respekt und Verehrung, die anhielt – so zum Beispiel gegenüber Dame Sibyl Thorndyke, die einst von G. B. Shaw persönlich als seine erste »Jeanne d'Arc« erwählt worden war. Sie war an der Royal Academy für die Sprechausbildung zuständig. Sehr geschätzt hat Peter O'Toole auch Ernest Milton, einen zu seiner Zeit sehr renommierten Schauspieler. Den Unterricht bei diesem für ihn wohl wichtigsten Lehrer beschreibt er im zweiten Band seiner Memoiren ausführlich und liebevoll. So zum Beispiel eine Szene, in der Ernest Milton sich als pädagogisches Naturtalent zeigte: »Es ist eine Gewohnheit von mir ..., meinen linken Arm zur Brust hochzuziehen und, mit nach innen gedrehtem Gelenk, meine linke Hand zu einer lockeren Faust zu ballen. Die Geste wird nicht bewusst ausgeführt. Beim Herumlümmeln oder sagen wir, Schlafen oder Lesen, stört sie sicher nicht, mag vielleicht sogar dekorativ sein ... Aber sicher ist, dass diese seltsame Positionierung eines Arms nicht zu jeder Rolle passt, die man zu spielen hat ...« Das fand offenkundig auch Ernest Milton. Als er eines Tages nach dem Essen zur Probe in die Schule zurückkam, brachte er eine langstielige, gelbe Rose mit, an der er, während er durch den Raum spazierte, immer wieder roch. O'Toole, der auf der Bühne beschäftigt war, ließ sich davon nicht aus dem Tritt bringen. Er war ja an Miltons Eigenheiten gewöhnt – und es ist wohl nicht zu verwegen, wenn man annimmt, dass er seinen Lehrer gerade dafür schätzte. Und dafür, wie Milton seine Rose dann einsetzte, hat er ihn wohl geradezu geliebt: Als O'Toole nämlich wieder einmal den linken Arm zur Brust zog und die Faust ballte, schlenderte Milton zu ihm, schnüffelte nochmals an seiner Blume und ließ dann – plopp – das Röslein gelb in das Loch fallen, das sein Schüler mit Daumen und Fingern formte. Ohne ein Wort zu sagen, zog Milton von dannen und ließ O'Toole als lebende Blumenvase die Szene zu Ende spielen.

Die Kur wirkte: »Bis zu diesem Tag gibt es Momente, in denen der Arm sein altes Manöver beginnt, und wenn wir Freizeit haben, lasse ich ihn. Aber sollte ich auf einer Bühne oder vor einer Kamera stehen, erinnern wir uns an Ernests gelbe Rose, und der Arm benimmt sich, wie er soll.«[5]

Doch vermutlich war Peter O'Toole noch nicht einmal für Ernest Milton, den er sehr schätzte, ein unproblematischer Schüler. Er war weit über das übliche Maß hinaus engagiert – schon damals begnügte er sich nicht damit, einfach nur das jeweils anstehende Stück zu lesen und seinen Text zu lernen, sondern wühlte sich zudem durch sämtliche Bücher, die in Bezug zu dem Werk standen. Die Tatsache, dass er nur vor Lehrern und Mitschülern auftrat, änderte für ihn nichts daran, dass er sich mit der ihm eigenen Intensität vorbereitete.

Genau diese Eigenschaft machte ihn aber für sein Umfeld auch schwierig. Schon damals zeichnete sich ab, was später typisch für ihn werden sollte: Seine größte Stärke und gleichzeitig Schwäche ist die Sturheit, mit der er an einer einmal gefundenen Überzeugung hängt, die er im Zweifelsfall auch gegen den Rest der Welt verteidigt.

Damit aber nicht genug: Peter O'Toole verfügt über einen guten Sinn für Zeit – aber das bedeutet noch lange nicht, dass er ein pünktlicher Mensch ist. Doch diese Unpünktlichkeit, speziell die morgendliche, die ihn in jungen Jahren immer wieder in Schwierigkeiten brachte, war weder Allüre noch Mangel an Disziplin oder Ignoranz denen gegenüber, die auf ihn warten mussten. Zum Problem wurden ihm sein übermäßiger Hunger nach Leben und neuen Eindrücken.

Den Tagen, die er mit dem Studium verbrachte, folgten nämlich Abende und Nächte, in denen er sich mit Englands Metropole vertraut machte. In den Theatern, Kinos, Galerien und Music Halls wurde er Teil der Londoner Szene, in der er den verschiedensten Menschen begegnete. Die langen Nächte – im Gespräch mit Mitschülern, beim Flirt mit hübschen Mädchen oder auf langen, einsamen Spaziergängen durch die Straßen der Stadt – bescherten ihm Eindrücke und Anregungen, die das »Abschalten« schwer machten, und ihm, der sowieso immer zu spät ins Bett kam, zusätzlich den Schlaf raubten. Wenn er ihn dann endlich fand, graute meist schon der Morgen – und so fiel es ihm naturgemäß schwer, rechtzeitig zum Unterrichtsanfang aus den Federn zu kommen.

Man darf aber auch nicht verschweigen, dass der Schauspielschüler dem Alkohol reichlich zusprach. O'Toole kommt aus einer Umgebung, in der Trinkfestigkeit als erstrebenswerte männliche Eigenschaft und Volltrunkenheit als Kavaliersdelikt galt. Und er war nun in einem Kreis gelandet, in dem viel und feucht gefeiert wurde. Er konnte und wollte sich nicht ausschließen. Er mochte Bier, er mochte Whisky, Gin und Wein und wahrscheinlich mochte er auch die Enthemmung, die mit der Trunkenheit einhergeht. Aber noch war es jugendlicher Überschwang, noch ein fröhliches Trinken. Erst später sollte es geradezu tragische, selbstzerstörerische Züge annehmen.

Zur Unpünktlichkeit kam Widersetzlichkeit. Eine typische O'Toole-Szene aus dieser Zeit: Lionel Marsden, zuständig für Sprecherziehung, wollte, dass O'Toole einen Text aus einem Buch vorlas. O'Toole begann. Marsden korrigierte und bat ihn, noch einmal von vorne anzufangen. O'Toole folgte ihm. Marsden unterbrach noch einmal – und das war zu viel für seinen temperamentvollen Schüler. Er knallte Lionel Marsden das Buch vor die Füße und ein paar Sekunden später die Tür ins Schloss. Eine Woche lang erschien er nicht mehr zum Unterricht, dann kam er und entschuldigte sich – vermutlich hatte ihn Principal Sir Kenneth Barnes, den er sehr verehrte und dem er später den zweiten Band seiner Memoiren widmete, wieder einmal zur Ordnung gerufen.

Ihm ward Vergebung zuteil – wie immer, denn so sehr die Royal Academy of Dramatic Art dafür bekannt ist, in jedem Semester gründlich auszusortieren, stand O'Tooles Verbleib an der Schule trotz seiner Unpünktlichkeit und der Wutausbrüche nie zur Debatte. Seine Lehrer und Mitschüler erkannten das Außergewöhnliche in ihm, so zum Beispiel Roy Kinnear, der später einmal über den Studenten O'Toole sagte, er habe »ein erstaunliches Durchhaltevermögen [und] große Lebensfreude« besessen. Und: »Sein Talent fiel auf. Wenn man jung ist, kann man mit Energie als Ersatz für Talent durchkommen, aber er hatte beides. Um ihn war eine Magie, die wir als absolut außergewöhnlich empfanden.«[6]

Das Studium an der RADA bedeutete für Peter O'Toole auch das Zusammensein mit anderen Studenten. In dieser Beziehung hatte die Royal Academy ihm viel zu bieten: Der Jahrgang 1953 war von erlesener Qualität. Dafür steht nicht nur O'Toole selbst, sondern auch Mitstudenten wie Roy Kinnear, Bryan Pringle (der beim Abschluss als Klassenbester mit der Bancroft-Medaille ausgezeichnet wurde), Richard Harris, Alan Bates, Albert Finney und Ronald Fraser. Manche von ihnen, wie Harris, Pringle und Finney, sind heute noch mit O'Toole befreundet. Aber mindestens genauso wichtig wie die Klassenkameraden waren für Peter die Mitstudentinnen. An einer Schauspielschule gibt es naturgemäß sehr viele hübsche Mädchen – und O'Toole genoss das. Sie fielen ihm schon am ersten Tag auf: »Ein wunderschönes indisches Mädchen, in einen Sari aus feiner, rosafarbener Seide gehüllt, wandelt anmutig durch die Halle. Und da kommt ein Paar Jeans, die ersten, die ich je sah, exquisit besetzt von einer hübschen amerikanischen Blondine ... Wer ist das? Grüne Augen und groß, eine lange Mähne aus schwarzen, schwungvollen Locken über die Schulter werfend ...« Und ganz anders wird ihm, als eine elegante junge Frau hereinkommt und die Halle selbstbewusst »auf den höchsten aller hohen Absätze«[7] durchquert. Während »Sergeant«, der Portier, ihm die Wege und den Tagesablauf an der Royal Academy erklärt, wird Peter immer wieder abgelenkt: Da ist die »süße Kleine« mit den großen blauen Augen, dann ein geschmeidiges

Mädchen, das zum engen Trikot ein Schwert trägt; Peter, der noch wenige Tage davor auf einem Schiff unter lauter »Seeleuten mit haarigen Hintern«[8] (er benutzt an dieser Stelle wieder einmal ein weitaus deutlicheres Wort) von holder Weiblichkeit nur träumen konnte, ist hin und weg. Als ihm eine der Akademie-Schönheiten dann noch zulächelt, bleibt ihm erst einmal fast die Luft weg, und er fühlt sich wie im Paradies.

Er ist jeden Abend unterwegs, er schließt Freundschaften, er flirtet, aber ein Klassenkamerad ist später sicher, dass Peter »niemals irgendwelche speziellen Freunde oder gar eine Freundin gehabt hat«[9]. Der Klassenkamerad liegt mit beidem falsch. Es gibt immer noch O'Liver, der zu dieser Zeit ebenfalls in London studiert, sein schmales Salär als Küchenhilfe in einem vegetarischen Restaurant aufbessert und bei Besuchen Peters Wirtin durch seine wilde Mähne und den forschenden Blick des Malers erschreckt. Sie findet, dass Peters Freund aussehe wie »der auferstandene Christus«[10] und möchte lieber gar nicht wissen, was auf den Leinwänden zu sehen ist, die er meist zusammengerollt unter dem Arm trägt. Peter dagegen will es ganz genau wissen. Er diskutiert mit O'Liver darüber, sie sitzen immer noch nächtelang im Pub, und wie O'Liver an Peters Schauspielausbildung teilnimmt, so lernt O'Toole bei seinem Freund einiges über Malerei.

O'Liver ist aber nicht der einzige Mensch, der Peter besonders nahe steht. Da gibt es an der Royal Academy auch noch jene dunkelhaarige, dunkeläugige Studentin aus Chicago, die für Peter O'Toole mehr als nur eine Freundin ist. Sie wird *die* Freundin, wahrscheinlich die erste wirklich erfüllte Liebe des jungen Peter, der er für den Rest seiner Tage zärtlich gedenken wird.

Dass der Klassenkamerad davon nichts bemerkt hat, spricht nicht gegen seine Beobachtungsgabe. So extrovertiert Peter O'Toole wirkt, so verschlossen ist er, wenn es um Herzensangelegenheiten geht. Er ist Gentleman – so sehr, dass er selbst nach vierzig Jahren in seinen Memoiren ihren Namen nicht nennt.

Außerdem hat es ihm die schöne, kluge Amerikanerin nicht leicht gemacht. In Gesellschaft ist sie ihm gegenüber aufgeschlossen und munter. Doch sobald er es schafft, sie alleine zu treffen, geht sie auf Distanz. Sie ist nicht zum Flirten nach London gekommen, sie nimmt das Studium ernst. Und sie will auch von dem jungen Mann ernst genommen werden, der sie – ganz im Gegensatz zu seinem sonstigen Auftreten – fast schüchtern umwirbt.

Sie braucht Zeit, bis sie sicher ist, dass hinter der Maske des Abgebrühten ein verletzlicher Junge steckt, für den das Mysterium des Weiblichen keineswegs vertrautes, weil oft durchwandertes Gelände ist. Über vierzig Jahre später steht er zu seiner damaligen Unerfahrenheit: »1953, als kichernde Verbalferkelei alles war, was sich junge Männer und Frauen leisteten ... Freie Liebe war weit davon entfernt, allgemein üblich zu sein. Sicher, die Akademie war voll von Verfügbaren, Leckeren, Ungebundenen, aber Sex war dennoch ein Vergnügen, das mehr beredet als praktiziert wurde. Geschlechtsverkehr mit seinen möglichen Folgen war das Hobby von Paaren, für die Babys, Ringe und Hochzeitskuchen erfreuliche Gedanken waren ...«[11]

Wer nicht zum Heiraten gezwungen werden wollte, war in diesen Tagen vor der Erfindung der Pille auf Kondome angewiesen – und die waren im England der prüden Fünfziger nicht ganz einfach zu bekommen und zudem nicht so zuverlässig wie heute.

Umso verständlicher ist die Zurückhaltung der Mädchen und so auch der jungen Dame, in die sich Peter O'Toole verliebt hatte. Doch offensichtlich konnte der sonst so Ungeduldige in diesem Fall warten – und wurde dafür belohnt: »Jetzt schaut sie mich an, Offenheit, Wärme und Humor in ihren Augen. Sie erzählt mir, dass ich etwas Besonderes sei und dass sie denkt, ich sollte das wissen ...« Peter, der auf ihrem Bett liegt, weil er sich kurz zuvor bei dem Versuch, Marshmallows zu toasten, fast selbst gegrillt hat, möchte etwas dazu sagen, aber sie lässt ihn nicht zu Wort kommen. »Würde ich bitte stillhalten, bis sie gesagt hat, was sie zu sagen hat? Du bist begabt, sagt sie zu mir, begabter als irgendjemand, dem ich bisher über den Weg gelaufen bin ... Sie erzählt mir, dass sie merkt, dass ich gerne mit ihr zusammen bin. Dem ist so. O. k., sagt sie, dann lass' uns das locker angehen. Es wird schon hinhauen. Ein sanfter Kuss auf meine Stirn, ein Kichern ... und sie verlässt den Raum.«[12] Von da an waren sie ein Paar und blieben es, bis sie nach einem Jahr an der Royal Academy in die USA zurückkehrte. Peter O'Toole hat »Pocahontas«, wie er sie nannte, nicht vergessen – was er in seinen Memoiren über sie schrieb, ist voller lächelnder Zärtlichkeit und warmer Dankbarkeit für ihre Kameradschaft und die Anregungen, die er durch sie erfahren hat.

Studium, Liebe, Freunde – man sollte meinen, Peter O'Tooles Lehrjahre wären damit mehr als reichlich ausgefüllt gewesen. Es gab aber noch einen weiteren Bereich: Obgleich die Royal Academy Peter ein Stipendium gewährt hatte – das Leben in der Hauptstadt war teuer. Das begann bei der Unterkunft. O'Toole zeigte sich darin nicht anspruchsvoll. Während der ersten Monate in London teilte er mit einem Freund ein möbliertes Zimmer, dann wohnte er mit einem anderen Studienkameraden auf einem alten Hausboot, das dann auch prompt im Verlauf einer fröhlichen Party unterging. Seine nächste Adresse war die Wohnung, die er mit Pocahontas und zweien ihrer Freundinnen teilte. Doch obwohl er – für Londoner Verhältnisse – preiswert wohnte, musste jeden Monat die Miete aufgebracht werden.

Dann waren da noch die Kosten für das tägliche Essen. Peter O'Toole war zwar in Sachen Verpflegung immer anspruchslos, aber auch Spaghetti und Tomatensoße kosten Geld, ebenso die reichlich genossenen Getränke, die Wäsche, Theaterkarten und Kinotickets, Bus- und Straßenbahnfahrscheine, die Taxis, wenn es wieder einmal sehr spät geworden war, Bücher und der Sommerausflug, den er mit Pocahontas nach Irland unternahm. Das Stipendium und das Ersparte schmolzen dahin. Doch O'Toole war nicht der Mann, der sich wegen Geld graue Haare wachsen ließ. Er suchte stattdessen Gelegenheiten, sich etwas dazuzuverdienen. Bezahlte Engagements als Schauspieler konnte er (noch) nicht bekommen, aber es fanden sich andere Möglichkeiten, so zum Beispiel im Winter 1953, als Peter in den Semesterferien in einer Kneipe in Leeds beim Spiel ein paar Dutzend Luftballons gewann.

Weihnachten wird in England traditionell als Party gefeiert, was lag also näher, als das Ballonsortiment in den Vorweihnachtstagen zu Markte zu tragen? In seinem Heimatort Leeds wollte Peter O'Toole allerdings nicht als Ballonverkäufer auftreten, also fuhr er nach York.

»Sie kommen gerade richtig, meine Damen und Herren, um diese leuchtenden Ballons – das letzte Angebot aus meinem limitierten Bestand – zu kaufen. Ballons, um zu Weihnachten Farbe in ihr Heim zu bringen, Ballons, die ihre Kindern bezaubern werden ...«

Seine Hoffnung, in York beim Ballonverkauf unbeobachtet zu bleiben, erfüllt sich nicht. Im Gegenteil: Ein Herr mit breitrandigem Hut kommt über den Platz, bleibt stehen und betrachtet den Ballonverkäufer sehr amüsiert aus grünen Augen. Peter kennt diese Augen gut: Sie gehören »Captain Spats«, seinem Vater Patrick O'Toole, den seine »Geschäfte« nach York geführt haben, wo er es sich nun nicht verkneifen kann, seinen überraschten Junior ein wenig durch den Kakao zu ziehen. Ob er am Ballon hängend nach York geflogen sei? Und ob die Ballons etwas mit der Königlichen Akademie zu tun hätten? Er, der Senior, sei gerade in den letzten Tagen von seinen »Geschäftspartnern« gefragt worden, was sein Sohn eigentlich an dieser Königlichen Akademie treibe. Ihm sei keine Antwort eingefallen. Aber jetzt sei es ja klar: »Das hier sind Königliche-Akademie-Ballons, oder? Und die darstellende Kunst liegt darin, die kleinen Mistviecher zu verkaufen?«

Der Sohn erklärt, dass er pleite sei und versuche, ein paar Shilling zu verdienen. Der großzügige Vater bietet Erhöhung der Apanage an, doch Peter hat seinen Stolz: Er will nicht immer nur nehmen. Darauf entschließt sich O'Toole senior kurzerhand, Hilfe zur Selbsthilfe zu leisten: »Gib uns einen Kuss. Nun schieb' rüber. Zeichne sie mit einem Dollar für acht Stück aus. Ihre letzte Chance, meine Damen und Herren, diese roten, weißen, blauen und gelben Königliche-Akademie-Ballons zu kaufen ...«[13]

Nicht alle Aushilfsjobs machten so viel Spaß wie dieser. In den nächsten Ferien jobbte Peter O'Toole auf einer Baustelle, er schleppte Betonsäcke und schlug sich die Schienbeine an Schubkarren blau.

Dann fand er eine Möglichkeit, auch während des Semesters Geld zu verdienen. Die Nachkriegsjahre waren die große Zeit der Mantel- und Degenfilme, auch das englische Publikum konnte sich kaum satt sehen an den Epen, in denen der tapfere Ritter die edle Maid aus der Not rettet. Und für diese Rettungsaktionen brauchte die englische Filmindustrie Stuntmen, die reiten, fechten und sich prügeln konnten. Ein idealer Job für den sportlichen O'Toole, der sich nicht scheute, von einem galoppierenden Pferd zu fallen oder mit einem Langschwert fechtend über Treppen zu hüpfen. Dabei ging allerdings auch manches schief. Shirley Dixon, eine Klassenkameradin von O'Toole, erinnert sich,»dass er dauernd mit der einen oder anderen Extremität in Gips zum Unterricht erschien. Er brach sich dauernd irgendein Teil seiner Anatomie.«[14] Und gekoppelt mit seinem etwas ausufernden Nachtleben und seiner Großzügigkeit in Sachen Erscheinung führte das zur morgendlichen Standardfrage: »Hallo, Peter, unter welcher Hecke hast du letzte Nacht geschlafen?«[15]

Wahrscheinlich fragten die Klassenkameraden das auch vor der Abschlussprüfung, die an der Royal Academy of Dramatic Art traditionsgemäß im Theater des Hauses stattfindet. 1955 hatte die Abschlussklasse Pirandellos *Right You Are If You Think So or The Rules of the Game* einstudiert. Peter kam reichlich spät zur Vorstellung – und hinkte. Er hatte die Tage vor der Prüfung bei seinen Eltern in Leeds verbracht. Im Wagen eines Freundes hatte er dann – ausnahmsweise einmal rechtzeitig – die Rückreise nach London angetreten. Doch auf der Autobahn waren sie mit einem Lastwagen zusammengestoßen, und die Reise endete erst einmal in einem Hospital. Peters Freund war ernsthaft verletzt, Peter selbst hatte Glück gehabt. Bei ihm war nur ein Bein angeknackst, und so schnappte er nach fünf Stunden Zwischenaufenthalt im Krankenhaus seine Jacke und machte sich auf den Weg nach London, wo er einen Arzt fand, der das Bein bandagierte und ihm ein Schmerzmittel spritzte. Am Abend stand Peter O'Toole dann im Little Theatre der Royal Academy auf der Bühne – und er war, wie Mitschüler und Lehrer berichten, brillant. Sein und seiner Kameraden Pech war nur, dass die Londoner Zeitungen gerade wegen eines Druckerstreiks nicht erschienen. So ging die letzte Vorstellung des Studenten Peter O'Toole von der Öffentlichkeit unbemerkt über die Bühne. Aber wahrscheinlich ärgerte es ihn nicht sehr – er wusste inzwischen nicht nur genau, was er wollte, sondern war in den drei Jahren, die er an der Royal Academy studiert hatte, selbstsicher geworden. Pocahontas hatte ihn überzeugt: Er war sich seines besonderen Talents bewusst geworden, und er zweifelte nicht daran, dass er seinen Weg gehen würde.

The Apple Cart:
der junge Schauspieler

BRISTOL – LONDON – STRATFORD-UPON-AVON
1955–1960

Englands Theaterszene war und ist mit der deutschen kaum zu vergleichen. Während sich in Deutschland früher jeder kleine Fürst in seinem Metropölchen ein Hoftheater hielt, aus dem sich dann später ein subventioniertes Staats- oder wenigstens Landestheater entwickelte, mit der Folge, dass auch die Provinz gut mit Repertoiretheatern versorgt ist, konzentrierte sich im zentralistischen England immer alles auf die Hauptstadt. Und weil die englischen Theatertruppen im Lauf ihrer Geschichte selten so großzügig unterstützt wurden wie die deutschen, spielen die meisten von ihnen »en suite«. Das heißt, dass sie immer ein Stück nach dem anderen aufführen – im Gegensatz zu den Repertoiretheatern, die während einer Saison acht oder gar neun verschiedene Stücke abwechselnd zeigen und daher einen großen festen Personalstamm beschäftigen müssen. Der Vorteil für die jeweilige Truppe: En-suite-Theater ist weniger kostenintensiv. Man engagiert immer nur die Schauspieler, die man für die jeweilige Produktion braucht, und benötigt, weil nicht nach jeder Vorstellung umgebaut werden muss, weniger Lagerraum und technisches Personal. Der Nachteil allerdings ist, dass En-suite-Theater für die Beteiligten schnell eintönig werden kann und junge Schauspieler dabei naturgemäß weniger Chancen zum Lernen und Auftreten bekommen als im Repertoiretheater.

Darum erscheint es nicht verwunderlich, dass sich Peter O'Toole für sein erstes professionelles Engagement eines der wenigen englischen Repertoiretheater aussuchte: das Bristol Old Vic.

Bristol. Das klingt nicht nur nach Provinz, sondern schlimmer noch: nach Bädertour. Unweigerlich denkt man an den Witz vom ehrgeizigen jungen Kapellmeister, der die Bläser seines Kurorchesters um saubere Intonation bat und zur Antwort bekam: »Wenn ich das könnte, wäre ich doch nicht auf Bädertour!«

Doch für das Bristol Old Vic Theatre trafen solche Witze nicht zu. Im Theater der südenglischen Küstenstadt landete niemand, der für London nicht gut genug gewesen wäre – jedenfalls nicht 1955. Damals war das Bristol Old Vic nämlich ein Tochterunternehmen der Londoner Old Vic Company, und wie das Mutterhaus, eines der schönsten und ältesten Londoner Theater (ein Haus, das in Peter O'Tooles Karriere noch eine große Rolle spielen sollte), hatte man auch in Bristol, von der Londoner Kritik aufmerksam betrachtet, ein Renommee zu pflegen. Und damit war das Bristol Old Vic geradezu das ideale Theater für einen tatendurstigen, ehrgeizigen Anfänger wie Peter O'Toole.

Allerdings war er nicht der Einzige, der nach Bristol wollte. Wann immer John Moody, der damalige Direktor der Truppe, im Londoner Mutterhaus an der Waterloo Street ein Vorsprechen ansetzte, fanden sich nicht nur Absolventen der Royal Academy dort ein, sondern auch ihre Konkurrenz aus der Theaterschule des Old Vic – und die war nicht übel, was später berühmt gewordene Alumni wie Brian Blessed, Patrick Stewart und Sir Ben Kingsley unter Beweis stellen. Damit nicht genug: Sämtliche Londoner Theateragenten entsandten ihren Nachwuchs, wenn das Old Vic ein Casting für Bristol ansetzte.

Dennoch ist man wohl nicht fern der Wahrheit, wenn man sagt, dass nicht das Bristol Old Vic den jungen Peter O'Toole auswählte, sondern umgekehrt Peter O'Toole beschloss, dieser Truppe die Ehre zu geben. Im Gegensatz zu vielen seiner jungen Kollegen, die die Wochen nach dem Abschluss damit verbrachten, bei verschiedenen Agenten und Theaterdirektoren zu antichambrieren und vorzusprechen, steuerte Peter O'Toole seine künftige Company direkt und mit der Überzeugung an, dass es höchstens eine Frage der Zeit sein könnte, bis er dort seinen Platz finden würde.

Dabei ahnte er auf dem Weg zum Vorsprechen nicht, dass gleich zwei Hürden zu nehmen waren. Erstens: Der Zug war voll. O'Toole kam als einer der Letzten zum Casting, und die vor ihm waren gut gewesen – gut genug, die wenigen freien Stellen einzunehmen, welche die Truppe zu bieten hatte. Zweitens hatte er das Pech, dass Direktor John Moody erkrankt war und deswegen seinen Assistenten Nat Brenner zu der dreitägigen Veranstaltung geschickt hatte.

Cyrano de Bergerac, den unglücklich Liebenden mit der riesigen Nase, hatte sich der dreiundzwanzigjährige Schlaks Peter O'Toole, wie immer um diese Zeit im Cord-Jackett und auf leichten Sohlen – seine bei der Navy entwickelte Abneigung gegen schwere Stiefel hat er bis heute beibehalten – als ersten Monolog ausgesucht. Nat Brenner, der an diesem Tag schon eine ganze Menge junger Schauspieler gehört hatte, bei denen die Hoffnungen das Talent überstiegen, und vermutlich gerade gelangweilt in seinen Notizen blätterte, als der lange Blonde auf die Bühne kam, stellte die Ohren auf. Drei Jahre an der Royal Academy of Dramatic Art, kompetente Lehrer und viel Übung hatten bei Peter O'Toole gewirkt: Der breite Yorkshire-Dialekt war ebenso verschwunden wie das Lispeln, die Stimme hatte sich gesetzt. Nun drang sie mit einer Intensität und Klarheit über die Rampe, die den schon ermüdeten Theatermann den Kopf heben und den Sprecher genau in Augenschein nehmen ließ. Was er sah, war nicht der Akademie-Absolvent Peter O'Toole. Nat Brenner sah Cyrano de Bergerac, seinen Schmerz, seine Bitterkeit, seine Hoffnungen, seinen Kampfgeist, seine Intelligenz.

Würde man die Szene, die da im Londoner Old Vic Theatre ablief, in einem Film nachstellen, wäre ein junger Schauspieler zu sehen, der ein sehr skeptisches Publikum auf der Bühne beeindruckte. Würde man darzustellen versuchen, wie Nat Brenner aufstand und ihn unterbrach, weil er ja schon überzeugt war – man würde von der Kritik bezichtigt werden, Kitsch produziert zu haben. Doch in diesem Fall ließ die Realität kein Klischee aus: Der junge Regisseur fand den jungen Mann auf der Bühne umwerfend. Er war »sehr aufgeregt. Er war absolut faszinierend. Eine bemerkenswerte Vorstellung. Ich war hin und weg.«[1] Brenner fackelte nicht lange – ohne sich bei seinem Chef rückzuversichern, versprach er Peter O'Toole ein Engagement. Danach erst rief er John Moody an und erzählte ihm, dass er – obgleich die Company keine offene Stelle mehr hatte – eben eine Entdeckung gemacht und für das Bristol Old Vic gesichert habe. Und mehr: Er bat John Moody, in einer der nächsten Produktionen – die eigentlich schon vollständig besetzt waren – Raum für den Youngster zu schaffen.

Bristol war eine Stadt mit Gegensätzen. Auf der einen Seite schon seit Jahrhunderten der bevorzugte Ort schicker Londoner für die Sommerfrische mit allem, was dazugehört: viktorianische Villen, die wie aus Zuckerguss aussahen, die Strandpromenade, der Pier – und natürlich das Theatre Royal, vor ungefähr zweihundert Jahren in einer Zeit entstanden, in der sich Kultur noch in prachtvollen Plüschpleureusen- und Stuckinszenierungen erging. Ein festlicher Rahmen für das Spiel auf der Bühne, der jedem Auftritt einen anderen Stellenwert als zwischen Sperrholzwänden und Waschbeton verleiht. Kein Wunder also, dass Peter O'Toole, dem Kritiker nicht zu Unrecht vorwerfen, ein sehr konservatives Theaterverständnis zu haben, das Theatre Royal in Bristol als »Schmuckstück«[2] liebt und bis heute mit Heimatgefühlen daran zurückdenkt.

Im Kontrast zu den Villen und dem Theatre Royal steht Bristols andere Seite: der Hafen und die Industrie, die sich in seinem Dunstkreis entwickelt hat. Vermutlich fühlte sich O'Toole auch dieser Ecke in Bristol verbunden, erinnert sie doch an seine nie verleugnete Herkunft, die graue Stadt im Norden Englands. In Bristols Arbeitervorstadt ließ er sich denn auch nieder, soweit man bei ihm, der seine Habseligkeiten immer noch im alten Seesack transportierte und seine jeweilige Adresse als einen Ort ansah, an dem er die Wäsche zum Wechseln aufbewahrte und in den frühen Morgenstunden ein paar Stunden schlief, überhaupt von »niederlassen« reden kann. Gepflegte Häuslichkeit stand nicht auf seinem Programm – jedenfalls nicht für die Zeitspanne, die er brauchen würde, bis er »ganz oben« angekommen war.

An die Sicherheit, mit der er vom »oben Ankommen« sprach, erinnern sich seine Kollegen aus Bristol gut. Joe O'Connor, der andere, erfahrenere, Ire am Theatre Royal, erzählte Jahre später davon, und das Staunen über die Selbstsicherheit des Youngsters ist ihm immer noch anzuhören: »Er pflegte ohne jeden Dünkel zu sagen: ›Wenn ich ganz oben bin‹. Es war, als ob er sagen würde: ›Wenn ich nach Liverpool gehe‹. Es erschien ihm unvermeidlich. Er reiste, und das Ziel war ›ganz oben‹. Er zweifelte nie daran.«[3]

Davor aber gab es immer noch einiges zu lernen – und John Moody, obwohl überzeugt von den Starqualitäten dieses speziellen Anfängers, ersparte ihm die »Ochsentour« nicht. Peter O'Toole bekam jede Menge Gelegenheiten aufzutreten, aber zunächst nur in kleinen Rollen, denn auch John Moody glaubte an den alten Satz: »Es gibt keine kleinen Rollen. Es gibt nur kleine Schauspieler.« O'Toole bewies dessen Gültigkeit: Selbst wenn er nur für einen Moment auf der Bühne war, selbst wenn er nur einen Satz zu sprechen hatte, war seine Präsenz überwältigend. Er war teamfähig genug, seine Kollegen nicht an die Wand spielen zu wollen. Aber er wollte auffallen – selbst dann, wenn er in der Maske eines alten Mannes nur für Minuten auf der Bühne war.

In Bristol lernte er Disziplin – zumindest insofern, dass er sich unterordnete. An der Royal Academy hatte er sich mit seinen Lehrern gestritten und üblicherweise seinen Kopf durchgesetzt, in Bristol lernte er, den Mund zu halten und sich etwas sagen zu lassen. Er achtete John Moody und nahm seinen Rat an, gleichzeitig respektierte John Moody aber auch O'Tooles Talent und Persönlichkeit. Er kommandierte ihn nicht, sondern sprach mit ihm. Joe O'Connor erinnert sich: »Es war sensible Anleitung, die er wollte – keine Befehle.«[4]

Wahrscheinlich war Peter O'Toole nie wieder so »zahm« wie in diesen ersten Jahren im Theatre Royal in Bristol, dem Haus, von dem er später sagte, er verdanke ihm alles, was er sei und könne. Er wurde dort gleichermaßen geschätzt und bekam schließlich auch Hauptrollen. Zum Beispiel den Vladimir in Becketts *Warten auf Godot*, eine Rolle, in der er Kritiker so beeindruckte, dass einer ihm danach zuschrieb, einer jener Schauspieler zu sein, die das Bristol Old Vic zu einer der wichtigsten Repertoirekompagnien Englands machten.

Corvino in *Volpone*, der Duke of Cornwall in *König Lear*, Lodovico in *Othello*, Lysander in *Ein Sommernachtstraum*, der Engel in *Sodom und Gomorrah*, der General in Peter Ustinovs *Romanoff und Juliet*, Alfred Doolittle in *Pygmalion* – Peter O'Toole war in Bristol gut beschäftigt. Oft waren es zwei und mehr Stücke, mit denen er innerhalb eines Monats befasst war, und während er das eine spielte, wurde das andere schon geprobt. Peter spielte, probte, lernte – und fand trotzdem noch die Zeit für ein intensives und ausgefülltes Privatleben. Er entdeckte eine alte Leidenschaft wieder: Cricket – und er begann, diesen Sport mit der ihm eigenen Intensität zu betreiben.

Proben, Vorstellungen, Crickettraining. Wieder könnte man meinen, dass sein Leben damit ausgefüllt gewesen wäre. Aber es blieben ja noch die Nächte. Er hatte schon während des Studiums in London ein bemerkenswertes Talent darin entwickelt, immer dort zu sein, wo gerade eine Party gefeiert wurde. In Bristol baute er das noch aus. Und wenn er ausnahmsweise mal keine Party fand, veranstaltete er selbst eine. Joe O'Connor erinnerte sich später besonders an eine, die Peter für seine Schwester Patricia gegeben hatte, als diese ihn in Bristol besuchte. Peter liebte Patricia sehr und war stolz auf seine schöne Schwester, die auf ihre Art nicht weniger eigenwillig war als er selbst. Sie hatte – wie Peter – die Schule sehr früh verlassen und sich dann freiwillig als »Wren« – weibliche Hilfskraft – beim Militär gemeldet. Das bedeutete eine Art von sozialem Aufstieg, denn spätestens, seit die damalige Kronprinzessin Elizabeth sich im Krieg in der

Uniform der Wrens gezeigt hatte, galt die Tätigkeit beim Hilfscorps im patriotischen England durchaus als passende Überbrückung für die Jahre, die eine Tochter aus gutem Hause zwischen Schulabschluss und Heirat auszufüllen hatte. Manchmal lernten die jungen Damen ihre künftigen Ehemänner sogar im Korps kennen – schließlich hatten die Wrens dauernd mit jungen Offizieren zu tun. Patricia O'Toole, eine dunkle Schönheit wie ihre Mutter, stieg allerdings unverheiratet aus der wenig kleidsamen Wren-Uniform in die bedeutend hübschere einer Stewardess. Auf einem Flug lernte sie dann den Geschäftsmann Derek Combs kennen, den sie heiratete und an dessen Seite sie eine Stütze der Birminghamer Gesellschaft wurde. Dabei brach der Kontakt zu ihrem Bruder nie ab, im Gegenteil: Die beiden Geschwister hielten zusammen und besuchten sich gegenseitig, so oft sie konnten.

Dabei war die Stimmung immer sehr gut – so wie in jener Nacht in Bristol, als Peter seine kleine Party für Patricia veranstaltete. Joe O'Connor erinnerte sich später daran: »Später, ungefähr um eins in der Nacht, waren wir auf der Straße, wo wir einen Polizisten trafen, der etwas ziemlich Beleidigendes zu uns sagte. Glücklicherweise schlug seine Schwester zu, bevor Peter es tun konnte.«[5] Glücklicherweise, denn Peter hatte schon oft genug Ärger mit der Polizei gehabt. Einige Nächte hatte er in der Zelle verbracht, weil er betrunken wegen »Erregung öffentlichen Ärgernisses« aufgefallen war. Außerdem hatte er sich – in bester irischer Tradition die Tatsache missachtend, dass er keinen Führerschein besaß – ein Auto zugelegt, mit dem er meist zu schnell und manchmal auch am falschen Platz unterwegs war, so zum Beispiel, als er in einer Nacht eine Treppe hinunter fuhr.

Wenn er nicht gerade Autos zerlegte – mindestens zwei soll er in Bristol geschafft haben – beschäftigte er sich mit dem, was ihn schon in London fasziniert hatte: Menschen. Er diskutierte stundenlang und hitzig mit Kollegen und Freunden wie Joe O'Connor über Religion, Kunst und Politik. Da war zum Beispiel die Suezkrise, in deren Verlauf die Engländer kurzerhand in Ägypten einmarschiert waren. Der Ire O'Toole ärgerte sich über diesen Übergriff der einstigen Kolonialmacht England, er sagte temperamentvoll und manchmal wohl auch polemisch seine Meinung dazu und brauchte meist einige Drinks, bis er sich beruhigen konnte.

Was seine Freunde und Kollegen aber am meisten beunruhigte, war seine Faszination am Absonderlichen im Menschen. Es war, als ob er Studien für die vielen schwierigen Charaktere betriebe, die er im Lauf seiner Karriere darstellen sollte. Nat Brenner erzählte darüber: »Er kultivierte die Freundschaft mit Leuten, die eindeutig Psychopathen waren. Sie waren physisch gefährlich für ihn, aber irgendwie faszinierten sie ihn, speziell, wenn sie Künstler waren, aber ein wenig – wie soll ich sagen? – krank.«[6] War es der schmale Grat zwischen Genie und Wahnsinn, den er zu erforschen bemüht war? Steckte er, der selbst als Exzentriker gilt, in der Begegnung mit Menschen, die Grenzen überschritten haben, die eigenen ab? Auf jeden Fall scheint er in Bristol vollends das eigene Wertesystem entwickelt zu haben, das ihn später seinen Weg unbeirrt auch dann gehen ließ, wenn aus allen Richtungen scharf auf ihn geschossen wurde.

In Bristol wurde auch deutlich, was sich schon an der Royal Academy abgezeichnet hatte: Neben O'Tooles unerschöpflicher Lebenslust stand etwas Selbstzerstörerisches, das ihn ständig Grenzen suchen und dann doch missachten ließ. Dazu gehört, dass er auch in Bristol ständig zu spät kam und damit nicht nur seinen Direktor erzürnte, sondern auch bei den Kollegen seine professionelle Reputation aufs Spiel setzte. Disziplin und Pünktlichkeit sind am Theater so wichtig wie Talent – und man kann davon ausgehen, dass O'Toole sich dessen wohl bewusst war. Dennoch gab es kaum eine Probe, zu der er nicht zu spät kam. Die Regisseure der Old Vic Company waren schon bald daran gewöhnt, aber ein Gast ließ seinen Ärger einmal bei Nat Brenner aus: »Das Benehmen dieses Mannes ist eine Schande. Einen jungen Schauspieler wie ihn sollte man rausschmeißen – oder mit der Peitsche durchprügeln.«[7]

Natürlich gab es eine Erklärung für seine morgendlichen Verspätungen. Peter O'Toole litt in jungen Jahren extrem unter Schlaflosigkeit. Wenn er nach den langen Abenden endlich ins Bett fand, konnte er noch für Stunden nicht abschalten und wälzte sich hin und her, bis er schließlich in einen fast komatösen Erschöpfungsschlaf fiel. Damals waren Schlafstörungen medizinisch noch nicht so gut erforscht wie heute und wurden nicht so ernst genommen. So wusste man noch nicht, dass Alkohol das Problem verschlimmert: Ein paar Gläser Rotwein helfen zwar beim Einschlafen, verhindern aber das Eintauchen in die Tiefschlafphase, so dass eine wirkliche Erholung durch den Schlaf ausgeschlossen ist. O'Toole aber setzte Alkohol auch als Schlafmittel ein und war darum ständig übermüdet.

Die Kollegen in Bristol halfen Peter schließlich, wenigstens das Problem mit der morgendlichen Verspätung zu lösen: Sie engagierten den ortsansässigen Kammerjäger. Er bekam ein paar Pfund dafür, dass er jeden Morgen zu Peters Wohnung fuhr und so lange gegen die Tür hämmerte, bis ein verschlafener O'Toole öffnete. Und als auch das nicht mehr wirkte, händigte Peter ihm einen Schlüssel aus, so dass der Rattenfänger ihn morgens mit Gewalt aus dem Bett zerren konnte.

Trotz der auch später von ihm immer wieder erwähnten Schlaflosigkeit und dem von Kollegen beobachteten Unbehagen wegen der Verspätungen: Bei einem Charakter wie O'Toole darf man es sich nicht zu einfach machen. Sein Alkoholgebrauch war schon damals eher als »Missbrauch« zu bezeichnen. Dazu kam der Umgang mit Psychopathen, die Streitereien mit der Polizei und die Crashtouren mit dem Auto. Daneben steht die immer wieder geäußerte Überzeugung, es ganz nach oben zu schaffen, auf den ersten Blick ein Gegensatz. Bei genauerer Betrachtung passt es zusammen, und man meint, ein Muster zu erkennen: O'Toole war wohl doch nicht so sicher, wie er sich gab. Indem er immer wieder Grenzen auslotete – die eigenen und die, die sein Umfeld ihm steckte –, suchte er Bestätigung für die Individualität, die er um jeden Preis bewahren wollte. »Du darfst das, dir sieht man das nach, weil du etwas Besonderes bist« – das war vermutlich der Schlüsselsatz, den er hören wollte. Indem er immer wieder einmal gegen die Regeln spielte, entlud sich gleichzeitig der Druck, unter dem er stand. Er spürte, dass man viel von ihm erwartete, und sein Stolz hätte nicht zugelassen, diese Erwartungen zu enttäuschen. Dabei waren es nicht nur die Kollegen, Regisseure und Freunde, die ihn unter Druck setzten. Er selbst sprach einmal einen verräterischen Satz: »Wenn ich nicht Schauspieler geworden wäre, wäre ich vermutlich kriminell geworden.« Und weiter über die Flucht vor seiner »dunklen Seite«: »Als ich die Entscheidung einmal getroffen hatte, wusste ich, dass ich besser zu sein hatte als jeder andere lebende Schauspieler. Sonst wäre ich niemals fähig gewesen, mein Bett zu verlassen.«[8]

Das Bristol Old Vic lieferte ihm immer mehr gute Gründe aufzustehen: Im Juli 1957 übernahm er die Hauptrolle des kranken Onkel Gustav in *Oh, mein Papa*. Die Show war in Bristol so erfolgreich, dass man sie für drei Monate an das Londoner Mutterhaus auslieh. Dort lief es nicht so gut, weder das Londoner Publikum noch die Kritiker waren begeistert. Aber: Es war West End, der Ort, an dem Peter O'Toole ankommen wollte, wo er seinen Namen in Leuchtbuchstaben sehen wollte, und die Tatsache, dass sein Debüt keine Begeisterungsstürme hervorrief, schien O'Toole nicht weiter zu irritieren. Schon damals nahm er Flops »philosophisch«[9] hin, wie seine spätere Frau einmal sagen sollte. Schlechte Kritiken stürzten ihn nicht in Verzweiflung. Er wusste, dass verrissen zu werden ebenso zum Handwerk gehört wie Lob und Preis. Er nahm den Flop hin und marschierte unbeirrt vorwärts.

Kurz danach war er dann in den Schlagzeilen: »Vierundzwanzigjähriger als Hamlet«, titelte ›The Daily Telegraph‹ und wusste wohl nicht so ganz, was er mit dem Youngster in der Starrolle anfangen sollte. Patrick Gibbs schrieb in seiner Rezension: »Gielgud [Sir John Gielgud, damals einer der renommiertesten Shakespeare-Darsteller Englands; Anmerkung der Autorin] hat gesagt, ein Schauspieler sollte seinen ersten Hamlet hinter sich bringen, bevor er dreißig ist. Mr O'Toole tut es, wenn ich richtig verstanden habe, mit sechs Jahren Vorsprung und gibt eine nach allen Standards für ihren Zusammenhang bemerkenswerte Vorstellung.« Aber Hamlets Aussehen –

das lockige Haar und der Bart – gefielen dem Kritiker nicht: »Seinem Hamlet fehlt es an Adel.«[10]

Andere sahen das nicht so. Das Royal Theatre in Bristol war jedenfalls allabendlich ausverkauft, und vor allem das junge Publikum feierte den Hamlet, der ihnen als einer der ihren erschien und ihren Ärger und Zorn ausdrückte.

Auch seine Kollegen waren angetan. Wieder einmal Joe O'Connor: »Ich werde niemals vergessen, wie er Horatio, Marcellus und Bernardo begrüßte, als sie kamen, um ihm von dem Geist zu erzählen. Er sorgte dafür, dass jeder Satz die Hierarchie der jeweiligen Freundschaft ausdrückte. Er grüßte jeden als einen Gleichgestellten – so wie es sich für einen wahren Aristokraten gehört. Aber Horatio empfing er als einen alten Freund, Marcellus als einen Mann, den er kennt und respektiert, und Bernardo als einen entfernten Bekannten.«[11]

Auf Sir Peter Hall, der später als Intendant des Shakespeare Memorial Theatre in Stratford-upon-Avon Peters Vorgesetzter werden sollte, machte der Hamlet ebenfalls Eindruck: »Es war noch ungeschliffen und roh. Manchmal wurden die Worte nicht richtig gesprochen, und das Metrum war nicht immer perfekt. Aber es war großartig. Ich konnte den Funken eines Genies darin erkennen – und das ist nicht zu viel gesagt.«[12]

Peter O'Toole blieb auch im Erfolg »philosophisch«; seine Selbsteinschätzung war realistisch: »Ich wurde so viel wie möglich unterstützt, und das Stück wurde gekürzt, um mich nicht zu überfordern.«[13]

Peter O'Toole blieb drei Jahre in Bristol. In diesen drei Jahren erarbeitete er sich ein breites Repertoire, sammelte Erfahrungen, erlangte Sicherheit und bekam einen Vorgeschmack auf künftigen Ruhm. Es waren aber auch drei Jahre, in denen sich schon abzeichnete, dass sein Leben und seine Karriere nicht reibungslos verlaufen würden.

Am Ende dieser Zeit war er bereit, den nächsten Schritt zu machen. London stand auf seinem Programm, das West End, die großen

Leuchtbuchstaben. Der Kronprinz verließ die Kinderstube und machte sich auf den langen Weg, seinen Thron zu erobern. Dabei ahnte er nicht, wie lange er unterwegs sein würde.

Power Play:
Lawrence und die Folgen

London – Stratford-upon-Avon – Jordanien – Marokko – Spanien
1959–1963

Eigentlich wäre das Stück *The Holiday*, mit dem Peter nach seinem Engagement in Bristol auf Tournee ging, nicht weiter erwähnenswert, denn es war kein besonders gutes Stück. Es beeindruckte niemanden, der damit befasst war. Und wenn das Stück, beziehungsweise seine Besetzung, nicht sehr weitreichende Auswirkungen auf Peter O'Tooles Privatleben gehabt hätte, würde es sich wirklich nicht lohnen, darüber zu reden. Aber in *The Holiday* stand eine junge Kollegin – als seine Schwester besetzt – an seiner Seite, die eben erst, ausgezeichnet mit der Bancroft-Medaille, die Royal Academy of Dramatic Art verlassen hatte: Siân Phillips. Sie war sehr hübsch, die einzige und wahrscheinlich reichlich verwöhnte Tochter einer walisischen Lehrerin und eines Polizisten. Und sie war sehr ambitioniert. Von Kindheit an hatte sie davon geträumt, im Rampenlicht zu stehen und als Schauspielerin berühmt zu werden. Bis zu dem Tag, an dem Siân Phillips Peter O'Toole traf, war ihr Leben ganz auf Erfolg ausgerichtet gewesen. Sie hatte als Sprecherin für das walisische Programm der BBC gearbeitet, sie hatte an der Universität von Cardiff Englisch studiert, war eine Studentenehe eingegangen, hatte ihren Ehemann aber ohne viel Federlesens verlassen, als sich ihr die Chance bot, an der Royal

Academy zu studieren. Während O'Toole seine Studienzeit auch dazu genutzt hatte, sich in London nach bestem Vermögen zu amüsieren, hatte sich Siân Phillips ganz auf ihre Ausbildung konzentriert und sogar ihr Privatleben und ihre Bekanntschaften dem großen Ziel untergeordnet, als Schauspielerin Karriere zu machen.

Dann platzte Peter O'Toole in ihr Leben, und sie betrachtete ihn wohl zuerst einmal mit einem kleinen Erschauern. Natürlich hatte sie schon von ihm gehört. Er wurde in der Londoner Szene als die heißeste Entdeckung seit der Erfindung des Bügeleisens gehandelt. Er galt als der kommende Star. Darüber hinaus war er an der Royal Academy schon eine Legende: Der Student, der dreist genug gewesen war, am hellichten Tag zwischen zwei Lektionen im Pub einzufallen! Der Frechling, der seinen Lehrern widersprochen und sich lautstark mit ihnen gestritten hatte. Der Lümmel, der während einer Probe, die ihn gelangweilt hatte, hinter dem Vorhang des Little Theatres ein Nickerchen gemacht hatte – und dessen Charme und Talent die Lehrer so bezaubert hatten, dass sie ihm das Unverzeihliche vergeben hatten. Er war der Typ Mann, vor dem man Siân Phillips immer gewarnt hatte. Doch bevor sie wusste, wie ihr geschah, war sie schon verliebt und verloren.

Dabei war die Beziehung von Anfang an problematisch. Da war zum Beispiel die erste große Szene: Er hatte ihr im Vertrauen etwas erzählt – und sie hatte den Mund nicht halten können und, was er ihr anvertraut hatte, in den Tratschumlauf gebracht. Während sie gar nicht verstand, was daran so schlimm gewesen sein sollte, machte er seiner Enttäuschung lauthals Luft und stauchte sie brüllend und tobend auf offener Straße zusammen. Ein paar Tage gingen sie sich danach aus dem Weg, dann fiel er mitten in der Nacht bei ihr ein, auf eine für ihn typische Art: Er kam – im ersten Stock – durchs Fenster und fragte Siân, ob sie mit ihm eine Spritztour unternehmen wolle. Ein Freund habe ihm ein Auto geliehen. Siân Phillips war so froh, ihn wiederzusehen, dass ihr gar nicht die Idee kam, ihn zu fragen, ob es für einen Ausflug nicht ein wenig spät sei. Sie zog den Mantel übers Nachthemd und fuhr mit Peter in die Nacht hinein. Der Streit wurde nicht mehr erwähnt.

Sie sahen die Zeichen an der Wand nicht, stattdessen träumte jeder seinen Traum: sie von einer Partnerschaft unter Gleichen, davon, einen Kameraden in ihm zu finden, der sie in ihren Ambitionen unterstützen und ihre Karriere fördern würde. Er unterdessen kleidete den Heiratsantrag in die Worte: »Willst du meine Babys bekommen?«,[1] und offenbarte damit die Sehnsucht nach einer Familie als ruhigem Hafen. Und dabei dachte er wohl an das Ehemodell, das er bei seinen Eltern erlebt hatte; an die unendliche Toleranz und Loyalität, mit der seine Mutter dem Vater seine Freiheit ließ, und daran, wie sie alle eigenen Ambitionen für ihre Kinder aufgegeben und in ihnen den Erfolg ihres Lebens gesehen hatte.

Dass er eine begabte junge Schauspielerin in erster Linie als Mutter seiner künftigen Kinder und erst in zweiter als ehrgeizige Kollegin sah, kann man ihm als Machismo vorwerfen. Dass auf der anderen Seite Siân einen so eindeutig formulierten Antrag annahm und ihn damit in seiner Illusion bestärkte, in ihr die Frau gefunden zu haben, die Ruhe und Stabilität in sein Leben bringen würde, kann wohl nur durch ihre Jugend und ihre Verliebtheit erklärt werden.

Die Freunde des Paares sahen weiter als Peter und Siân. Da war zum Beispiel Kenneth Griffith, mit dem O'Toole damals ein Appartement teilte. Griffith, der wie Siân Phillips aus Wales stammte und mit ihr befreundet war, nahm die Nachricht von der Verlobung zum Anlass, das verliebte Paar zu trennen und einen Spaziergang mit der Dame zu machen. »Ich marschierte mit ihr immer um den Block herum und sagte ihr, sie solle das nicht tun. Ich sagte: ›O'Toole ist nicht wie andere Männer. Er ist nicht normal.‹«[2] Doch mit einer verliebten Frau ist schwer zu argumentieren. Siân Phillips antwortete: »Er ist der normalste Mann, den ich je getroffen habe«,[3] und sank ihrem Peter in die Arme. Sie war von ihm bezaubert und nahm es hin, dass er ihr Leben völlig auf den Kopf stellte. Sie hatte bis dahin kaum etwas getrunken. Mit Peter lernte sie Whiskey zu schätzen und gewöhnte sich an das von ihm so geliebte Guinness. Sie zog mit ihm nächtelang durch die Pubs der Hauptstadt und fand es schließlich ganz normal, dass er solche Touren morgens oft durch einen kleinen Kletterakt an der Fassade des Lloyd-Gebäudes abschloss. Sie wehrte sich auch nicht, als O'Toole in einer Regennacht verkündete, dass er ihre Garderobe nicht möge. All das Schwarz und Violett – das sehe ja aus, als ob sie um ihr Sexleben trauere! Sprach's, zog einen Armvoll Kleider aus dem Schrank und warf ihn durch das Fenster auf die Straße. Der Rest, der noch da hing, gefiel ihm auch nicht – er flog hinterher. Als Siân schüchtern fragte, was sie denn nun anziehen solle, bot er ihr großzügig seine Kleider an. Tatsächlich war sie dann die nächste Zeit vorwiegend in seinen – unten aufgerollten – Jeans und den bequemen Pullovern unterwegs. Sie fühlte sich wohl dabei, denn sie wollte ja ihr ganzes Leben mit ihrem ungewöhnlichen Liebsten teilen.

Es war zu spät für Warnungen. Während Peter in *The Long, the Short and the Tall* seinen ersten großen Londoner Erfolg feierte, wurde Siân Phillips schwanger, womit die Frage, ob sie und Peter heiraten sollten, sich von selbst erledigte. Sie mussten, hatten davor aber noch eine Hürde zu nehmen: Siân Phillips war immer noch mit ihrem ersten Ehemann, den sie in Cardiff zurückgelassen hatte, verehelicht. Die Scheidung musste unter diesen »anderen« Umständen schnell erfolgen, aber sie kostete das Paar einige Nerven, bis sie schließlich in Mexiko über die Bühne ging. Bei der fortgeschrittenen Schwangerschaft der Braut empfahl es sich nicht mehr, eine große Hochzeit zu feiern. So fand die Zeremonie im Dezember 1959 ohne Gepränge und weitere Festivitäten auf dem Standesamt in Dublin statt, und jener Kenneth Griffith, der Siân Phillips so sehr vor dieser Ehe gewarnt hatte, fungierte dabei als Trauzeuge.

Für den jungen Ehemann änderte sich durch die Heirat nicht viel. Er kehrte mit seiner Frau nach London zurück, drehte die ersten Fernsehspiele für die BBC – eines davon zeigt übrigens den einzigen (und den Sechzigern angemessenen, sehr keuschen) »Kamerakuss«, den Peter O'Toole und Siân Phillips jemals küssten. Peter nahm die Fernseh-Engagements damals nicht besonders ernst. Wichtiger fand er seinen ersten »richtigen« Film mit einem »richtigen« Star: An der Seite von Anthony Quinn war er in *The Savage Innocents* (in Deutschland erschienen unter dem Titel *Weiße Schatten* oder *Im Land der langen Schatten*), einer nicht sehr erfolgreichen Eskimogeschichte, vor der Kamera. Die Dreharbeiten machten ihm Spaß. Anthony Quinn mochte ihn, und er war von dem großen Kollegen beeindruckt. Seiner Frau erzählte O'Toole, dass man von Quinn lernen könne, wie man andere an die Wand spielt, um damit als Star immer im Zentrum der Aufmerksamkeit zu bleiben. O'Toole schaute sich die Fähigkeit bei Quinn ab – aber wirklich eingesetzt hat er sie später nie. Dazu war er immer zu sehr Theaterschauspieler, immer zu kollegial und verstand sich zu sehr als Teil eines Ensembles.

Teil des Ensembles war er dann auch bei seinem nächsten Engagement. Ein wichtiger Teil sogar, denn im Frühjahr 1960 trat Peter O'Toole an, in Stratford-upon-Avon unter der Regie von Peter Hall Shakespeare zu spielen. Wohl niemand wusste dabei besser als Peter O'Toole, dass er mit dem *Hamlet*, den er in Bristol gegeben hatte, und dem Erfolg in *The Long, the Short and the Tall* die Messlatte sehr hoch gelegt hatte.

Bevor er dafür Anlauf nahm, begegnete er aber einem Mann, der in den nächsten Jahren für ihn sehr wichtig werden sollte: Jules Buck. Der jüdischstämmige Amerikaner war damals schon ein erfolgreicher Produzent. Er hatte mit Sam Spiegel gearbeitet und – was später noch relevant werden sollte – noch eine Rechnung mit ihm offen. Er kannte die wichtigen Leute in Hollywood, und nachdem sich dort das Studiosystem mehr und mehr aufgelöst hatte, war er nach Europa gekommen, um sich ein neues Standbein aufzubauen.

Zuerst bekam Siân Phillips mit ihm zu tun. Sie hatte ihrem Agenten noch nicht verraten, dass sie schwanger war, also schickte er sie zu einem Vorsprechen zu Jules Buck. In ihren Memoiren schreibt sie darüber: »Mister Buck, sehr amerikanisch, eine dicke Zigarre rauchend, war nicht eben mächtig beeindruckt ... Das erste und einzige Mal in meinem Leben wurde ich gebeten, mich zu drehen. Ich traute meinen Ohren kaum. Ich drehte mich auf meinen vernünftigen Schuhen und spürte einen ersten Funken von Interesse und Amüsement.«[4]

In ihrem Fall blieb es bei diesem amüsierten Interesse, doch dafür beeindruckte ihr Ehemann den Amerikaner mit der dicken Zigarre. Jules Buck suchte Schauspieler für den Film *The Day They Robbed the Bank of England* (in Deutschland erschienen unter dem Titel *Bankraub des Jahrhunderts*). Darin gab es unter anderem einen irischen Lümmel zu besetzen, eine Rolle, die wie gemacht für O'Toole schien, der mittlerweile einige Kameraerfahrung gesammelt hatte.

Er ging zum Vorsprechen, während seine junge Ehefrau zu Hause zitterte. Nach einer Stunde klingelte bei ihr das Telefon. Jules Buck fragte, ob sie nicht zu dem Treffen dazukommen wolle. Siân Phillips machte sich sofort auf. Sie fand Jules Buck »bezaubernd«, vor allem seine Frau Joyce, die vor ihrer Ehe als Innenarchitektin gearbeitet hatte. »Er war sehr komisch und sehr jüdisch. Joyce war die schönste und eleganteste Frau, die ich jemals gesehen habe, kultiviert, witzig und mit wundervollen Geschichten! Alles lief wie geschmiert ... und ich war sicher, dass man O'Toole die Rolle des irischen Lümmels anbieten würde.« Das Problem war nur, dass O'Toole überhaupt keine Lust hatte, bei seinem Hollywood-Debüt den Klischee-Iren abzuliefern. Seiner damaligen Ehefrau hört man noch vierzig Jahre später an, dass sie ihn dafür am liebsten erschlagen hätte: »Es schien eine wirkliche Schande, als O'Toole, der kein anderes anständiges Angebot hatte, großspurig verkündete, dass er die Rolle unter keinen Umständen spielen würde. Entsetzen. Bestürzung. Aber er würde über den Part des englischen Oberklasse-Offiziers nachdenken.«[5]

Aber Peter O'Toole war nie der Typ, der sich aufhalten ließ, nur weil andere etwas für unmöglich hielten. Viele Jahre später sagte er einmal in der deutschen Fernsehendung »Wetten, dass?«: »Wenn ein Senfkorn einen Berg sprengen kann, können vier Nudeln auch eine Telephonzelle tragen.«[6] Nichts ist unmöglich. Und so, wie er diese Wette gewinnen sollte, bekam er damals auch die Rolle, die er wollte. Und mehr noch: Um fünf Uhr morgens weckte Peter seine in einem Sessel eingeschlafene Frau, damit sie mit der Runde und ihm auf eine eben gegründete Firma anstoße: Keep Films – mit den Inhabern Jules und Joyce Buck sowie Peter O'Toole und Siân Phillips. Das »Keep« im Firmennamen stand für »Halten« im Sinne von: »Wir wollen unsere Produktionen in der Hand behalten«, aber auch von: »Wir wollen einen nicht zu kleinen Anteil am Profit behalten.« O'Toole hatte seiner Frau wieder einmal gezeigt, dass man ruhig nach den Sternen greifen soll.

An dieser Stelle sollte man einmal tief durchatmen und dieses Ereignis genauer betrachten. Heute, in einer Zeit, in der so ziemlich jede Hollywood-Größe ihre Filme selbst produziert und die Studios daran gewöhnt sind, mit selbstbewussten Stars und deren Forderungen umgehen zu müssen, würde man einen Siebenundzwanzigjährigen, der vor seinem ersten großen Film die eigene Produktionsgesellschaft gründet, als reichlich eingebildeten Bengel belächeln. Aber damals, 1959? Das Studiosystem befand sich zwar schon in Auflösung, aber es war noch gang und gäbe, dass die Stars mit langfristigen Verträgen an ihre jeweiligen Filmgesellschaften gebunden waren, die auf dieser Basis nicht nur über die Karriere ihrer Publikumslieblinge bestimmten, sondern oft sogar in deren Privatleben hineinregierten. Und da kam nun ein siebenundzwanzigjähriger Ire, für Hollywood eine absolut unbekannte Größe – und er wollte, bitte schön, nicht nur über seine Projekte selbst entscheiden dürfen, sondern außerdem auch noch am Profit beteiligt werden.

Verwegen, abgehoben, arrogant? Man könnte es so nennen, aber wirklich erstaunlich ist, dass Jules Buck, der erfahrene, altgediente Produzent, der Hollywood kannte, der die Branche einzuschätzen wusste, mit im Boot war; dass er bereit war, nicht nur sein Geld, sondern auch seinen Namen und seine geschäftliche Zukunft an einen jungen Schauspieler zu binden, den er gerade ein paar Stunden kannte.

Spielte Jules Buck Vabanque? Oder war es so, dass er einen Star erkannte, wenn er einen vor Augen hatte? Sah er in dem jungen Peter O'Toole das Besondere, das Charisma, das so ungenügend mit »Starqualität« umschrieben wird? Man kann ihn nicht mehr fragen. Jules Buck ist im Winter 2001 nach langer, schwerer Krankheit gestorben. Ganz sicher mochte er Peter O'Toole. Vielleicht sah er in ihm sogar so etwas wie einen Sohn. Umgekehrt mochte O'Toole den Amerikaner Buck und vertraute ihm. Vielleicht empfand er, dessen leiblicher

Vater sich für Film und Theater nicht interessierte, seinen älteren Partner sogar ein wenig als Ersatzvater. In jedem Fall ließ O'Toole sich während der Jahre, in denen er mit Jules Buck zusammenarbeitete, von ihm Dinge sagen, die er bei niemand anderem akzeptiert hätte.

Sein erster Hollywood-Film *Bankraub des Jahrhunderts* wurde gedreht. O'Toole gab, noch mit Locken, einem neckischen Oberlippenbärtchen und einem perfekt genäselten Upper-Class-Akzent, den englischen Offizier und bewies während der Dreharbeiten, dass er eine wichtige Spielregel der Branche verstanden hatte: Wer sich nicht wie ein Star benimmt, wird auch nicht wie ein Star behandelt.

Kenneth Griffith erinnert sich an eine typische Szene: Eines Morgens klingelte in der Wohnung, die er mit dem Ehepaar O'Toole teilte, das Telefon. Die Produktion vermisste O'Toole. Als Griffith seinen Freund aus den Federn warf, wurde er von ihm gefragt, ob das Studio einen Wagen geschickt habe. Auf sein »Nein!« hin zog O'Toole die Decke wieder über die Ohren und bat seinen Mitbewohner: »Sei ein Schatz. Sag denen: ›Kein Wagen – kein Peter.‹«[7]

Abgesehen davon, dass er sich in Filmstarspielchen übte, fand Peter O'Toole die Arbeit im Studio schon damals langweilig. Die endlosen Wartezeiten, während das Set auf- und umgebaut und ausgeleuchtet wurde, die Vorbereitungszeit in der Maske, dauernd nachgeschminkt werden, schließlich Kurzauftritte vor der Kamera – O'Toole zappelte oft genug vor Ungeduld, fühlte sich unterfordert, mochte es nicht, wenn ihm die Kamera bei Nahaufnahmen geradezu unter die Haut zu kriechen schien. Aber an seinem Plan, beim Film Karriere zu machen, änderte das nichts. Dennoch war es nie das Medium Film, das O'Toole anzog. Er war kein Cineast. Wenn er ins Kino ging – was er vor allem während seiner Lehrzeit an der Royal Academy oft und gerne getan hatte – ging es ihm nicht um irgendeinen Film, sondern immer um einen bestimmten Schauspieler, den er bewunderte und von dem er lernen wollte – wie zum Beispiel Marlon Brando. O'Toole sah sich immer als Theatermann. Ihm war völlig klar, dass sich beim Film Kunst und Kommerz meist ausschließen.

Und er hatte seine Entscheidung getroffen: Für die Kunst stand bei ihm das Theater, für den Kommerz, an dem er durchaus interessiert war, das Kino. Mit dem ihm eigenen Selbstbewusstsein ging er davon aus, dass er in beiden Bereichen nach ganz oben kommen konnte.

Seine Chance, ein großer Star am Theater zu werden, wartete schon mit Peter Hall in Stratford auf ihn. Anfang 1960 zogen Peter O'Toole und seine inzwischen hochschwangere Frau in die Shakespeare-Stadt und gründeten dort in einem gemieteten Haus namens Mount Pleasant ihren ersten eigenen Hausstand. Doch »pleasant« – zufrieden – waren sie in diesem Haus nicht. Peter hatte gute Gründe, es schon bald in Mount Unpleasant umzutaufen, denn dort zeigte sich, dass die Flitterwochen endgültig vorüber waren. Das junge Paar hatte Probleme. Siân, die nie zuvor einen Haushalt geführt oder auch nur eine Suppe gekocht hatte, mochte Peters Freunde nicht, trauerte dem Applaus hinterher und sehnte sich ans Theater zurück. Peter unterdessen war aufgegangen, dass er kein wohl behütetes, braves Mädchen geheiratet hatte, sondern eine ehrgeizige, junge Frau mit einer Vergangenheit, die er als zu »bewegt« empfand. Lautstarke Szenen waren die Folge. O'Toole versuchte, seine Enttäuschung mit Alkohol hinunter zu spülen. Siân Philipps erinnert sich an diese Zeit: »Wenn er betrunken war, war er schonungslos kritisch mir gegenüber. Mein Ego wurde in Grund und Boden gerammt ... O'Toole rechtfertigte sein unberechenbares Verhalten mir gegenüber in der denkbar unvorstellbarsten Art. Er war die letzte Person, von der ich erwartet hatte, dass sie Moralurteile über das Benehmen anderer Leute fällen würde, schon gar nicht über meines. Jetzt tat er genau das.«[8]

Die Aussage verblüfft. Hatte die junge Frau nicht mitbekommen, dass sie einen Iren geheiratet hatte? Auch wenn er sich selbst als »pensionierten Katholiken«[9] bezeichnete, auch wenn er fluchte, politisch links stand und sich nicht benahm wie ein braver Messdiener: Die Werte seiner Jugend, den irischen Familiensinn und vermutlich auch ein katholisch geprägtes Frauenbild hatte er bewahrt.

Dazu kam aber noch etwas, was auch seine Frau erkannte: »O'Toole stand vor lauter Stress und Sorgen neben sich.«[10] Er hatte nämlich nicht nur mit seiner Enttäuschung über das Vorleben seiner Frau umzugehen, sondern auch mit beruflichen Sorgen. Peter Hall hatte ihm drei große Shakespeare-Rollen angeboten: Den Shylock in *Der Kaufmann von Venedig*, den Petruchio in *Der Widerspenstigen Zähmung* und den Thersites in *Troilus und Cressida*.

Der Kaufmann von Venedig stand zuerst an, er wurde in diesen Vorfrühlingstagen des Jahres 1960 geprobt. Diese Zeit war schwierig für O'Toole, denn es war ihm klar, dass dieses Projekt sehr wichtig für seine berufliche Laufbahn war, doch er war sich nicht sicher, ob das Management wirklich hinter ihm stand. Siân Phillips schrieb dazu:

»Es hatte ein paar Rückschläge und verpasste Gelegenheiten gegeben ... Die Whiskyflasche, die ihm aus der Manteltasche fiel, als er sich setzte, um mit dem Produzenten Cubby Broccoli zu reden, der wissen wollte, ob er jemanden mit einem ›Alkoholproblem‹ ersetzen könnte ..., hatte zur ständig wachsenden Legende beigetragen. Nun brauchte er diesen Job und musste ihn gut machen. Er war darauf vorbereitet, vielleicht sogar zu sehr ...«[11]

Zu den verpassten Gelegenheiten gehörte auch ein Angebot von Elizabeth Taylor, die Peter als Partner für *Cleopatra* wollte. Doch das war nicht die Rolle, die ihm vorschwebte. Er überließ sie – mit allen bekannten Folgen – Richard Burton und wandte sich nach Stratford. Dort kursierte aber während der Proben zu *Der Kaufmann von Venedig* das Gerücht, dass Peter Hall seinem irischen Youngster nicht ganz traute, und darum die Zweitbesetzung schon in den Startlöchern stand.

Als ob das noch nicht gereicht hätte: Da war auch noch der Ärger wegen O'Tooles Nase. Das Gerücht, er habe sie allein aus optischen Gründen korrigieren lassen, verfolgt ihn bis heute. Tatsache ist aber: Er hatte sie sich während des Rugbyspiels gegen die schwedische Polizei gebrochen. Davon war ein Knick zurückgeblieben, der Photographen und Kameraleute nervte, weil sie Peter vor jeder Aufnahme mühsam so ausleuchten mussten, dass die verschobene Nase nicht auffiel. Jules Buck riet zu einer Operation. Siân Phillips sah ein deutliches Missverhältnis zwischen diesem winzigen chirurgischen Eingriff und dem Aufschrei der Presse, der folgte. Sie schrieb darüber: »Ich konnte nicht glauben, als ich las, sein ›Charakter‹ sei verschwunden ... Seine so genannten ›Freunde‹ sagten, es sei symptomatisch dafür, wie sich sein Leben verändert hatte ... Was, dachte ich ärgerlich, haben zwei Zentimeter verschobener Knorpel mit Talent zu tun? ... Ich fühlte nichts als Verachtung für die Klugscheißer, die psychische Werte in einer beim Rugby verletzten Nase sahen.«[12]

Peter O'Toole überstand den Ärger um seine Nase, er überstand die angespannte Stimmung bei den Proben und die Aufregung um die im März erfolgte Geburt der Tochter Kate, doch wenige Tage vor der Premiere schienen Peter Halls Befürchtungen wahr zu werden: O'Toole verschwand. Er war für das Theater nicht mehr erreichbar.

Zuerst kam niemand auf die nahe liegende Idee, bei ihm zu Hause anzurufen. »Er tat, was niemand von ihm erwartete: Er ging ins Bett«, erzählt Siân Phillips. »Das Schlimmste fürchtete ich nicht. Er wird auftreten, dachte ich. Gelegentlich ließ er sich eine Tasse Tee bringen, aber meist wollte er nur in Ruhe gelassen werden.«[13]

Irgendwann kam dann doch jemand aus dem Theater auf die Idee, im Mount Pleasant anzurufen. Siân Phillips entschuldigte ihren Ehemann: Er fühle sich nicht wohl.

Am Premierentag kamen die Bucks nach Stratford – und als Peter am späten Nachmittag immer noch nicht aus dem Bett gefunden hatte, wurde Ersatzvater Jules Buck energisch. Er ging ins Schlafzimmer und sagte: »Hör mal, Junge, wenn du jetzt nicht aufstehst, werde ich deinen Shylock spielen – und Gott weiß, dass das Einzige, was ich dafür mitbekommen habe, eine große Nase ist!«[14] Peter O'Toole lachte, kroch aus dem Bett und ging ins Theater, um dort eine Vorstellung abzuliefern, von der sein Kollege Joe O'Connor sagte, sie sei »eines der großartigsten Ereignisse in der Geschichte des Theaters«[15] gewesen.

Die Kritik war nicht weniger angetan. David Wainwright schrieb in der Londoner Zeitung ›The Evening News‹: »Als Shylock wuchs Peter O'Toole – bisher als harter, junger Mann in Kriegsstücken bekannt – grandios über sich hinaus. Er sah großartig aus – eine würdige Figur aus dem Neuen Testament ... Jede qualvolle Bewegung seiner Finger, jedes Zurückweichen, wenn jemand ihn berührte, war aufschlussreich.«[16]

Doch die rauschende Premierenfeier, die Siân Phillips im Mount Pleasant vorbereitet hatte, fand ohne den Hauptdarsteller statt. Obgleich Constance O'Toole extra aus Leeds angereist war, um ihrem Sohn zu gratulieren, obwohl Jules und Joyce Buck sich darauf freuten, ihn zu feiern und Freunde das Haus fluteten: Peter O'Toole verschwand direkt nach der Vorstellung und tauchte erst zur nächsten wieder auf. Doch in der Zeit, die er alleine verbracht hatte, hatte sich etwas in ihm verändert. O'Toole, der bis dahin vor jedem Auftritt so sehr an Lampenfieber gelitten hatte, dass er sich erbrach, hatte seine Nervosität hinter sich gelassen. Von dem Tag an war er vor Vorstellungen die Ruhe selbst.

Nun konnte er seine nächste große Rolle angehen: Shakespeares Petruchio, der die Widerspenstige zähmt. Seine Partnerin war die berühmte Peggy Ashcroft, die – obgleich einige Jahre älter als ihr Partner – das kapriziöse Kätchen mit einigem Charme und jugendlichem Verve gab.

Doch die Sensation war O'Toole. Welche Rolle hätte auch besser zu ihm passen können als die des unverschämten, großmäuligen, virilen, charmanten Petruchio? Sein Temperament, seine Eleganz und seine Sportlichkeit kamen hier zum Tragen, und wahrscheinlich dachte so mancher im Publikum, dass das wohl genau der Petruchio sei, den Shakespeare sich vorgestellt hatte, als er das Stück schrieb.

O'Toole dürfte die Inszenierung auch noch aus einem anderen Grund gemocht haben: In der Schlussszene trat Petruchios gezähmte Widerspenstige mit einem Baby im Arm auf – und Petruchio-Peter strahlte im Vaterstolz, denn bei dem Winzling, der da sein Bühnendebüt gab, handelte es sich um ein geübtes Theaterkind, dessen Windeln schon oft in einer Garderobe gewechselt worden waren: Kate O'Toole.

Kates Vater hatte sich einst vorgenommen, auch im Erfolg kein anderer zu werden. Doch er war nun sehr gefragt – manchmal wohl ein wenig zu sehr – und musste erst lernen, damit klarzukommen. Noch konnte der Achtundzwanzigjährige mit dem Rummel, der um seine Person gemacht wurde, nicht umgehen und versteckte seine Verletzbarkeit in der Öffentlichkeit hinter großen Sprüchen. So zum Beispiel in einem Interview mit dem ›Evening Standard‹, in dem er trotzig sagte: »Ich betrinke mich, errege öffentliches Ärgernis und all das, aber ich denke wirklich nicht, dass ich in Gefahr bin, mich selbst zu zerstören ... Ich mag es, gelegentlich die Sonne anzubrüllen und auf den Mond zu spucken. Ich habe ein großartiges Leben, und ich habe vor, das Beste daraus zu machen ...« Doch als der Interviewer wegen des Trinkens nachhakte, kam eine verräterische Antwort: »Was hat irgendjemand davon, betrunken zu sein? Es ist wie eine Narkose ... Es gibt tausend Dinge, derentwegen man sich betäuben möchte. Ich habe eine Menge persönlicher Probleme. Aber es ist nicht Erfolg oder Niederlage als Schauspieler, was mich beunruhigt ... Nein, was zählt, ist Erfolg oder Niederlage als Person.«[17]

Persönliche Probleme – das bezog sich wohl auf die immer noch anhaltende Ehekrise. Die Geburt der Tochter und sein offenkundiger Vaterstolz änderten nichts daran, dass Siân Phillips und Peter O'Toole sich nächtelang stritten und gegenseitig verletzten. Aber mit dem Schmerz, den er zu betäuben suchte, meinte er nicht nur den seelischen. Er hatte schon in Bristol immer wieder Probleme mit dem Magen gehabt, und inzwischen hatte sich das, was als nervös bedingte Gastritis angefangen hatte, wohl zu einem Magengeschwür ausgewachsen. Sein Alkohol- und Zigarettenkonsum, die Anspannung und die schlaflosen Nächte verschlimmerten es, und so wurde ihm schon während der Produktion von *Troilus und Cressida* geraten, ins nächste Krankenhaus zu gehen und sich operieren zu lassen.

O'Toole wollte nicht. Er weigerte sich, das Problem ernst zu nehmen, trank für eine Weile Milch statt Whiskey und war schließlich froh, als die Saison in Stratford zu Ende ging. Ihm waren nämlich mittlerweile – obwohl seine Schwiegereltern auf Wunsch ihrer Tochter schon einmal interveniert hatten, obwohl es kurzfristig zu einer

Versöhnung gekommen war – Frau und Kind abhanden gekommen. Siân Phillips hatte ein Engagement in London und war nur zu froh, Stratford-upon-Avon und ihren Mann verlassen zu können. Dabei »vergaß« sie, eine Adresse zu hinterlassen. Peter O'Toole fand sie und Baby Kate trotzdem, und weil er nun wirklich keine Zeit für weitere Ehedramen hatte, stellte er seine Familie bei seiner Schwester Patricia in Birmingham unter und bat seinen Partner Jules Buck, sich um das Weitere zu kümmern.

Für Peter stand jetzt nämlich sein großer Film an, das Hollywood-Engagement, auf das er gewartet hatte und das ihn zum Star machen sollte: *Lawrence of Arabia* (in Deutschland erschienen unter dem Titel *Lawrence von Arabien*) unter der Regie von David Lean, der kurz zuvor erst mit *Die Brücke am Kwai* einen großen Erfolg gelandet hatte. Davor gab es allerdings noch ein Problem zu lösen. Peter Hall wollte O'Toole nach der erfolgreichen Sommersaison in Stratford für den Winter in London am Theater wissen. Er hatte zugesagt, den König in Jean Anouilhs Stück *Becket oder die Ehre Gottes* zu spielen.

Wahrscheinlich war es zu der Doppeloption gekommen, weil die Vorgefechte zu *Lawrence von Arabien* so lang und mühsam gewesen waren. Der englische Regisseur und der aus Galizien stammende, inzwischen in Hollywood beheimatete Produzent Sam Spiegel, auf dessen Liste damals schon so erfolgreiche Filme wie *On the Waterfront* (in Deutschland erschienen unter dem Titel *Die Faust im Nacken*) und *African Queen* standen, hatten sich nicht allzu lange davor zu ihrem ersten gemeinsamen Film *Die Brücke am Kwai* zusammengetan. Der Film war sehr erfolgreich, sowohl Lean wie auch Spiegel hatten eine Menge Geld daran verdient – aber in gutem Einvernehmen standen sie dennoch nicht zueinander. Spiegel hatte sich in Leans Privatleben eingemischt, Lean hatte ihm deswegen einen bitterbösen Brief geschrieben und wochenlang kein privates Wort mit ihm gesprochen. Trotzdem waren die beiden Männer einander verbunden, und sie wollten den Erfolg mit *Die Brücke am Kwai* wiederholen.

David Lean sah das Heil darin, das einmal so erfolgreiche Muster noch einmal zu stricken. In einem Interview sagte er, dass *Die Brücke am Kwai* »ein Generalthema [behandelte], indem es die Situation eines Mannes darstellt, den das Schicksal in ein interessantes fremdes Land verschlagen hat. Wir waren überzeugt, dass dieses Konzept an sich künstlerisch wichtig ist und dass wir es jetzt noch tiefer ausloten könnten. Unsere erste Idee war, einen Film über das Leben und Sterben von Mahatma Gandhi zu machen.«[18] Doch je länger Lean über das Projekt nachdachte, desto mehr wurde er sich der Schwierigkeiten bewusst: Gandhi – der ja zu diesem Zeitpunkt noch nicht lange tot war – wurde von vielen Menschen wie ein Heiliger verehrt. Lean befürchtete, dass ein Versuch, Gandhis Biographie auf der Leinwand darzustellen, als »Anmassung« empfunden werden könnte. So nahm er Abstand vom Gandhi-Projekt – und nahm zusammen mit Spiegel die Biographie eines anderen Mannes ins Visier: die des englischen Offiziers Thomas Edward Lawrence, der im Ersten Weltkrieg als *Lawrence von Arabien* zur Legende geworden war. Er passte genau in Leans Muster: Er war ein einzelner Mann, den das Schicksal in einem fremden interessanten Land in den Mittelpunkt der Ereignisse gestellt hatte, er galt als Held. Gleichzeitig war er aber auch eine der umstrittensten Figuren seiner Zeit. Freunde und Verehrer überboten sich in Lob über ihn – so zum Beispiel Winston Churchill: »Ich halte ihn für einen der größten Menschen unserer Zeit, und nirgends sehe ich seinesgleichen.«[19] Oder einer seiner Mitarbeiter, der Oberstleutnant W. F. Stirling: »Lawrence stellte uns Berufssoldaten, die so glücklich waren, seine Mitarbeiter zu sein, völlig in den Schatten, aber ich habe nicht ein einziges eifersüchtiges Wort gegen ihn gehört. Jeder fühlte, dass er uns in jeder Beziehung unendlich überlegen war.«[20]

Bei G. B. Shaw, mit dessen Frau Charlotte T. E. Lawrence eng befreundet gewesen war, klangen allerdings kritischere Töne an: »Er war ein sehr eigentümlicher Geselle, ein geborener Schauspieler, und hatte immer einen Lausbubenstreich im Kopf: Nie fühlte man sich ganz sicher vor ihm.«[21] Noch weiter ging Richard Aldington, der 1954 in Frankreich eine sehr sorgfältig recherchierte Lawrence-Biographie veröffentlichte: »Lawrence l'Imposteur« – Lawrence, der Betrüger – war der Titel. Aldington wies T. E. Lawrence darin eindeutig nach, dass er bei der Beschreibung seiner Heldentaten und der Rolle, die er beim Arabischen Aufstand gespielt hatte, schamlos übertrieben hatte.

Wer oder was immer dieser T. E. Lawrence wirklich war – dass seine in Form eines Romans publizierten Wüstenerinnerungen »The Seven Pillars of Wisdom« – »Die sieben Säulen der Weisheit« – zu den großen Werken der Weltliteratur gehören, ist nicht zu bestreiten. Und die Geschichte vom jungen Offizier, der zu einem der Führer des Arabischen Aufstands gegen die Türken wurde, schrie gerade zu nach einer Verfilmung. Dies umso mehr, weil dieser Lawrence ein faszinierender, schillernder Charakter gewesen war – genau der Typ »gebrochener Held«, der Lean und mit ihm das Publikum faszinierte.

Die Rechte für Lawrences Buch waren zu haben. Sam Spiegel kaufte sie und stand nun zusammen mit seinem Regisseur vor dem Problem, die Hauptrolle zu besetzen. Das war beinahe ebenso schwierig wie die Auswahl des Stoffs.

Für David Lean war es keine Frage: Er war mit einem Freund im Kino gewesen und hatte *Bankraub des Jahrhunderts* gesehen. »Und da war Peter O'Toole, der einen trotteligen Engländer beim Forellenfischen spielte«, schrieb er später seiner Lebensgefährtin Barbara Cole. Lean war sofort von ihm angetan und verkündete seinem Begleiter, dass der Junge auf der Leinwand sein Lawrence werden würde. Der Freund konnte sich nicht vorstellen, wie Lean aus diesem eckigen Gardeoffizier den charismatischen Lawrence machen wollte. »Aber ich war überzeugt. Ich dachte, er hat ein wundervolles Gesicht, und er ist ein guter Schauspieler.«[22]

Sam Spiegel sah O'Toole nicht als Lawrence. Der Hollywood-Mogul war an Stars gewöhnt, die sich vom Studio und ihrem jeweiligen Produzenten sagen ließen, was sie zu tun und zu lassen hatten. Von einer Neuentdeckung – und das war O'Toole, der noch nie eine Hauptrolle in einer großen Hollywood-Produktion gespielt hatte, für Sam Spiegel, für den nur Hollywood zählte – erwartete er dankbaren Gehorsam. Schon nach einer Begegnung war ihm jedoch klar, dass der Umgang mit dem eigenwilligen Iren sehr schwierig werden könnte. Spiegel setzte darum erst einmal auf jemanden, mit dem er bereits vertraut war: Marlon Brando. »Er ist ein großer Star, und dies ist, alles in allem genommen, eine teure Produktion.«[23]

Brando trat zu Probeaufnahmen an, das Studio begann bereits, Pressemitteilungen mit dem Inhalt, dass Brando der Star im neuen Spiegel-Film sei, in die Welt hinauszuschicken, doch dann überlegte es sich Sam Spiegel anders: »Aber ich lag falsch. Als ich mit Marlon ›On the Waterfront‹ gemacht habe, war er hervorragend. Nun ist er ein leidender Mann und natürlich auch ein leidender Schauspieler. Er vertraut weder sich selbst noch seinem Psychiater, und das macht sich in seiner Arbeit langsam bemerkbar. Er wäre für den Lawrence unmöglich gewesen.«[24]

Der nächste Kandidat war Peter O'Tooles Klassenkamerad von der Akademie und Freund Albert Finney. Er hatte – wie O'Toole – ein paar kleinere Filme gemacht, er war am Theater erfolgreich, und Sam Spiegel war von ihm sehr angetan. »Lawrence wird einen Star aus seinem Darsteller machen, und aus diesem Grund haben David Lean und ich schließlich entschieden, keinen etablierten Star für die Rolle einzusetzen, sondern einen unbekannten, aber notwendigerweise brillanten Schauspieler auszuwählen. Es ist gut vorstellbar, dass Finney zu dieser Beschreibung passt. Unsere Tests zeigen, dass Finney diese seltenen Qualitäten hat, die einen Star ausmachen.«[25]

Doch Albert Finney wollte die große Rolle nicht. Sein Ehrgeiz galt der Bühne, und als für ihn absehbar wurde, dass der *Lawrence* nicht in ein paar Wochen abgeschlossen sein würde, zog er sich zurück. Das Rennen war wieder offen, und nun wurde der interessant, den Sam Spiegel nicht wollte: Peter O'Toole.

Spiegel und O'Toole passten nicht zusammen. Der amerikanische Filmmogul achtete auf den Ruf der Schauspieler, die er engagierte. Der Gedanke, dass sein Hauptdarsteller in einer derart teuren Produktion wie *Lawrence von Arabien* vielleicht auf halber Strecke wegen eines Alkoholproblems ausfallen könnte, war für Sam Spiegel ein Alptraum. Außerdem mochte er O'Tooles Humor nicht. Er hatte schon beim ersten Test wegen eines frechen O'Toole-Spruches das Gesicht verzogen. Und als er sich schließlich dazu durchgerungen hatte, ihn trotz allem unter Vertrag zu nehmen, bewies O'Toole ihm gleich wieder, dass er nicht vorhatte, jene Anbetungshaltung einzunehmen, die in Hollywood gegenüber Produzenten üblich ist: »Sam rief mich an und sagte: ›Ich möchte, dass du den Lawrence spielst.‹ – ›Oh, ja‹, sagte ich. ›Ist es eine Sprechrolle?‹ – ›Mach' nicht solche Witze!‹, knurrte Spiegel.«[26]

In der Pressemitteilung, die Columbia Pictures am 20. November 1960 herausgab, war natürlich nichts von der langen Suche und von Spiegels Vorbehalten gegen Peter O'Toole zu lesen. Sie verkündete pompös: »Peter O'Toole, der brillante, junge Star vom Shakespeare Memorial Theatre in Stratford-on-Avon [sic!; Anmerkung der Autorin] wird die Titelrolle in Sam Spiegels Film ›Lawrence von Arabien‹ übernehmen. Damit endet die internationale Suche nach einem vielversprechenden Newcomer, der von einer Starriege umgeben sein wird.«[27]

Aber vor der Abreise nach Jordanien, wo O'Toole sich auf den *Lawrence* vorbereiten sollte, musste er noch den Zorn seines Stratforder Intendanten Peter Hall über sich ergehen lassen – das erste, und nicht das letzte Mal, dass er von einem Produzenten verklagt wurde.

Wie wütend Peter Hall auf den in seinen Augen undankbaren Jungstar war, wird noch Jahre später deutlich, als er dem Journalisten Michael Freedman seine Version der Vorfälle erzählte: »Ich fühlte mich sehr im Stich gelassen und betrogen«, begann er seine Ausführung und wies dann darauf hin, dass er diese Gefühle mit den Schauspielern der Royal Shakespeare Company teile. Immerhin sei es bei diesem *Becket* um mehr als eine Produktion gegangen: »... wenn wir das Stück verloren hätten – und das hätte passieren können –, wäre die ganze Saison ruiniert gewesen und damit wohl auch das gesamte Projekt RSC ... [Aber] wir konnten ihn nicht zwingen, für uns auf die Bühne zu gehen. Jeder muss seine eigene Moral haben ...«[28]

Peter Halls Ärger und seine Entrüstung sind verständlich. Nur eines verwundert: seine Sorge, dass er, nachdem O'Toole abgesprungen war, die Rechte an *Becket* verlieren könnte. Als O'Toole nämlich – auf

Anraten seiner Frau – nach Paris flog, um mit Anouilh zu sprechen, hatte der keine Ahnung davon, dass er die Vergabe der Aufführungsrechte von O'Tooles Auftreten abhängig gemacht haben sollte. Es ging sogar noch weiter, Anouilh fragte erst einmal: »Verzeihung – wer ist Peter O'Toole?«[29] Er hatte noch nie etwas von ihm gehört.

Gute Frage. Wer oder was war Peter O'Toole in diesem Fall? Ein Opportunist, der wegen einer dicken Hollywood-Gage und der Möglichkeit, ein Star zu werden, einen Mann im Stich ließ, der ihn aufgebaut und an ihn geglaubt hatte? Ein Karrierist, der, ohne mit der Wimper zu zucken, für seinen eigenen Erfolg Kollegen hängen ließ, die auf ihn vertrauten? Man könnte O'Toole all das vorwerfen. Man muss aber auch seine Position sehen: Peter Hall war der Direktor, dem O'Toole bei dem für ihn so wichtigen Projekt Shylock zugetraut hatte, eine Zweitbesetzung in petto zu haben. Ob dem so war oder nicht, spielt im Nachhinein für die Bewertung keine Rolle. Allein die Tatsache, dass O'Toole ein solches Vorgehen von Hall für möglich hielt, zeigt, dass zwischen den beiden kein ungetrübtes Vertrauensverhältnis bestand. Dazu kam, dass O'Toole – vom Pragmatiker Jules Buck beraten – Güterabwägung zu betreiben hatte: Auf der einen Seite stand die RSC, sein Auftreten in *Becket* und das Wissen, dass er, wenn auch mit Mühe, als König Henry ersetzbar sein würde (und er wurde dann ja auch durch Christopher Plummer ersetzt). Auf der anderen Seite stand *Lawrence von Arabien*, und sowohl Buck wie auch O'Toole war klar: Diese Rolle war die große Chance. Auch wenn Peter Hall sagte, O'Toole hätte ja auch nach *Becket*, also mit einem halben Jahr Verspätung, ein Filmstar werden können – O'Toole hatte lange genug auf einen Film wie *Lawrence von Arabien* gewartet, und er wusste, dass sich eine solche Gelegenheit wahrscheinlich nie wieder bieten würde.

Die Richter, die darüber zu befinden hatten, sahen es ähnlich wie O'Toole. Er wurde aus der Option entlassen und durfte als »freier Mann« nach Jordanien reisen. Dass sein Verhältnis zu Peter Hall und damit wohl auch zur englischen Bühne einen tiefen Knacks bekommen hatte, war damals noch nicht absehbar. Aber selbst wenn: Es ist nicht wahrscheinlich, dass sich O'Toole davon hätte aufhalten lassen. Er ließ sich ja auch nicht davon aufhalten, dass ihm sein linkes Auge wieder einmal Probleme bereitete und er sich vor den Dreharbeiten einer weiteren Operation unterziehen musste.

Anfang 1961 packte O'Toole wieder einmal seinen Seesack, verabschiedete sich von Frau und Kind und flog nach Jordanien. Er hatte inzwischen Lawrences Buch – das er entsetzlich fand – so oft gelesen, dass er es fast auswendig konnte, er hatte in bewährter Manier die gesamte erhältliche Sekundärliteratur durchgearbeitet und sich ausführlich mit Arabien, Arabischem und Arabisch befasst.

Sein erster Einsatzort war Akaba – und was ihn dort erwartete, spricht ihn auf jeden Fall vom Vorwurf frei, der harten Arbeit des Theaterschauspielers das »Luxusdasein« eines Filmstars vorgezogen zu haben. Siân Phillips, die ihren Mann in Akaba besuchte, schrieb darüber: »Akaba – ein Feldweg durch ein improvisiertes Dorf, ein wenig entfernt ein militärartiges Lager; eine Messe, ein paar hastig errichtete Baracken um einen zementierten Hof am Strand des Roten Meeres herum, einfache Toiletten, Duschen und einige nicht eben edle Trailer ...«[30] Auch O'Tooles Unterbringung war nicht luxuriös. Er wohnte in einem kleinen Trailer, und »da war wenig Platz. Die Wände waren komplett bedeckt mit Zetteln, auf die er mit der Hand nützliche arabische Ausdrücke und die jeweils zehn Worte, die er täglich dazulernte, um seinen Wortschatz zu erweitern, geschrieben hatte ... Es gab wenig Gemütlichkeit, aber Arabisch, Arabisch, Arabisch, außerdem Bücher, Papier und ein Bord, auf dem Seife, Handtücher, Zahnpasta, eine Bürste und Ambre-Solaire-Flaschen standen.«[31]

O'Toole kümmerte es nicht, dass er auf so beengtem Raum leben musste. Er kam nur zum Schlafen in seine Unterkunft, denn tagsüber war er beschäftigt. Ein von der Filmgesellschaft engagierter Arabien-Spezialist und König Husseins persönliche Beduinengarde unterrichteten ihn in Arabica und Kamelreiten. Dass Peter O'Toole verrückt darauf gewesen wäre, kann man nicht behaupten: »Natürlich hatte ich ein bisschen Angst. Ich kann nicht sagen, dass ich Tiere –

speziell Kamele – besonders mag. Und ich muss gestehen: Als mir die Größe der Viecher bewusst wurde, überlegte ich schon, ob es wirklich eine gute Idee gewesen war, die Rolle anzunehmen.«[32]

Sein erster Versuch auf dem Kamel war nicht dazu geeignet, ihm die Höckertiere sympathischer zu machen. Er ritt sich auf dem harten, ungepolsterten Sattel so die Hinterseite auf, dass er danach drei Tage – auf dem Bauch – flach lag. Aber er wusste sich zu helfen: Er organisierte sich ein Gummipad als Polsterung für den Sattel und teilte den staunenden Beduinen mit: »Ihr sollt gute Beduinen sein, der Wüste zugehörig – aber das hier ist ein zarter, irischer A...«[33] Die Beduinen nahmen ihm die Sattelpolsterung nicht übel – nein, die meisten von ihnen besorgten sich ebenfalls ein Gummipad, und so konnte O'Toole bald witzeln, dass er einen wichtigen Beitrag zur arabischen Kulturentwicklung geleistet habe. Die Beduinen haben wahrscheinlich gelacht. Zwar fanden sie, dass der lange, von der Sonne hellblond gebleichte, blauäugige Ire dem kleinen, zierlichen, braunhaarigen T. E. Lawrence nicht im mindesten ähnelte, aber sie mochten O'Toole. Er allerdings brauchte ein wenig Zeit, bis er sich an die Sitten und Gebräuche des Wüstenvolkes gewöhnt hatte. »Ich fürchtete mich zu Tode. Sie waren mit Messern und Gewehren behängt und saßen oft so lange schweigend da, dass ich sicher war: Sie machten aus, wie sie mich einem vorzeitigen Ende zuführen konnten.« Hätten die Beduinen geahnt, worüber ihr Gast nachdachte, hätten sie ihm vermutlich empfohlen, sich nicht so wichtig zu nehmen. Sie schwiegen nämlich nicht für oder gegen ihn, sondern weil sie eben nichts Mitteilenswertes zu sagen hatten. O'Toole wurde das schließlich auch klar – und er genoss es: »Das erste Mal in meinem Leben musste ich mich nicht anstrengen, um die Konversation in Fluss zu halten. Oh welche Freude, die Klappe halten zu können!«[34]

Klappe halten war eine gute Vorübung für die Zusammenarbeit mit David Lean. Der gehörte nämlich zu jener Sorte egozentrischer Regisseure, die ihre Schauspieler erst einmal auseinander nehmen und in den Boden stampfen, um sie danach nach eigenen Vorstellungen wieder aufzubauen. O'Toole war zu professionell und zu stolz, um je über die Behandlung, die ihm durch David Lean zuteil wurde, zu klagen. Er wollte sich nicht kleinkriegen lassen und musste deshalb fest die Zähne zusammenbeißen. Die Liste der körperlichen Beeinträchtigungen, die O'Toole während der Produktion wegzustecken hatte, ist lang und imponierend: 13 Kilo Gewichtsverlust; Ausfall zweier Finger nach Kamelbiss; Verbrennungen dritten Grades von der Sonne im Nacken und auf den Füßen; Verstauchung des linken und rechten Fußknöchels; Bruch des Sprunggelenks; Bänderrisse in Hüfte und Oberschenkel; Verrenkung der Wirbelsäule; Bruch des Daumens (der Verband ist in einer Szene in *Lawrence von Arabien* zu sehen); Verstauchung des Nackens; zwei Gehirnerschütterungen; Leistenverletzung und Schädelbruch.

Siân Phillips litt mit ihrem Mann: »Eines Tages, als ich beim Filmen zusah, befanden wir alle uns unter großen Schirmen oder im Schatten der Lastwagen, während O'Toole, in schweres Khaki gekleidet, den ganzen Tag in der unerträglichen Hitze auf einem Kamel saß und immer wieder dieselbe Szene machte. Niemand wusste, warum sie wiederholt wurde.« Und niemand fragte, denn niemand auf dem Set wollte sich mit David Lean anlegen, der eine solche Frage ganz sicher als Zweifel an seiner Autorität gewertet hätte. So zog sich der Tag dahin – mit einem Lean, der nach jeder Aufnahme die Wiederholung anforderte, einem O'Toole, der scheinbar ebenso ungerührt wie sein Regisseur jedes Mal erneut sein Kamel wendete und von vorne anfing, und mit Siân Phillips, die zwar nicht wagte, sich zu rühren oder gar Widerspruch einzulegen, aber deren Augen zwischen dem Regisseur, ihrem Mann und den anderen Beteiligten hin und her flitzten. Sie meinte, den alten Arbeitern, die schon öfter mit Lean gearbeitet hatten, anzusehen, was sie dachten: Dass das der Tag sei, an dem Lean O'Toole brechen würde. Doch sie wusste, dass es Lean auf diese Art nie gelingen würde, O'Toole klein zu bekommen; sie kannte ihren Ehemann gut genug, um zu spüren, dass er eher mit einem Sonnenstich vom Kamel fallen als bei Lean um »Gnade« bitten würde.

Acht Stunden unter gleißender Sonne – dann endlich sprach Lean das erlösende Wort: »Entwickeln!«. Kein Dank, kein Lob, keine Erklärung – nur dieses eine Wort, das anzeigte, das für ihn der Tag gelaufen war. Ob er sich dabei bewusst war, dass diese Runde an O'Toole gegangen war? Ob O'Toole daran dachte, als er endlich vom Kamel kletterte und – ebenso still wie sein Regisseur – steifbeinig zu seinem Jeep wankte?

Seine Frau sah ihm nach, empört über die ungerechte Behandlung, die ihm zuteil geworden war, und plötzlich konnte sie nicht mehr anders: »Ich rannte hinter David her, der zu seinem Wagen ging. Ich kannte ihn nicht, wir hatten kaum je miteinander gesprochen. ›Was, in Gottes Namen, war das?‹, verlangte ich zu wissen. Sein gut aussehendes Gesicht verzerrte sich, als er antwortete: ›Schauspieler! Schauspieler! Die haben den leichtesten Job hier! Wer kommt als Erstes am Morgen? Die Techniker. Und wer bekommt den Ruhm? Die Schauspieler!‹«[35]

O'Tooles Durchhaltevermögen imponierte allen Beteiligten. John Box, der künstlerische Leiter des Films, war des Lobes voll: »Wenn O'Toole arbeitet, arbeitet er wie niemand sonst ... Die Rolle war enormer Stress für einen jungen Schauspieler, und der Film wurde unter teilweise entsetzlichen Bedingungen gedreht: Hitze, Sandstürme, seelisch belastende Einsamkeit.« Dazu kam noch das »tierische Element« Kamel: O'Toole musste ja nicht nur lernen, sich auf dem Wüstenschiff vorwärts zu bewegen, sondern dabei auch noch schauspielern. John Box war auch von seinen diesbezüglichen Leistungen begeistert: »Er konnte schließlich reiten wie ein Beduine und dabei agieren. Er hatte einen der schwierigsten Charaktere überhaupt darzustellen, und er hatte es unter den denkbar schlechtesten Bedingungen zu tun. Was er dabei erreicht hat, ist unglaublich.«[36]

Aber O'Toole hatte immer wieder zu schlucken. Er habe eine schwere Zeit gehabt, sagte Leans Mitarbeiter Roy Stevens. »Ich war hart zu ihm. David war hart zu ihm.« Lean, so wusste Roy Stevens, habe O'Toole und seine Kollegen als »Marionetten« gesehen, die gut für ihren Job bezahlt wurden und folglich zu tun hatten, was er von ihnen wollte. Sie dafür zu loben, erschien Lean unnötig. »Egal, wie gut eine Vorstellung war, die ein Schauspieler gegeben hatte – es war ihm nicht gegeben zu sagen: ›Das war wirklich gut.‹ Darum hatten die Schauspieler das Gefühl, er verabscheue sie.«[37]

Barbara Cole, auf dem Set für »Continuity« zuständig und David Leans Lebensgefährtin, wusste aber, dass der Regisseur seinen Hauptdarsteller keineswegs verabscheute. »So viel ich weiß, hatten sie niemals eine offene Auseinandersetzung. Er kam niemals abends heim und sagte: ›Oh Gott, ich wünschte, Peter würde das und das anders machen.‹«[38] Sie wunderte sich nicht darüber, dass O'Toole zunehmend den Respekt seines schwierigen Regisseurs erwarb. David Lean gestand ein: »Ich versuchte, ihm Disziplin beizubringen. Ich sagte ihm, dass er in drei Monaten lernen müsste, stets die Augen offen zu halten [auch bei Sandsturm und gleißender Sonne; Anmerkung der Autorin]. Peter schaffte es in drei Wochen – nur um mir zu beweisen, dass er es konnte.«[39]

Lean schätzte aber nicht nur O'Tooles Durchhaltevermögen, sondern auch die Sensibilität und Intelligenz, mit der er sich in den schwierigen Charakter des T. E. Lawrence einfühlte. Je länger Lean und O'Toole miteinander arbeiteten, desto mehr Leine ließ Lean seinem Hauptdarsteller. So zum Beispiel, als er das Gefühl hatte, in der Szene, in der Lawrence seine arabische Ausstattung bekommt, fehle etwas. Lean setzte auf O'Tooles Kreativität: »Was meinst du, was ein junger Mann tun würde, der gerade diese wundervollen Kleider bekommen hat und nun damit allein in der Wüste ist?« O'Toole verzog sich zum Nachdenken in sein Zelt. Als er danach wieder aufs Set kam, sagte David Lean großzügig: »Hier ist dein Theater. Mach darin, was du für richtig hältst.« Peter O'Toole hatte eine Idee: »Jeder in dieser Lage würde sich selbst betrachten wollen. Aber es gibt keine Spiegel oder Wasser in der Wüste. Also hatte ich die Idee, mein Messer herauszuziehen und in die Klinge zu schauen. Ich habe noch im Ohr, wie David hinter der Kamera sagte: ›Kluger Junge!‹«[40]

Umgekehrt hatte Peter auch Lean zu vertrauen. Barbara Cole darüber: »Er fand es dumm, als er auf dem Kamel reitend ›The Man Who Broke the Bank at Monte Carlo‹ singen und Echos produzieren sollte. Er sagte zu David: ›Ich verstehe nicht, warum ich das machen soll. Ich finde es doof.‹ David musste ihn überreden.«[41]

Leans Liebling war und blieb Omar Sharif. Der junge Ägypter, ein »gelernter Leichtathlet« und einst Olympiateilnehmer, hatte es am Nil schon zu lokaler Berühmtheit gebracht. Trotzdem ließ er alles stehen und liegen, als Lean ihn wollte. Er arbeitete so hart wie O'Toole, aber er ordnete sich dem großen Regisseur unter. Lean, der eigentlich keine Schauspieler mochte, machte bei Sharif eine Ausnahme. Erstaunlicherweise aber belastete das Sharifs Verhältnis zu O'Toole nicht. Peter O'Toole kam ihm mit der herzlichen Offenheit und charmanten Frechheit entgegen, die für ihn typisch ist. Sharif bekam schon bei der ersten Begegnung einen Spitznamen – und erzählte Jahre später lächelnd davon: »Er sagte: ›Niemand heißt Omar Sharif. Ich werde dich Kairo Fred nennen.‹«[42]

Die Freundschaft zwischen »Kairo Fred« und »Irish Peter« hält bis heute an – begründet auf den gemeinsamen Erfahrungen, die sie nicht nur in der Wüste, sondern auch in diversen Oasen gemacht haben. Während der Zeit in Jordanien bekamen die beiden Herren nämlich alle drei Wochen für ein paar Tage Auslauf. Sie wurden nach Beirut ausgeflogen, damals eine sehr mondäne, aufgeschlossene Stadt. Dort wurde es meist sehr feucht: Sharif und O'Toole aalten sich nicht nur ausführlich in der Badewanne, sondern zogen nächtelang durch die Bars.

Die Freundschaft der beiden hielt auch, als Sam Spiegel sie trennen wollte. Er kam vor der USA-Premiere des Films auf die Idee, dass die Aufmerksamkeit der Presse sich auf O'Toole konzentrieren sollte, und lud darum Sharif aus. O'Toole und sein »Kairo Fred« aber hatten sich schon während der Dreharbeiten auf diesen Abend gefreut, und so bekam Spiegel ein O'Toole'sches Verdikt: No Omar – no me! Der Produzent, der inzwischen wusste, wie stur O'Toole sein konnte, gab nach, und so strahlten in New York die Herren Sharif und O'Toole nebeneinander in die Kameras.

Die Londoner Premiere war ein gesellschaftliches Großereignis. O'Toole wurde schon in den Tagen davor so von der Presse verfolgt, dass er erst einmal bei einem Freund, dem Filmkritiker des ›Daily Mirror‹, Donald Zec, Unterschlupf suchte. Dort lag er mit Krawatte auf Halbmast und Füßen oben auf dem Sofa. »All die Selbstenthüllungen und mit Schimpfworten gepfefferten Beobachtungen sprudelten nur so aus ihm heraus, hinunter gespült mit Bier, Whiskey, Cognac, Milch und Bitter. Er ist eine selbstironische, lautstarke, aber sehr eloquente Mischung von freundlichem Ärger und grimmigem Wohlwollen«, beschrieb Donald Zec seinen Gast. Zec ging – ebenso wie O'Toole – davon aus, dass *Lawrence von Arabien* seinen Hauptdarsteller zu einem Superstar machen würde. Er fragte O'Toole, wie das sein Leben verändern werde. »Ich schätze, es wird Hollywood, ein Cadillac, ein Presseagent und ein mit Blondinen gefüllter Swimming-Pool?« O'Toole jedoch blieb sich selbst treu. »Zur Hölle, nein!«, gab er zurück. »Wenn ich genug habe, bin ich am nächsten Morgen zurück [in Irland]. Ich möchte nicht viel Geld – nur genug, um mich für den Rest meines Lebens in Luxus zu aalen.«[43]

Ein paar Tage vor der Premiere verließ Peter O'Toole Donald Zecs Haus. Er reiste nach Wales, weil dort gerade sein Schwiegervater gestorben war. Seiner Frau erschien er wieder einmal wie der Ritter in der schimmernden Rüstung, und mit seinem Charme und Einfühlungsvermögen gelang es ihm sogar, seiner trauernden Schwiegermutter ein Lächeln abzuringen. Für O'Toole mit seinem irischen Familiensinn war es keine Frage, dass Sally Phillips nun, da sie allein war, nicht weiter in Wales bleiben, sondern nach London ins neu erworbene Haus der O'Tooles ziehen sollte.

Am Montag, dem 10. Dezember 1962, war Peter O'Toole dann wieder in London und stieg in den Smoking, um abends im West End, dem 1937 erbauten Odeon am Leicester Square, mit zweitausend Plätzen Englands größtem Kino, seine Verbeugung vor der Königin zu machen. Universal hatte die englische Lawrence-Premiere zur Wohltätigkeitsveranstaltung erklärt, die Einnahmen wurden für einen guten Zweck gespendet. Dementsprechend war alles angetreten, was in London Rang und Namen hatte, oder das zumindest von sich dachte. Das Odeon glänzte im Licht seiner Jugendstillüster, und darunter erwarteten die Botschafter von Amerika, Iran, Jordanien, Marokko und Spanien Englands Königin. Elizabeth II. trat in weißer Seide und mit Diamanttiara auf, angekündigt von Trompetern der Royal Horse Guard und begleitet von ihrem Ehemann, Philipp Herzog von Edinburgh. Peter O'Toole musste erst einmal eine dicke Zigarre loswerden, als jemand ihm einen Stoß in die Rippen verpasste. »Die Königin!«[44] O'Toole reichte die Zigarre nach hinten durch, machte vor der zierlichen Monarchin eine besonders tiefe Verbeugung und brachte den Herzog von Edinburgh mit einem Witz, den er nachher nicht vor der Presse wiedergeben wollte, zum Lachen.

Die englische Presse war von dem Film begeistert: »David Leans ›Lawrence von Arabien‹ lässt alle bisherigen Leinwandwüsten so unecht aussehen wie der Sandkasten in Aldershot, an dem ich Theorieunterricht in Taktik hatte. Hier ist die Wüste eine verdammte glühende Tatsache, mit einer Sonne, die wie ein unschuldiges, weißes Ei aufsteigt, um sich dann in einen Flammenball zu verwandeln ... Lichtspiegelungen lassen entfernte Reiter aussehen, als ob sie in Wasser gemalt wären, der Wind scheint fassbar zu sein und trifft den Zuschauer wie ein Knüppel«[45], schrieb Paul Dehn im ›Herald‹.

Sein Kollege Patrick Gibbs vom ›Daily Telegraph‹ war kaum weniger euphorisch: »David Leans ›Lawrence von Arabien‹ ist ein außergewöhnlicher Film ... Die Großartigkeit der Wüstenszenerie, der Felsformationen, des Himmels und des endlosen Sandes sind, wie in Lawrences eigener Beschreibung, in Perfektion eingefangen.« Gibbs war aber auch vom Hauptdarsteller mehr als nur angetan. O'Toole, so schrieb er »erreicht eine Ähnlichkeit, die alle Lawrence-Verehrer befriedigen sollte: ein großartiges Paar blauer Augen. Dass er viel zu groß ist, macht kaum etwas aus, so vollständig wie er den komplexen Charakter zu verstehen scheint, so geschickt wie er den schmerzlichen Verwandlungsprozess vom Helden zum Hoffnungslosen umsetzt ...«[46]

Yowerth Davies vom ›Guardian‹ war sich mit seinen Kollegen einig: »Peter O'Toole, ein brillanter Lawrence, trägt mit völliger Glaubwürdigkeit alle Widersprüche vor, vom ungeschickten Außenseiter in der Offiziersmesse zum überzeugenden ›Sherif El Aurens‹ am Lagerfeuer und selbst als entsetztes, blutgetränktes Wrack auf der Straße nach Damaskus.«[47]

Peter O'Toole war ganz oben angekommen und wahrscheinlich sogar für einige seltene Momente glücklich. Er hatte allen Grund dazu. Columbia Pictures hatte den Film mit einer bis dahin beispiellosen Kampagne beworben. Er lief in den Kinos der ganzen Welt und wurde allerorten als Meisterwerk gefeiert. Sam Spiegel ignorierte dessen Erfolg mit *Bankraub des Jahrhunderts* kurzerhand, indem er ihn in der Eröffnungssequenz des *Lawrence* mit »Introducing Peter O'Toole« als seine Entdeckung ausgab. O'Toole war nun ein Superstar. Journalisten rissen sich um Interviews mit ihm, sein Gesicht prangte auf unzähligen Titelbildern, vor seinem Haus warteten Fans in der Hoffnung, einen Blick auf ihn erhaschen zu können, sein Büro wurde mit Autogrammwünschen und Angeboten aller Art geflutet, und er galt Sam Spiegel als das beste Pferd im Stall. Doch als der dann gewohnt großspurig daran gehen wollte, die Verfügungen über O'Tooles weitere Karriere zu treffen, kam Jules Bucks Stunde. Freundlich, aber bestimmt, wies er seinen früheren Kollegen darauf hin, dass er vielleicht noch einmal den Vertrag lesen sollte, den er mit O'Toole gemacht hatte. Buck hatte nämlich einst – ohne Wind darum zu machen – alle Paragraphen gestrichen, die sich auf O'Tooles Folgeverpflichtungen gegenüber Spiegel und Columbia bezogen. Weil niemand damit gerechnet hatte, dass der Manager eines bis dahin unbekannten Schauspielers auf eine solche Idee verfallen könnte, hatte Spiegel nun seinen Bossen zu erklären, warum Columbia Pictures eine Menge Geld in die Promotion eines Stars investieren sollte, mit dem man keinen Folgevertrag hatte.

Vermutlich hatte O'Toole seinen Spaß an dieser Geschichte. An seinen neuen Status musste er sich jedoch erst gewöhnen. Sicher, er mochte es, endlich Geld zu haben. Noch während er bei den Dreharbeiten war, hatten seine Frau und die Bucks für 13 500 Pfund ein Haus erworben, renoviert und eingerichtet. Die über zweihundert Jahre alte fünfstöckige Backsteinvilla steht in der Heath Street im

Londoner Nobelvorort Hampstead – eine Ecke von London, die O'Toole schon während seines Studiums für sich entdeckt hatte. In dem Park, der sich hinter dem Haus über die Heide hinaufzog, hatte er unter einem Baum seine Rolle gelernt, in den Pubs im idyllischen Ortskern gerne getrunken, und hin und wieder war er wohl auch über den Friedhof in Hampstead geschlendert, auf dem unter anderem Sigmund Freud und Karl Marx begraben sind. Siân Phillips mochte an dem neuen Haus besonders die Aussicht aus dem oberen Stockwerk: »Das Obergeschoss war auf derselben Höhe wie die Spitze der St. Paul's Cathedral, und man hatte eine seit dem 18. Jahrhundert fast unveränderte freie Sicht über Gärten und kleine Vororte auf die Stadt.«[48]

O'Toole verliebte sich auf den ersten Blick in das Haus. Endlich genug Platz – nicht nur für sich und die Familie, sondern auch für Freunde und Partys und für das, was sich in den nächsten Jahren zu einer zwar unmethodischen, aber dennoch beachtlichen Kunstsammlung auswachsen sollte.

Seiner Ehe und Gesundheit hatten die zwei Jahre, in denen er bei den Dreharbeiten fast ein Mönchsdasein geführt hatte, gut getan. Der Magen hatte sich beruhigt, und der Kontakt zu seiner Frau, mit der er in reger Korrespondenz gestanden und die ihn immer wieder besucht hatte, war besser als im ersten Jahr in Stratford. Von Trennung war nicht mehr die Rede, im Gegenteil: Das Paar entschied sich für ein zweites Kind, und Siân wurde wieder schwanger.

Der Haushalt lief nun wie geschmiert. Siâns Mutter Sally, von ihrem Schwiegersohn durchaus zärtlich die »Welsh Cow« (walisische Kuh) genannt, war nach London gekommen und hatte die Haushaltsführung in der O'Toole-Residenz übernommen. Sie kochte, backte, bereitete mitten in der Nacht Tee und Sandwiches, schirmte den geliebten Schwiegersohn ab, wenn er seine Ruhe haben wollte, und leistete ihm am Scrabble-Brett Gesellschaft, wenn er mal wieder nicht schlafen konnte. Sie war »Mamgu« (walisisch für »geliebte Großmutter«) für die Enkelin und die Freunde des Hauses. Dass Journalisten sie schon einmal »O'Tooles Drachen« nannten, störte weder sie noch ihren Schwiegersohn.

Im Sommer 1963 schien das Glück dann perfekt: Siân war nach Irland geflogen, in Dublin wurde Tochter Pat geboren und vom stolzen Vater mit einer Riesenparty gefeiert.

Auch beruflich lief es gut für O'Toole: Für seine Darstellung des Lawrence wurde er mit seiner ersten Oscar-Nominierung belohnt, Berthold Brechts *Baal*, das Theaterstück, mit dem er danach im West End auftrat, war zwar kein großer Erfolg, wurde aber von Publikum und Kritik freundlich aufgenommen, und der nächste Film nach *Lawrence von Arabien* schien Balsam auf einer alten Wunde zu sein: O'Toole spielte Henry II. in *Becket*. Sein Partner war Richard Burton, den er schon als Schauspielschüler bewundert hatte.

Peter O'Toole hätte glücklich sein können – und war es doch nicht. Was von außen aussah wie die Erfüllung aller Träume, war für ihn eine Lebenssituation, mit der er Mühe hatte. Er wollte weder eine Villa mit Swimming-Pool in Hollywood noch einen Cadillac mit Chauffeur. Der Gedanke, fürderhin im Smoking auf eleganten Partys mit der High Society Champagner zu schlürfen statt mit Freunden in einem Pub Bier zu trinken, schreckte ihn. Schon während der Dreharbeiten zu *Lawrence* hatte er zu seiner Frau gesagt, dass er nicht vorhabe, sich oder sein Leben durch den Erfolg verändern zu lassen. Nun bekamen seine Versuche, sich und der Welt zu beweisen, dass er immer noch der Alte war, fast etwas Verzweifeltes. Er hatte schon vor dem *Lawrence* zu oft zu viel getrunken – nun nützte er die freien Zeiten zwischen zwei Produktionen zu wahren Exzessen, die immer wieder in Ausnüchterungszellen endeten.

Journalisten erschien er wie der perfekte Hedonist. Er selbst lieferte ihnen immer wieder Stoff dafür – zum Beispiel mit Sätzen wie: »Ich kann nichts dagegen machen – ich habe einfach in allem Glück.«[49]

Aber steckt nicht schon etwas Beschwörendes darin? Klang er nicht manchmal, wenn er großmäulig sagte: »Ich bin reich!«, wie ein ängstliches Kind, das im dunklen Wald laut pfeift? Souverän wirkte der Peter im Glück nämlich nicht, wenn er öffentlich erschien. Für einen Live-Auftritt in einer englischen Satireshow hatte er sich wohl ein wenig zu viel Mut angetrunken und wirkte daher eher peinlich denn witzig, und in der amerikanischen Letterman-Show kippte er vor laufender Kamera um. Er rechtfertigte das später damit, dass es auf seiner Anreise Probleme gegeben habe, dass er darum achtundvierzig Stunden nicht geschlafen und sich zudem den Magen verdorben habe, aber damit konnte er auch nicht mehr viel retten.

Peter O'Toole mochte sich noch so sehr weigern, sich zu verändern – es war bereits geschehen. Er war nicht länger der einsame Wolf, der allein durch sein Revier zog. Um sich herum hatte er eine Gruppe von Menschen versammelt, die sich bemühten, das zu erhalten, was er sein »Glück« nannte. Dabei war jedem in diesem Verband eine spezielle Aufgabe zugeteilt, er selbst gab das exzentrische Genie, das man vor seinem Selbstzerstörungstrieb bewahren musste. Siân kompensierte ihre Unterlegenheitsgefühle gegenüber ihrem so viel erfolgreicheren Ehemann, indem sie die Rolle der hingebungsvoll liebenden und leidenden Ehefrau annahm. Zusammen mit Joyce Buck, deren Stilgefühl sie bewunderte, und den niedlichen, blonden Töchtern hielt sie die zum Verkauf des »Hollywood-Produkts« Peter O'Toole erforderliche bürgerliche Fassade aufrecht, während Jules Buck sich in der Rolle der rettenden Kavallerie gefallen durfte, die mit Geschick und Organisationstalent immer wieder Peters Pannen ausbügelte. Selbst Schwiegermutter Sally Phillips hatte eine Funktion in der Runde: Sie tröstete und bemutterte Peter, wenn er zu weit gegangen und dabei auf die Nase gefallen war.

Nur Peters Eltern, an denen er immer noch sehr hing, zogen nicht mit. Patrick O'Toole passte nicht in die Runde, weil er die Lebensweise seines Sohnes gar nicht exzentrisch finden konnte. Wieso auch? Er selbst hatte sich doch nie weniger Freiheiten genommen. Und Constance Ferguson schließlich scheint einer der seltenen Menschen gewesen zu sein, die vorbehaltlos und ohne das Bedürfnis, jemanden zu verändern, lieben können. Sie hatte ihren Ehemann immer genommen, wie er war, und nun ließ sie ihren Sohn sein Leben leben – im Vertrauen darauf, dass er genügend Selbsterhaltungstrieb besaß, um seinen Drang zur Selbstzerstörung aufzufangen.

Wings of Fame: Ruhm und Absturz

LONDON – PARIS – DUBLIN
1963–1974

1963 – das Jahr eins nach *Lawrence von Arabien* brachte O'Toole gleich zwei Rollen, die ihn glücklich machten und als Schauspieler forderten: König Henri II. in Peter Glenvilles *Becket* und den zweiten *Hamlet* seines Lebens, dieses Mal in London und unter der Regie der Theaterikone Sir Laurence Olivier.

Beim *Becket*, der zu O'Tooles Freude in England gedreht wurde, war es wohl nicht nur die Rolle des anlehnungsbedürftigen, trotzigen Königs, die er als Herausforderung empfand. Mindestens ebenso sehr fühlte er sich durch seinen Partner Richard Burton angestachelt. Die freundschaftliche Rivalität der beiden reicht bis in O'Tooles Studentenzeit zurück. 1953 waren sie sich das erste Mal in einem Pub begegnet, wo Peter mit Freunden nach einer Vorstellung von Burton getrunken hatte. Burton hatte dort ein wenig mit Peters Freundin geflirtet. Peter verstand das nur zu gut, aber das hinderte ihn nicht, kurz darauf mit gleicher Münze heimzuzahlen: »Heute hat er mich wieder angeschaut, dieser Knabe aus Wales, der Filmstar, der Schauspieler, dieser Burton-Kerl, Richard ... Er war auf der einen Seite des Gehsteigs, ich kam ihm auf der anderen entgegen ... wie auch immer, hatte er nicht angehalten und mich angeschaut, dieser Burton-Kerl,

Richard, der Schauspieler?« Und dieses Mal war Richard Burton in weiblicher Begleitung, und Peter allein unterwegs. Peter beschloss sofort, die günstige Situation auszunutzen und dem frechen Kerl eine Portion seiner eigenen Medizin vorzusetzen. Also »schaute ich nicht auf diesen Filmstar-Vogel, diesen Richard, den Schauspieler, sondern versuchte, seiner Partnerin Miss Bloom, einer anmutigen jungen Dame einen umfassend liebäugelnden Blick zukommen zu lassen ... Ich schätze, es funktionierte, denn Miss Bloom wandte die Augen bald von mir ab und richtete sie auf Burton, R. Nun ist es Zeit, auf den Mistkerl zu gucken, dachte ich, schaute auf ihn – und war da nicht ein dickes Grinsen? Hallo!«[1]

Bei *Becket* wurde Ernst aus den Spielchen. Die beiden Schauspieler forderten sich heraus und wuchsen aneinander. Sie nahmen ihre Aufgabe beide sehr ernst und waren – vermutlich zur Erleichterung und zum Erstaunen ihres Regisseurs Peter Glenville – zahm wie die Lämmchen. Nur einmal während der Dreharbeiten leisteten sie sich ein Wochenende mit »Whoopie-Whoopie«[2], wie O'Toole es zu nennen pflegte. Aber am Montag standen sie dann wieder vor der Kamera – vielleicht ein wenig bleich unter dem Make-up, ein wenig geräuschempfindlicher als sonst, aber beide professionell genug, ihre Rollen dennoch mit eindringlicher Intensität zu spielen. Und sie waren gut. O'Toole vollbrachte einen virtuosen Drahtseilakt, indem er seinen König zwischen unreif-egoistischem Zorn und ergreifender Einsamkeit ausbalancierte. Burton gelang es nicht nur, die Wandlung vom zynischen Weltmann und Politiker zum Bischof, der bereit ist, sich seinem Glauben zu opfern, glaubwürdig zu machen, sondern er verlieh seinem Thomas Becket sogar mit kleinen Gesten, oft nur einer Handbewegung oder einem Stirnrunzeln, eine subtile Menschlichkeit, die man in Anouilhs Stück, in dem sowohl der König als auch sein Opponent Becket als Archetypen dargestellt sind, ein wenig vermisst. Burtons und O'Tooles Darstellung ging unter die Haut.

Sie brachte beiden eine verdiente Oscar-Nominierung ein. Vermutlich waren sowohl O'Toole wie auch Burton, die beide jeweils siebenfach nominiert wurden, in diesem Fall nicht zu unglücklich darüber, letztendlich nicht gewonnen zu haben, hätte es doch der

Gewinn des einen eine Zurücksetzung des anderen bedeutet. Und um das zu wollen, hatten sie einfach zu viel Spaß miteinander gehabt.

Die Presse wusste es allerdings anders und offenkundig besser als die Beteiligten. O'Toole und Burton bekamen immer wieder zu lesen, dass sie sich wie zwei Kampfhähne aufeinander gestürzt hätten. Wahrscheinlich amüsierten sie sich darüber, denn während der Dreharbeiten zu *Becket* hatte sich ihre Bekanntschaft zu einer Freundschaft vertieft, die viele Jahre bestehen sollte. Richard Burton war oft Gast in Guyon House, und Kate O'Toole erinnerte sich später einmal in einem Interview daran, dass sie manchmal morgens vor der Schule auf Zehenspitzen durch Vaters »Green Room«, seinem großen Wohnzimmer, schlich – zwischen Tischen mit leeren Flaschen und vollen Aschenbechern hindurch und dabei vorsichtig über Richard Burton hinwegstieg, der sich hinter der großen Couch schlafen gelegt hatte.

Doch wirklich eng konnte die Freundschaft nach *Becket* nicht mehr werden, denn zu dieser Zeit hatte Richard Burton seine Ehefrau Sybil, die Siân Phillips – die als Waliserin ihren Landsmann Burton schon vor ihrer Ehe mit Peter O'Toole gekannt hatte – und Peter sehr geschätzt hatten, schon verlassen und sich mit Elizabeth Taylor zusammengetan. Siân und Peter fanden die schöne Liz manchmal reichlich anstrengend, zum Beispiel, als sie die heutige »Dame Elizabeth« auf dem Höhepunkt ihres Skandals – des Ehebruchs mit Burton – ins Theater begleiteten. O'Toole hatte Plätze bestellt und für die Pause Drinks im Büro des Direktors arrangiert. Doch Liz Taylor erschien mit einem riesigen Turban in auffallendem Türkis, und prompt summte es durch das ganze Theater: »Sie ist hier! Elizabeth Taylor – da vorne, mit dem leuchtend grünen Hut!« In der Pause wollte sie nicht unauffällig im Büro des Direktors verschwinden. Liz Taylor wollte ins Pub. Auf der St. Martin's Lane gab es fast einen öffentlichen Aufstand. Siân Phillips erinnert sich: »›Oh!‹, kreischt eine Frau, ›das Biest! Ich bin ihr so nahe, ich könnte sie anspucken!‹ Unerklärlicherweise findet Elizabeth das charmant. Sie strahlt. ›Es ist schrecklich‹, sagt sie mit ihrem gewinnendsten Lächeln zu O'Toole,

›wenn man nicht fähig ist, in Frieden irgendwohin zu gehen.‹ – ›Es könnte ein bisschen helfen‹, erwidert O'Toole schroff, ›wenn du diesen verdammten, türkisfarbenen Deckel abnehmen würdest!‹«[3] Es war nicht das einzige Mal, dass O'Toole und die »göttliche Liz« sich als wenig kompatibel erwiesen. Wahrscheinlich lag es daran, dass sie nur ein Mal gemeinsam vor einer Kamera standen – oder besser gesagt: lagen. Liz Taylor spielte nämlich die dralle Geliebte des (von O'Toole dargestellten) Captain Pat in *Under Milk Wood*, der Verfilmung einer Novelle von Dylan Thomas – und diese Rolle, bei der schon von Anfang klar war, dass sie damit kein Millionenpublikum ins Kino ziehen würde, hatte sie vermutlich nur angenommen, um ihrem Ehemann einen Gefallen zu tun. Der aus Wales stammende Richard Burton verehrte nämlich den Waliser Dylan Thomas – ebenso wie O'Toole, der in seinen Studentenjahren immer darauf gehofft hatte, den Dichter einmal in einem der von beiden frequentierten Pubs in Soho zu treffen. Vermutlich hatten O'Toole und Burton schon damals, in den fünfziger Jahren, unabhängig voneinander »Under Milk Wood« gelesen und über eine Umsetzung nachgedacht. 1973 leisteten sie sich nun das ambitionierte Projekt – Burton gab den Erzähler, O'Toole brillierte als der blinde Captain Pat, der sich in seine bewegte Vergangenheit zurückträumt. In einer Sequenz wühlte er dann mit jugendlichem Rüpelcharme und Liz Taylor in zerknitterten Laken – und die Tratschpresse schloss aus der Tatsache, dass Siân Phillips in diesem Film ebenfalls eine kleine Rolle übernommen hatte, sie und Richard Burton hätten die Notwendigkeit gesehen, Liz und Peter bei der Bettszene im Auge zu behalten zu müssen. Siân Phillips lachte vermutlich herzlich über diese durchaus willkommene Werbung für einen Film, der eher wirkte, als wäre er für das Spätprogramm eines Kultursenders gedreht worden. Sie hatte vermutlich die (wahrscheinlich sehr deutlichen) Kommentare im Ohr, die ihr Ehemann 1967 bei den Filmfestspielen im sizilianischen Taormina über die Allüren von Liz Taylor gemacht hatte.

Es hatte schon im Flugzeug auf dem Weg dorthin begonnen, den die Ehepaare Phillips/O'Toole und Taylor/Burton gemeinsam zurücklegten. Siân Phillips darüber: »Wir tranken auf dem ganzen Weg nach Italien Champagner (ich hatte recht damit, den beiden aus dem Weg zu gehen. Es war unmöglich, sich in ihrer Gesellschaft nicht exzessiv zu benehmen). Elizabeth war bester Laune. Richard war – Richard.«[4]

Bei der Ankunft in Italien wurde es dann richtig lustig: »Rich, O'Toole und ich sahen zerzaust und schlampig aus. Elizabeth, die grandios betrunken war, wirkte absolut nüchtern, und die Photographien spiegeln das wider. ›Kameras bringen sie in Form‹, sagte Richard gelassen.«[5]

Um im richtigen Licht zu stehen, tat »die Taylor« einiges – so auch in Taormina, wo die Stars in den zwar hübschen, aber winzigen Zimmern eines ehemaligen Mönchsklosters untergebracht worden waren. Vor dem Hotel lauerten jede Menge Fans, die beim Erscheinen eines VIPs in Geschrei ausbrachen. Peter O'Toole und seine Frau ließen sich davon nicht irritieren. Sie passierten einige Male das Spalier der kreischenden Filmbegeisterten, dann hatte man sich an ihnen satt gesehen und nahm sie kaum noch zur Kenntnis.

Derartige Ignoranz wäre für Elizabeth Taylor ein Alptraum gewesen. Darum blieb sie mit ihrem Ehemann, dem Friseur, der Zofe und dem Assistenten in ihrer kleinen Mönchszelle. »›Wir gehen nicht aus bis zu dem Abend‹, sagte Richard. ›Bis dahin werden die Leute verrückt danach sein, Elizabeth zu sehen. Es wird einen Aufstand geben.‹«[6]

Den Aufstand vor dem Hotel gab es tatsächlich, aber er genügte Elizabeth Taylor noch nicht. Bei der Preisverleihung sorgte sie für noch mehr Aufruhr und Aufmerksamkeit, indem sie nicht aus der Ecke im Amphitheater kam, aus der sie erwartet wurde, sondern – natürlich, nachdem sie das Publikum ein wenig hatte warten lassen – über eine andere Treppe. Aller Augen waren auf sie gerichtet – und Elizabeth Taylor genoss es.

Peter O'Toole war weniger begeistert. Zickigkeit gehört nicht zu den Eigenschaften, die er bei einer Frau schätzt – und er ist nicht der Mann, der mit seiner Meinung hinter dem Berg hält. Demgemäß kann man davon ausgehen, dass er auf Elizabeth Taylors Favoritenliste nicht eben unter den Spitzenreitern rangierte. Einige Jahre vor Richard Burtons Tod im Jahre 1984 zerbrach die Freundschaft der beiden Männer daran. O'Toole war in Rom zufällig in demselben Hotel abgestiegen wie Richard Burton und Liz Taylor und ihre Entourage. Natürlich versuchte O'Toole, seinen alten Freund zu erreichen, lief ein paar Mal bei einem Assistenten auf und erwischte ihn schließlich. Burton sagte ihm, dass man sich besser nicht wiedersehe. Elizabeth wolle das nicht. O'Toole bedachte den Freund unter dem Pantoffel nur mitleidig mit dem Kommentar: »Arme Seele!«[7], und störte ihn nicht weiter.

Er hatte genug anderes zu tun – so auch nach dem *Becket*. Da warteten nämlich Sir Laurence Olivier und das National Theatre auf ihn – ein weit weniger vergnügliches Unternehmen als *Becket*. Sicher, O'Toole fühlte sich »geschmeichelt bis in die Socken«[8], weil Olivier ihn für diese Produktion, mit der das neu gegründete National Theatre eröffnete, gewollt hatte. Er respektierte Olivier als jemanden, der »auf dem Gipfel des Everest saß und auf die Sherpas hinunter winkte. Er spricht mit olympischer Autorität.«[9] Und Olivier sparte nicht mit Lob für seinen Hauptdarsteller.

Dennoch waren sie alles andere als ein Dream-Team. Sir Laurence gehörte jener Schule an, deren »Kopf zurück und dramatisch losgeröhrt«-Attitüde nicht O'Tooles Vorstellungen entsprach. Dazu gefragt, sagte er: »Ich fühle mich davon angezogen, ja, aber ich möchte nicht mitmachen. Ich mag wirklich keine Arien. Ich kann stundenlang die Aufnahmen von John Gielgud abspielen und der Callas gefesselt zuhören. Die beiden sind Phänomene, und ich verehre Phänomene. Aber ich würde es hassen, sie zu kopieren. Ich verabscheue viktorianische Blumigkeit, ich mag noch nicht einmal blumige Opern. ›Lucia di Lammermoor‹ treibt mich die glatten Wände hinauf. Ich mag es, wenn Schauspieler einfach nur sinnvoll agieren.«[10]

Eigentlich ließ es Laurence Olivier seinem Hamlet nicht an Gelegenheit fehlen, Sinnvolles von sich zu geben. Er hatte sich in den Kopf gesetzt, einen kompletten, ungestrichenen *Hamlet* aufzuführen.

Das bedeutete für die Schauspieler und das Publikum im Old Vic fünf Stunden Aufführungsdauer. Und als ob das noch nicht genug gewesen wäre: O'Toole sah in seinem von Olivier ausgewählten Kostüm – laut Auskunft seiner Frau – aus wie Peter Pan und fühlte sich in Oliviers Bühnenbild nicht wohl: »Ich wanderte staunend zwischen Trompeten und Landschaftsdekorationen herum; ich wusste nicht, wo ich war.«[11] Zum ersten und wahrscheinlich einzigen Mal in seinem Leben war er zu »brav« – anstatt Olivier zu widersprechen, ließ er sich von ihm in eine Inszenierung hineinreden, die ihm nicht zusagte. Sein späteres Urteil über Olivier als Regisseur fiel eindeutig aus: »Ich bin nicht sicher, ob er wirklich das National Theatre führen sollte. Larrys Ding ist die Schauspielerei, er gehört als bestes Pferd in den Stall. Ich denke nicht, dass er als Regisseur viel zu geben hat.«[12]

Man hört Enttäuschung aus diesen Worten – und Peter O'Toole hatte Grund dazu. Während er in Bristol für seinen *Hamlet* gefeiert worden war, bezog er in London Prügel. ›The Times‹ fand, der *Hamlet* sei eine »Routine-Produktion« gewesen, und rupfte O'Toole im Weiteren: »Sein hohles Gelächter, die rührselige Vortragsweise und die niedergeschlagene Haltung scheint ihm von außen aufgezwungen zu sein, und seine Erleichterung, wenn er in Bewegung fliehen kann, ist offensichtlich. Aber selbst das spielt er konventionell.«[13] Und im ›Daily Express‹ konnte O'Toole nachlesen, dass es sein *Hamlet* war, der die »höchsten Erwartungen« enttäuscht habe.[14]

Die Kritiker, die O'Toole zerrissen, lagen mit ihrem Urteil sicher nicht falsch. Er selbst war ja froh, als der *Hamlet* nach zwei Wochen abgesetzt wurde. Dennoch müssen die Herren Rezensenten sich schon fragen lassen, ob sie O'Toole wirklich fair behandelt haben. Die Londoner Kritik ist bekannt dafür, dass sie in einem Punkt snobistisch ist: Für sie zählt die Londoner Theaterszene – und dann kommt lange nichts, schon gar nicht Film und noch weniger Hollywood. Wer sich dagegen stellt, muss in London meist dafür bezahlen. Diese Erfahrung mussten Sir Laurence Olivier, seine geschiedene Frau Vivien Leigh und später Oscar-Preisträger Sir Ben Kingsley machen – und O'Toole, der in der Londoner Theaterszene wegen des abgesagten RSC-Engagements jahrelang als »Verräter« galt, musste auffallend oft Verrisse verkraften.

Kein Wunder, dass O'Toole sich nach dem Desaster mit *Hamlet* wieder dem Film zuwandte. Die Verfilmung von Joseph Conrads großartigem Roman *Lord Jim* stand an, und auf den ersten Blick schienen wieder alle Zutaten für einen großen Film vorhanden zu sein: Der Held wird durch das Schicksal in ein fremdes interessantes Land verschlagen, wo er durch seine Andersartigkeit in eine Führerrolle hineinwächst und sein Schicksal vollendet. Eine Paraderolle für O'Toole – so sah es jedenfalls aus, als er Lord Jims Seemannsuniform anzog.

Aber es ging schief, grandios schief. Dabei ist heute schwer festzumachen, woran es eigentlich lag. Vielleicht daran, dass O'Toole in diesem Film gegen sein Prinzip »Kein Skript – kein Vertrag« verstieß. Er vertraute Regisseur Richard Brooks, er kannte das Buch von Joseph Conrad, und er fand die Vorstellung, in Kambodscha zu drehen, faszinierend. Er dachte wohl, bei dieser Mischung könne nichts schief gehen. Aber am Drehbuch von Richards Brooks hing es letztendlich. Lord Jims Schicksalsschlag, der zu seiner Entlassung aus der englischen Marine und damit zum Ende all seiner Karriereträume führt, drückt einen Akt der Feigheit aus: Als sein Schiff in einem schweren Sturm zu kentern droht, rettet er sich und lässt dabei Hunderte von Flüchtlingen im Stich. Im Buch wirkt das glaubwürdig. Im Film, der bis dahin einen heldenhaften Lord Jim gezeigt hat, der von keinen Selbstzweifeln beleckt ist, funktioniert der Plot nicht. Und weil O'Toole noch nicht einmal einen Mittäter bekam, der in irgendeiner Weise bleibende Eindrücke hinterließ, kann man Lord Jim mit zwei Sätzen rezensieren: Peter O'Toole spielte gegen ein flaches Drehbuch. Er verlor.

Ein weiterer Grund war vielleicht, dass die Dreharbeiten reichlich chaotisch verliefen. Ein nicht zu kleiner Teil davon spielte sich im Dschungel von Kambodscha ab, und dort gab es – was sich als sehr störend erweisen sollte – giftige Tiere, Hitze und politische Unruhen.

Immerhin gab Kambodscha Siân Phillips mal wieder Gelegenheit, ihren Mann in seiner ganzen Glorie zu erleben – als meckernden Macho und als ihren Ritter in der schimmernden Rüstung: »Ich kam in einem kühnen Rock von einer neuen Designerin namens Mary Quant an ... er endete eine Handbreit über meinen Knien ... O'Toole war entsetzt. Wir hatten einen vehementen und, weil wir ihn flüsternd austrugen, nur noch intensiveren Streit, als er vorschlug, ich sollte den nächsten Flug zurück nach Hause nehmen. Glücklicherweise konnte ich ihm versichern, dass ich auch über das Knie reichende Röcke im Koffer hatte ...«[15]

Die erste Klippe war umschifft, aber im Dschungel von Kambodscha hatte man nicht nur Schlangen, Skorpione und Stechfliegen zu fürchten, sondern auch die – freundlich gesagt – »instabilen« politischen Verhältnisse. Während der Dreharbeiten zu *Lord Jim* gab es in Kambodscha wieder einmal eine Revolution. Die britischen und amerikanischen Botschafter rieten ihren Bürgern, schnellstmöglich das Land zu verlassen, und die Filmproduktionsfirma ging daran, Cast und Crew zu evakuieren.

Peter O'Toole traute der Produktionsfirma diesbezüglich wenig zu. Er war immer stolz darauf, ein Näschen für Gefahrensituationen zu haben, und in diesem Fall juckte es heftig. Er beschloss, nicht darauf zu warten, bis die offizielle Evakuierung in die Gänge kam, sondern sich zu verselbständigen. Seine Frau, die sein Geschick und seine Kaltblütigkeit in schwierigen Situationen schätzen gelernt hatte, schloss sich ihm an.

O'Toole ging mit ihr zum Flughafen von Pnomh Pen. Der war jedoch mittlerweile geschlossen worden, alle Flüge waren abgesagt. O'Toole ließ sich davon nicht schrecken. Er bat seine Frau, sich in der Damentoilette zu verstecken, und machte sich auf die Suche nach einem Flugzeug. Siân Phillips, die bei der überstürzten Abreise nur ihre Handtasche hatte mitnehmen können, wartete geduldig in einer der Kabinen und las in einem Führer über Angkor Vat, den sie in der Tasche gehabt hatte. »Das beschäftigte mich für über eine Stunde, bis eine vertraute Hand unter der Tür erschien. Ich berührte sie. ›Mach auf!‹, hauchte eine Stimme, ich öffnete die Tür, und O'Toole schlüpfte hindurch. ›Wir haben ein Flugzeug.‹ – ›Toll.‹ – ›Aber nicht innerhalb der nächsten fünf Stunden.‹ – ›Oh, Hölle!‹ Wir saßen auf dem Boden in diesem schrecklichen WC, abwechselnd flüsternd und lesend, und hatten es eigentlich recht nett ...«[16]

Zur verabredeten Zeit schlich das Paar aus der Toilette hinaus durch das leere Gebäude aufs Rollfeld. O'Toole identifizierte ein wartendes Flugzeug als das, mit dessen Piloten er verabredet war, nahm seine Frau an die Hand und spurtete mit ihr los. »Es war das richtige Flugzeug. Geld wurde ausgetauscht und wir waren unterwegs. Wohin? ›Frag nicht.‹ Wir landeten in Hong Kong ...«[17]

Peter O'Toole hatte der Filmgesellschaft nicht zugetraut, ihn und seine Frau sicher aus einem Bürgerkrieg herauszubringen, aber die Organisation einer Unterkunft sah er als durchaus lösbare Aufgabe für den Repräsentanten der Filmfirma in Hong Kong. Der war vermutlich sehr erleichtert, als sich der abhanden gekommene Star bei ihm meldete. Er schlachtete zwar kein Kalb, aber schickte einen Wagen zum Flughafen und überredete den Direktor der neu erbauten Nobelherberge Mandarin, Peter O'Toole und Siân Phillips noch vor der offiziellen Eröffnung als Gäste in der Präsidentensuite aufzunehmen. Die Limousine lieferte die beiden im Hotel ab – und wahrscheinlich war der Manager bei ihrem Anblick froh, dass das Paar vor der offiziellen Eröffnung eintraf, denn dem unrasierten, verschwitzten Peter O'Toole und seiner vom Aufenthalt in der Toilette auch nicht mehr unbedingt taufrischen Gemahlin fehlte nicht nur das Gepäck, sondern auch jeglicher Glamour.

Es kam aber noch besser: Nachdem Peter seine Fähigkeiten als Krisenmanager noch einmal darin bewiesen hatte, indem er in Rekordzeit das Nötigste, angefangen von der Zahn- über die Haarbürste bis hin zu Kleidern, organisierte, stellte er fest: »›... mich juckt's ganz schrecklich.‹ – ›Mich auch.‹ – ›Wie seltsam.‹ Seltsam war es in der Tat, dass die ersten Gäste in der Präsidentensuite von ihrem Aufenthalt im öffentlichen Waschraum auf dem Flughafen in Pnomh Penh Läuse mitgebracht haben sollten. Die Räume wurden entlaust – und wir auch.«[18]

Es waren lausige Zeiten. O'Tooles angeblich unzerstörbares Glück schien ihn im Stich zu lassen, denn die Rolle, die er sich als nächste gewünscht hatte, bekam er nicht: Der von ihm so geliebte Professor Henry Higgins in *My Fair Lady* ging an Rex Harrison, und O'Toole fand sich (noch) nicht an der Seite von Audrey Hepburn, sondern in Rom, wo er die drei Erzengel in John Houstons Bibel-Verfilmung spielte. Der Film war kein Erfolg – aber dafür wurde er ausführlich bewitzelt, unter anderem mit dem Spruch, das Buch wäre eindeutig besser als der Film.

So mancher Insider fand es natürlich auch lustig, dass Houston gerade den inzwischen berühmt-berüchtigten Peter O'Toole als Engel besetzt hatte. Während der Dreharbeiten bewies er nämlich wieder einmal, dass sein Benehmen keineswegs immer engelsgleich war. Als er – in Begleitung von Albert Finney, Barbara Steele und dem früheren Boxchampion Dave Cowley – morgens um halb drei das Cafe de Paris in Rom verließ, meinte ein Jüngling namens Lino Barillari, die Gruppe photographieren zu müssen. O'Toole, um diese Zeit vermutlich nicht mehr der Nüchternsten einer und zudem schon seit Tagen genervt von den in Rom allgegenwärtigen Paparazzi, schlug zu – und seinen Gegner k.o. Er landete wieder einmal in Polizeigewahrsam und hatte am Ende als Strafe einen Scheck für eine italienische Anti-Polio-Stiftung auszustellen.

Rom schien nicht seine Stadt zu sein. Die Paparazzi versuchten alles, um ihre Skandalbilder zu bekommen und scheuten sich nicht, dafür das Hotelpersonal zu bestechen. So ging eines Tages, als O'Toole mit seinem Stunt-Double Peter Perkins in seiner Suite saß, die Tür auf, und eine halbnackte Blondine landete vor O'Tooles Füßen. Ihr folgte ein ganzes Rudel Photographen. Doch für die war es dann außer Spesen nichts gewesen: Bevor sie zum Knipsen kamen, war O'Toole schon in den Nachbarraum geflüchtet.

Verlassen hat er das Hotel schließlich über eine Feuerleiter. Kurz vor dem Auschecken kam ihm nämlich zu Ohren, dass die Polizei sich für sein Gepäck interessiere, was ihm ganz und gar nicht recht war. Darauf bekam Peter Perkins, der O'Toole sehr ähnelte, Mantel, Sonnenbrille und Koffer. Während der Stuntman in der Hotelhalle die Carabinieri ablenkte, verschwand Peter über die Feuerleiter und hatte von Rom endgültig genug.

Unterdessen hatte Siân Phillips eine Entdeckung gemacht: Ein befreundeter Agent hatte ihr ein Skript für eine Komödie in die Hand gedrückt. Sie las es, fand es »brillant komisch« und gab es an ihren Ehemann weiter, der sich ebenfalls köstlich darüber amüsierte. »Als er es mitnahm in unser Büro, das Jules in Belgravia eingerichtet hatte, hoffte ich, der würde es genauso mögen. O'Toole würde in der Hauptrolle wunderbar sein, und ich wollte gerne in einem so originellen Film mitspielen.« Ohne Umschweife wurde der Autor in das O'Toolsche Haus eingeladen. »… ich war fasziniert und entzückt, einem kleinen, drolligen und schüchternen Mann die Tür zu öffnen, der sich dann vorsichtig in einer Ecke der großen Couch niederließ … und sich mühsam zusammenriss, um mir ein Kompliment über mein Kleid zu machen, als ich den Tee servierte.«

Für Woody Allen – ja, um den handelte es sich bei Siân Phillips' schüchternem Gast – muss es wie ein Ausflug in eine andere Welt gewesen sein. Er war zu dieser Zeit noch ein unbekannter amerikanischer Stückeschreiber und Schauspieler – und nun saß er neben der glamourösen Siân Phillips und erwartete ihren berühmten Ehemann. Der kam, komplimentierte erst einmal die Gemahlin freundlich, aber energisch aus dem Raum – offenkundig betrachtete er Verhandlungen dieser Art als »Männersache« – und war offenkundig von dem Skript, das so wunderbar den Zeitgeist der »Swinging Sixties« aufs Korn nahm, so angetan, dass er es für seine Produktionsfirma kaufte.

Siân Phillips erfuhr erst einige Zeit später, dass Keep Films – immerhin die Firma, in der sie Teilhaberin war – »What's New, Pussycat« (so hieß das Skript) koproduzieren würde. Und ganz nebenbei wurde ihr dann auch klar, dass sie damit nichts zu tun haben würde: Eine gewisse Capucine würde die Rolle, die sie schon als »ihre« betrachtet hatte, spielen. »Zuerst wäre ich am liebsten im Boden versunken, aber ich war mir bewusst, dass O'Toole Nepotismus hasste.

Es war Teil seines irgendwie verrückten Respekts für mich, dass er entschieden vermied, mir beruflich irgendwelche ›Gefallen‹ zu tun ...«[19]
So witzig Woody Allens Skript war, so erlesen die Besetzung mit den Damen Romy Schneider, Ursula Andress, Capucine und den Herren Peter O'Toole, Peter Sellers und Woody Allen, der in Paris gedrehte Film wurde trotzdem kein großer Erfolg. Dabei hat er durchaus seine Stärken: Die Ausgangsidee – des homme à femme, der gerne treu wäre, aber einfach nicht widerstehen kann – war komisch; O'Toole genoss es offensichtlich, sein ausgeprägtes komisches Talent erstmals vor der Kamera zeigen zu dürfen; Romy Schneider war zum Verlieben, Peter Sellers als ziemlich verrückter Psychiater umwerfend, und Woody Allen in seiner Standardrolle als der in jeder Hinsicht zu kurz gekommene Freund des Helden ebenso anrührend wie witzig. Aber all das änderte nichts daran, dass der Film vorne den Eindruck einer nicht sehr geschickt zusammengestellten Collage macht und hinten im Chaos endet.

Das resultiert wohl daraus, dass es auch bei diesen Dreharbeiten nicht eben wohl organisiert zuging. Es hatte vom Start weg kein komplett ausgearbeitetes Drehbuch, sondern nur einen Plot gegeben, und Woody Allen hatte seine Mitstreiter dazu überredet, es mit Improvisation zu versuchen. Doch diese Arbeitsmethode lag dem Perfektionisten Peter O'Toole nicht. Und ob er in Sachen Humor immer mit Woody Allen übereinstimmte? Überhaupt wollte das Trio O'Toole, Sellers und Allen nicht so recht zusammenpassen. Sellers, wie viele Komiker privat ein eher melancholischer, von Selbstzweifeln geplagter, schwieriger Mensch und Woody Allen, bestimmt auch kein einfacher Charakter, konnten sich nicht riechen. O'Toole bezog Position für seinen englischen Kollegen Sellers, den er beruflich und privat schätzte. Er bewies Sellers die Loyalität, die er Freunden üblicherweise entgegenbringt – und eine Konzilianz, die sogar über das hinausgeht, was man üblicherweise unter Freunden erwarten darf.

Sellers befand sich damals in einer schwierigen Phase: Nach einer Herzattacke war er nicht mehr zu versichern und darum nicht gerade gut im Geschäft. Auch Jules Buck und die weiteren Verantwortlichen für den Film hatten gezögert, ihn für *What's New, Pussycat?* (in Deutschland erschienen unter dem Titel *Was gibt's Neues, Pussy?*) zu engagieren. Es war Peter O'Toole, der ihn unbedingt wollte und den Rest der Beteiligten überredete, das Risiko einzugehen, mit dem unversicherten Sellers zu arbeiten. Das reichte Sellers aber noch nicht. Er bestand auch noch darauf, dass sein Name vor Peter O'Tooles im Vorspann erscheinen würde. Siân Phillips erinnert sich: »Die Verantwortlichen schraken mit einem erzwungenen Lachen über diesen Akt des Wahnsinns zurück und waren völlig verdutzt, als O'Toole in aller Gemütsruhe erklärte, es sei ihm verdammt egal und man solle Sellers geben, was immer Sellers wünsche.«[20]

Peter Sellers war aber nicht der Einzige, der Probleme machte. Die Damen waren sich auch nicht eben grün, und auch hier entschied sich O'Toole für eine Seite: Er mochte – und sagte das – das frühere Bondgirl Ursula Andress, an dem er schätzte, dass es sich im Gegensatz zu seinem Image als mondänes Sexsternchen in Wirklichkeit als ausgesprochen kameradschaftlich und mütterlich erwies.

Als der Film fertig war, wollte O'Toole ihn wahrscheinlich am liebsten ganz schnell vergessen – und das auch, weil er in Paris wieder einmal ein Problem mit der Polizei gehabt hatte. Er hatte mitbekommen, wie zwei Flics eine Prostituierte verprügelt hatten, und ihm war wieder einmal das Temperament durchgegangen: Er war auf einen Flic losgegangen. »Ich hasse Gewalt«, sagte er später. »Am meisten hasse ich Polizeigewalt. Sie ist so kaltblütig.«[21]

Er hatte aber auch Spaß bei der Arbeit an *Was gibt's Neues, Pussy?* – so zum Beispiel mit Richard Burton, der zur selben Zeit in Paris arbeitete. Weil im Film ohnehin viel improvisiert wurde, bauten O'Toole und Burton aus dem Stand einen kleinen Auftritt für Burton ein: Er stellte einen Gast in einem Stripteaselokal dar, in dem Peter O'Toole in seiner Rolle als Michael James auf seinen von Peter Sellers dargestellten Psychiater trifft – und dieser Szene merkt man an, dass alle Beteiligten sich dabei amüsierten.

Die Freundschaft zwischen Peter Sellers und ihrem Ehemann war allerdings für Siân Phillips nicht unbedingt immer ein reines Vergnügen. Sie konnte wahrscheinlich noch darüber lachen, dass ihr Peter in Sellers Film *Casino Royale* als Dudelsackpfeifer einen Gastauftritt absolvierte, aber daran knüpfte sich eine Episode, an die sie wahrscheinlich weniger gern zurückdenkt. In *Casino Royale* war nämlich Sophia Loren Sellers Partnerin gewesen. Sellers, in Sachen Frauen alles andere als ein Kostverächter, hatte sich Hals über Kopf in die temperamentvolle Italienerin verliebt, doch die, mit ihrem Ehemann, dem Filmproduzenten Carlo Ponti, durchaus glücklich verheiratet, hatte leider gar keine Verwendung für einen schwierigen englischen Komiker. Sellers, der zu dieser Zeit auch noch mit dem englischen Finanzamt im Streit lag und sich deswegen nicht offiziell in seinem Heimatland blicken lassen konnte, war demzufolge deprimiert und suchte Trost bei Peter O'Toole, der gerade in Rom mit ebenjener Sophia Loren *Der Mann von La Mancha* drehte.

Da saß Peter Sellers nun auf Peter O'Tooles Couch in der Suite des römischen Luxushotels Excelsior und räsonierte abendelang über die Ungerechtigkeit des Lebens, seine Selbstzweifel, sein Unglück mit den Frauen im Allgemeinen und mit Sophia Loren im Besonderen. O'Toole war immer sehr geduldig, wenn es um Freunde ging – zu geduldig in den Augen seiner Frau. Aber irgendwann wurden ihm die Sellers-Sprechtherapie-Abende dann doch zu viel. Er hatte schließlich einen Film zu drehen. Weil er den Freund aber auch nicht hängen lassen wollte, bot er ihm Asyl in seinem Londoner Heim an. Dort sei er, so O'Toole, vor dem Finanzamt sicher, und das Gästebett in Siâns Arbeitszimmer sei auch viel bequemer als das Sofa im Excelsior.

Sellers reiste also ab – und wurde in London von einer Siân Phillips, deren Begeisterung sich merklich in Grenzen hielt, in Empfang genommen. Sie ging schon in die Knie, als Sellers Chauffeur ein wahres Gebirge aus Louis-Vuitton-Gepäck in der Halle errichtete, und vollends flau wurde ihr im Magen, als Sellers eine Einladung von Mutter Phillips zum Boeuf Bourguignon geradezu entsetzt ablehnte. »›Hat Pete nicht gesagt, dass ich Vegetarier bin?‹ – ›Nein, der liebe Pete hat nichts gesagt‹, antwortete ich grimmig. ›Er hat es vielleicht erwähnt‹, beruhigte Mamgu. ›Es ist kein Problem.‹«, erzählt Siân Phillips.

Danach brach dann in Guyon House erst einmal Hektik aus – »Mamgu« Sally Phillips scheuchte ihre Tochter in den Salon, um den Gast zu unterhalten, das Personal inklusive Kindermädchen Liz wurde zum Kartoffelschälen und Karottenputzen in die Küche beordert, eine Stunde später servierte Sally Phillips dem Gast einen Gemüseeintopf, der ihn begeisterte: »›Kann ich das jeden Tag haben?‹ – ›Natürlich!‹, antwortete meine Mutter mit ihrem süßesten Lächeln ... Als meine Mutter strahlend nach unten kam, hielt ich ihr einen Kessel entgegen und deutete auf den Bodensatz. ›Was war das?‹ – (Auf Walisisch) ›Knochen.‹ – ›Vegetarier essen keine Knochen.‹ – ›Man kann aber ohne Knochen keine Suppe kochen.‹«[22]

Peter Sellers aß die nächsten vier Wochen begeistert nicht ganz vegetarische Suppe – und klagte allabendlich Siân Phillips sein Leid. Der fiel dazu nicht viel ein, und so war sie froh, als sie ihrer Mutter die Betreuung des Gastes übertragen und mit ihren Töchtern nach Paris abreisen konnte. Ihr Ehemann grinste, als sie ihn mit einem: »Wie konntest du?«, und ihrer Leidensgeschichte konfrontierte. »Ach, komm – mach kein Geschiss. Er ist nicht so übel«, nahm er seinen Freund in Schutz.[23]

Nach *Was gibt's Neues, Pussy?* wandte sich O'Toole wieder dem Theater zu. *To Ride a Cock Horse* hieß das Stück, in dem es um einen Mann ging, der sich nicht zwischen Ehefrau und Geliebter entscheiden kann. Was O'Toole anging, so entschied er sich währenddessen dafür, seine Ehe wieder einmal auf die Probe zu stellen. Offenkundig war ihm darin gerade nicht sehr wohl. In einem Interview mit der ›New York Times‹ lobte er seine Frau zwar als »beste Schauspielerin in England«, aber er sagte auch: »Die Ehe ist eine unmögliche Einrichtung. Man kann nicht von mir erwarten, mit jemanden für immer in einem Raum zu leben und immer treu zu sein. Die Idee, dass zwei Leute aneinander gefesselt sind, kann nicht legal sein. Wenn eine Ehe funktioniert, ist es ein Unfall ... Leute werden nicht durch Verträge zusammengehalten, sondern durch beiderseitige Wertschätzung. Und ich hänge sehr an Siân ...«[24]

Letzteres fiel auch Timothy Dalton auf. Der stand als Schauspielschüler während einer Vorstellung von *To Ride a Cock Horse* in der Kulisse und beobachtete eine kleine Szene hinter der Szene: O'Toole und Phillips hatten sich – in ihren Rollen – fürchterlich zu streiten. Er schlug sie, sie stürzte und fiel hinter ein Sofa, er sprang ihr mit einem Satz hinterher. »Als sein Kopf gerade hinter dem Sofa war, gab er ihr einen wundervollen Kuss: ›Sorry, Liebling!‹ – und weiter ging es ...«[25]

Siân Phillips' Erinnerungen an das Stück sind weit weniger idyllisch. O'Toole hatte – seit sie verheiratet waren – nie gerne mit ihr gearbeitet, ja, er hatte eine solche Zusammenarbeit mit seiner Frau sogar einmal »den direkten Weg zum Scheidungsgericht«[26] genannt. Er hatte ursprünglich auch nicht vorgehabt, das Stück mit Siân Phillips zu besetzen, aber ein paar Tage vor der Premiere in Nottingham fiel die Darstellerin seiner Geliebten aus. O'Toole bat seine Frau einzuspringen, und er traute ihr, die er ja für die »beste Schauspielerin in England« hielt, dabei einiges zu. »›Wann werde ich proben?‹ O'Toole überlegt. ›Tja – lern' erst mal deinen Text, dann besprich mit dem Bühnenmanager deine Bewegungen, und wir studieren dich nach der Premiere ein. Wir haben vier Wochen auf Tour.‹ Himmel. Das ist eine Herausforderung. Ich habe niemals ein Stück eröffnet, ohne geprobt zu haben. Es ist ein endloser Part, zwei Dialoge von über einer halben Stunde. Wenn ich es schaffe, wird O'Toole so dankbar sein.«[27]

Siân Phillips freut sich, ihrem Mann einen Gefallen tun zu können, und geht mit ihm und dem Stück auf die Tournee, die er vorbereitet hat: quer durch England, aber nur in den großen Häusern – O'Toole will die Produktionskosten des Stückes schon in der Tasche haben, bevor er damit ins riskante Londoner West End geht. Dementsprechend wird »in der Provinz« dafür geworben: Im Premierenort Nottingham wie auch in den anderen Städten, auf denen die Truppe Station machen wird, kleben überall Plakate, auf denen in großen Lettern der Name »O'Toole« prangt. Die Werbung wirkt – die Tourtheater sind fast durchgehend ausverkauft.

Doch Siân Phillips konnte sich weder daran noch am Premierenerfolg freuen. Für sie war die Aufführung in Nottingham ein »Alptraum«. Zwar gelang es ihr, sich – ohne Probe – irgendwie durchzuschlagen, aber die Hoffnung, durch die Zusammenarbeit dem Ehemann wieder näher zu kommen, erfüllte sich nicht. Sie teilte zwar während der Tournee mit ihm eine Suite, aber sie sah ihn selten. Peter O'Toole war nämlich vorwiegend mit David Mercer, dem Autor des Stückes, beschäftigt. Und der wiederum trank heftig, so dass Siân Phillips sich wieder einmal Sorgen um ihren Mann machen musste.

Es kam noch schlimmer. Das Stück war viel zu lang, und O'Toole fing an zu kürzen. Dabei entfiel aber auch einmal eine Szene, in der die junge Schauspielerin July Wilson, die auch als Zweitbesetzung für Peters Bühnenehefrau Wendy Craig dabei war, ihren Auftritt hatte. Als Peter merkte, dass er ihre Rolle komplett gestrichen hatte, schüttelte er den Kopf. Das könne man nicht machen. Die Szene wurde wieder gespielt. July Wilson sagte später: »Ich werde das niemals vergessen oder aufhören, Peter dankbar zu sein ... Es war so nett von ihm.«[28]

Seine Frau war weniger von ihm angetan. Er hatte offensichtlich keine Lust, mit ihr zu proben. Tag um Tag verging, Abend für Abend stand sie neben ihm auf der Bühne – immer noch ungeprobt, trotz zunehmender Routine unsicher und mehr und mehr wütend. Sie habe das Stück gehasst, erinnert sie sich – das Stück und das allabendliche Essen mit dem Autor, der sich dabei mit schöner Regelmäßigkeit betrank. Und als Siân Phillips dann irgendwann auf die Idee kam, sich beim Management zu beschweren, fiel ihr ein, dass dies wohl die falsche Adresse wäre: »›To Ride a Cock Horse‹ war eine Co-Produktion mit Keep Films. Mir wurde klar: Ich bin das Management.«[29]

In London angekommen, wurde es nicht besser. Siân Phillips hatte immer noch keine Gelegenheit gefunden, mit ihren Mann zu proben oder auch nur über ihre Rolle zu sprechen. Sie war sauer. »Ich hasste jede Minute davon ... Kochend vor Zorn, sehnte sich ein Teil von mir danach, einen riesigen Krach mit ihm anzufangen. Wer sonst, überlegte ich, würde mich so kolossal respektlos behandeln? Ich konnte mir niemanden vorstellen. Aber er war großartig in dem Stück, und er liebte es, und er hatte jeden Abend einen riesigen Job zu machen.

Wie hätte ich einen Streit mit ihm anfangen können? Und wenn ich es getan hätte – was hätte er dann auf der Bühne mit mir angestellt? Ich bildete mir nicht ein, clever genug zu sein, mit einem ärgerlichen O'Toole mithalten zu können – bestimmt nicht vor einem vollen Theater.«[30]

Zudem wusste sie: O'Toole hatte wieder einmal Probleme mit seiner Gesundheit. Sein Magen wehrte sich immer öfter und energischer gegen zu viel Alkohol und Nikotin. Er hätte Ruhe gebraucht, aber der hypernervöse O'Toole fand keinen Schlaf mehr. »Manchmal gehe ich in den Garten und sitze stundenlang auf der Schaukel. Es ist nicht gut ... Ich habe jedes Schlafmittel probiert, das es gibt, von Tranquilizern über Knockout-Pillen ... Ich bin froh, wenn ich eine Stunde Schlaf pro Nacht bekomme.«[31]

Man sah ihm an, dass es ihm nicht gut ging. Auf Bildern aus dieser Zeit ist er bleich und mager, und er hat einen melancholischen Ausdruck in den Augen. Seine Hände zeigte er gar nicht mehr, weil die Nägel völlig abgekaut waren. Dazu bekam er allabendlich auf der Bühne Nasenbluten, und seine Frau wunderte sich noch Jahre später, dass das Publikum nichts davon bemerkte. Peter aber wurde klar, dass er so nicht weitermachen konnte. *To Ride a Cock Horse* hatte einen schönen Gewinn gemacht, er konnte es sich leisten, die Produktion zwei Wochen vor dem eigentlich geplanten Ende abzusetzen und dem Rat seines Arztes wenigstens teilweise zu folgen: Er machte Urlaub. Das Trinken allerdings gab er nicht auf, obwohl er immer wieder darauf hinwiesen wurde, dass sein Gesamtzustand sich nicht bessern könne, solange er nicht trocken bleibe.

Am Endes des Urlaubs standen wieder zwei Filme: Die Komödie *How to Steal a Million* (in Deutschland erschienen unter dem Titel *Wie klaut man eine Million?*) mit Audrey Hepburn und das Nazidrama *The Night of The Generals* (in Deutschland erschienen unter dem Titel *Die Nacht der Generäle*), in der er zum ersten Mal seit *Lawrence von Arabien* wieder mit Omar Sharif zusammentreffen würde.

Vom ersten Film versprach O'Toole sich vermutlich selbst nicht viel. Der Versicherungsdetektiv Simon Dermott, den er darin zu spielen hatte, war eine klassische Liebhaberrolle – und O'Toole hatte mehr als einmal gesagt, dass er nicht als hübscher, blonder Idiot in der Nachfolge des – allerdings dunkelhaarigen – Hollywood-Charmeurs Cary Grant verheizt werden wolle. Aber er war pragmatisch genug, die sicherlich nicht kleine Gage, die ihm für den Film geboten wurde, mitnehmen zu wollen.

Immerhin war es ein Film mit Audrey Hepburn. Siân Phillips imponierte die zierliche Schönheit mächtig: »Audrey Hepburn war so zauberhaft ... Sie lebte ein Leben von eiserner Disziplin ... sie sah die Tageskopien der Filme zwei Mal an, ein Mal allein und ein Mal mit ihrem Make-up-Mann, dabei machte sie Notizen. Vom frühen Morgen bis abends um sieben oder acht filmte sie; dazwischen gab es nur einen trockenen Salat ... Abends kehrte sie dann allein ins Hotel zurück, aß noch einen kleinen Salat und war am nächsten Morgen wieder im Studio.«[32]

Siâns Ehemann, dem Spezialisten für »Kollegenaufmunterung«, gelang es zumindest ein Mal, Audrey Hepburns eiserne Disziplin zu erschüttern. Die beiden hatten eine Nachtaufnahme zu absolvieren, in der er im Wagen auf sie warten sollte. Sie hatte unterdessen aus einem Hauseingang herauszukommen, ein paar Stufen hinunter zu eilen, ins Auto zu steigen und abzufahren.

Die Nacht war eisig, und »das ganze Team hatte sich dick gegen die Kälte eingemummelt. Ich trug lange Unterwäsche unter meinem Anzug und hatte mich, da ich ja nicht zu sprechen hatte, mit einem Tropfen Cognac und Soda gegen das Zittern isoliert«,[33] erzählt O'Toole in seinen Memoiren.

Audrey Hepburn aber, in elegante Pariser Mode gekleidet auf der Treppe wartend, bibberte und war bald blau gefroren – »blau wie bestimmte Käsesorten«, um ihren diesbezüglich wenig charmanten Partner zu zitieren. Während Kameramann und Regisseur noch darüber berieten, wie man eine zähneklappernde Schauspielerin am besten aufnimmt, wurde Peter O'Toole aktiv. Er lud die Kollegin in seinen Trailer ein und verpasste ihr einen ordentlichen Schluck aus der Cognac-Flasche. Audrey Hepburn taute auf, ihre Wangen bekamen

Peter O'Toole auf dem Weg nach »ganz oben«: ein **Pub Shot** von 1962.

*In seinem ersten »richtigen« Film **Im Land der langen Schatten** (1959) durfte Peter O'Toole an der Seite von Anthony Quinn frieren.*

*Den Klischee-Iren wollte Peter O'Toole nicht liefern – in der Rolle des englischen Oberklasse-Offiziers schaffte er in **Der Bankraub des Jahrhunderts** (1960) den Durchbruch; Peter O'Toole mit Miles Malleson.*

Peter O'Toole bei Proben zu Brechts **Baal** *im Londoner West End 1963.*

Regisseur David Lean verlangte seinen Schauspielern alles ab. Der Preis der Mühen waren viele Knochenbrüche und sieben Oscars; David Lean mit Peter O'Toole und Omar Sharif bei Dreharbeiten zu **Lawrence von Arabien** *(1962).*

Ein seltener Moment der Ruhe: Peter O'Toole in einer Drehpause von **Lawrence von Arabien** *(1962).*

Omar Sharif und Peter O'Toole verband eine tiefe Freundschaft nicht nur vor, sondern auch hinter der Kamera bei den Dreharbeiten zu **Lawrence von Arabien** *(1962).*

Engländer oder Araber – Peter O'Toole spielte den zwischen allen Parteien zerbrechenden T. E. Lawrence mit unvergleichlicher Intensität; Peter O'Toole mit Anthony Quinn in **Lawrence von Arabien** *(1962).*

*Jagdvergnügen und »Whoopie-Whoopie«: Auf dem Set zu **Becket** (1963) stachelten Richard Burton und Peter O'Toole einander zu Höchstleistungen an, privat verband sie eine Freundschaft, die erst an Burtons Beziehung zu Elisabeth Taylor zerbrach.*

*Peter O'Toole als Henry II. in **Becket** (1963).*

Im Dschungel von Kambodscha drehte Peter O'Toole mit Daliah Lavi
***Lord Jim** (1975).*

*Der »Gute« und der »Böse« auch während einer Drehpause zu **Lord Jim**
ganz konzentriert: Peter O'Toole und Curd Jürgens.*

*In **To Ride a Cock Horse** (1965) spielte Siân Phillips auf der Bühne Peter O'Tooles Geliebte, im wirklichen Leben war sie längst seine Ehefrau.*

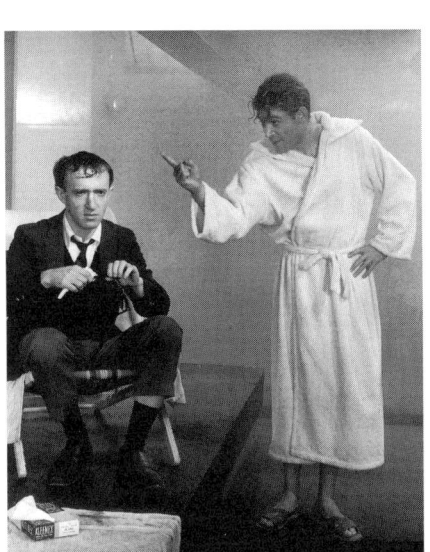

*Der Patient Peter O'Toole sagt seinem Freund Woody Allen die Meinung: In der überdrehten Groteske **Was gibt's Neues, Pussy?** (1965) konnte O'Toole sein komödiantisches Talent richtig ausleben.*

*Romy Schneider und Peter O'Toole in Liebeswirren bei **Was gibt's Neues, Pussy?** (1965).*

*In **Wie klaut man eine Million?** (1966) stehlen Audrey Hepburn und Peter O'Toole eine wertvolle Statue und finden die Liebe.*

*Ihre Darstellung der Königin Eleonore in **Der Löwe im Winter** (1968) brachte Katharine Hepburn einen Oscar ein; Peter O'Toole wurde als Henry II. zum dritten Mal nominiert.*

Endlich wieder gemeinsam vor der Kamera: die Freunde Omar Sharif und Peter O'Toole in **Die Nacht der Generäle** *(1976).*

Gefangen zwischen Produktionszwängen und künstlerischem Anspruch scheiterte Peter O'Toole mit **Die große Katharina** *(1968); Szenenphoto mit Jeanne Moreau.*

*In **Goodbye Mr. Chips** (1969) erschien Siân Phillips in einer Nebenrolle an der Seite ihres berühmten Ehemannes.*

*In **Der Mann von La Mancha** (1972) kämpfte Peter O'Toole gegen Windmühlen, um die Liebe der schönen Sophia Loren zu gewinnen.*

Das Wiegenlied der Verdammten *(1971) war der einzige Film, in dem seine Ehefrau Siân Phillips als Partnerin von Peter O'Toole besetzt war.*

Under Milk Wood *(1973). Liz Taylor und Peter O'Toole.*

In **Freitag und Robinson** (1975) konnte Peter O'Toole einmal mehr seine Wandlungsfähigkeit als Schauspieler beweisen.

»Ich glaub', ich bin Jesus ...«. 1973 brilliert Peter O'Toole als verrückter Earl in **The Ruling Class**.

*Eine Teepause: Peter O'Toole am Set zu **Der lange Tod des Stuntman Cameron** (1980).*

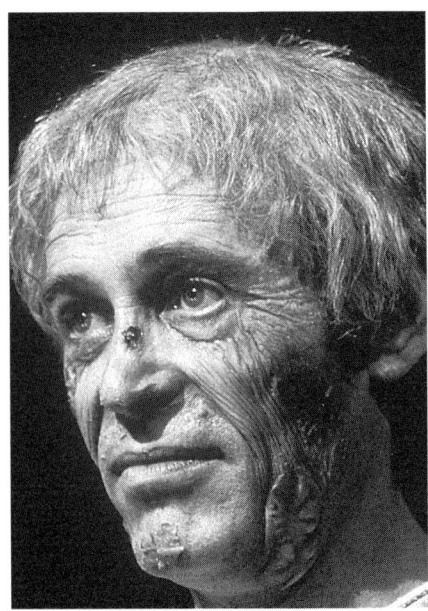

*Die Dreharbeiten zu **Caligula** (1979) nahmen eine unerwartete Wendung, als sich Peter O'Toole plötzlich in einem Porno wiederfand.*

*Und noch ein alter Römer: Peter O'Toole als Cornelius Flavius Silva mit Barbara Carrera in **Masada** (1981).*

»Wie geht es Ihnen, Majestät?«: Wu Tao und Peter O'Toole in
Bertoluccis Meisterwerk **Der letzte Kaiser** *(1987).*

Der Professor und das Mädchen: In der Komödie **Creator** *(1985)*
verdreht Mariel Hemingway Peter O'Toole den Kopf.

*Ein großer Schauspieler in vollem Ornat: Für seine Darstellung des Bischofs Cauchon in **Jeanne d'Arc** (1999) erhielt Peter O'Toole den Golden Globe. Wann wird es endlich ein Oscar sein?*

wieder Farbe, sie zitterte nicht mehr und war bereit, die Szene zu drehen. »Die Lichter leuchteten auf, die Kamera sprang an, der Regisseur rief ›Action‹, und meine Partnerin hüpfte die Treppe herunter, kam zum Wagen, sprach meisterlich ihren Text, sprang in den Sitz, sagte ihre nächste Zeile, ließ den Motor an, legte den Gang ein, trat aufs Gas, und wir schossen los wie die berühmte, gesengte Sau«[34] – hinein in die Lampenbatterie, die krachend auf den Sportwagen herunter kam. Der Schreck war so groß wie das Gelächter, als sich zeigte, dass niemand verletzt und nichts Wichtiges beschädigt war.

Der Film fiel allerdings nicht so fröhlich aus. O'Toole wirkte fast gelangweilt, Audrey Hepburn schien mehr an den Kreationen der Pariser Modeschöpfer interessiert als an ihrem Partner oder der Statue, die sie mit ihm zusammen zu stehlen hatte, die romantischen Gefühle sahen aufgesetzt aus, das Komödiantische erzwungen, und das Tempo des Films war insgesamt zu langsam. Kritik und Zuschauer konnten sich auch nicht sehr dafür begeistern, so dass man den Film als netten, leider nicht sonderlich gelungenen Versuch abbuchen kann.

Was *Die Nacht der Generäle* angeht, einen vor allem im deutschen Fernsehen erstaunlich oft gezeigten Film, so ist obiges Urteil dafür zu mild. Die Umsetzung der Buchvorlage von Hans-Helmut Kirst kann man nur als ärgerlich bezeichnen. Das beginnt bei der Besetzung: Im Hinblick auf die Anziehungskraft großer Namen war es sicherlich keine schlechte Idee von Produzent Sam Spiegel, Peter O'Toole und Omar Sharif wieder einmal zusammenzubringen. Der dunkelhaarige, samtäugige Orientale mit seinem ägyptischen Akzent war aber als deutscher Polizeioffizier unglaubwürdig. Und O'Toole als sein Gegenspieler, der brutale Prostituiertenmörder General Wilhelm Tanz, spielte wieder einmal gegen ein Drehbuch an, das ihm keine Chance ließ, anders als »durchgedreht« zu wirken. Sein Hauptproblem dabei war wohl, dass der Skriptschreiber und der Regisseur offensichtlich keinen weiteren Differenzierungsbedarf sahen, wenn sie jeden Nazigeneral mit einem blutrünstigen Monster gleichsetzten; diese Rechnung konnte aber in einem Film, der gleichzeitig jene Generäle zeigt, die an dem Aufstand vom 20. Juli 1944 beteiligt waren, nicht aufgehen. Da half es nicht mehr viel, dass O'Toole eine intensive Vorstellung abgab – seine Leistung verpuffte innerhalb eines Plots, dessen roter Faden einem gordischen Knoten glich.

Wie so oft, wenn O'Toole unzufrieden mit sich und der Welt war, kehrte er nach Irland zurück. Seine beiden nächsten Engagements fanden in Dublin statt: Am Gaiety Theatre trat er in Sean O'Caseys *Juno and the Peacock (Juno und der Pfau)* auf. Kaum damit durch, stand wieder einmal sein geliebter Shaw auf dem Programm. O'Toole hatte sich oft genug darüber geärgert, fremdbestimmt zu sein. Bei *The Great Catherine* (in Deutschland erschienen unter dem Titel *Die große Katharina*) wollte er das Sagen haben. Er beschloss, selbst zu produzieren. Dabei übersah er eine entscheidende Kleinigkeit: Der Produzent ist der natürliche Feind des Künstlers. Während Letzterer – sei es ein Schauspieler oder ein Regisseur – ohne Rücksicht auf die Kosten das künstlerisch bestmögliche Ergebnis zu erzielen bemüht ist, muss der Produzent ständig zwischen künstlerischem Streben und Finanzierbarkeit abwägen.

Am Ende der schwierigen Dreharbeiten war sich O'Toole der Problematik bewusst: »Ich habe große Hoffnungen für ›Great Catherine‹. Ich denke, der Film ist gut«, sagte O'Toole. Dennoch wollte er danach nie wieder in einem Film spielen und ihn gleichzeitig produzieren. Die Doppelrolle hatte aber nicht nur ihn Nerven gekostet: Der erste Regisseur, Elliot Silverstein, war damit auch nicht klar gekommen. Er hatte wütend festgestellt, dass er nicht der Lakai eines Stars sei, und das Handtuch geschmissen. Danach gab es immer wieder Auseinandersetzungen mit den anderen Produzenten – für O'Toole Grund genug, schließlich darüber zu klagen, dass beim Film nur noch das Geld zähle – und das werde von Produzenten ausgegeben, die von ihren Sekretärinnen und Ehefrauen beeinflusst seien. »Und keiner von denen traut den Leuten, die den Film wirklich machen. Mir fällt das Herz in die Hose, wenn ich daran denke, wie diese Industrie arbeitet ... Aber ich werde nicht zulassen, dass irgendjemand in unserem Film rummurkst. Niemand wird ihn in seine Einzelteile zerlegen. Wenn es schief geht, soll es wenigstens auf meine Art schief gehen.«[35]

O'Tooles Wunsch wurde erfüllt: Der Film ging »auf seine Art« schief. Kritiker lobten zwar seine Darstellung, aber viel mehr Gutes konnten sie an *Die große Katherina* nicht finden.

Neues Spiel, neues Glück: O'Toole wollte zwar nicht noch einmal produzieren, aber Ende 1967 war er mit einem neuen Filmprojekt befasst, das ihn faszinierte: *The Lion in Winter* (in Deutschland erschienen unter dem Titel *Der Löwe im Winter*) – die Geschichte von Henry II., der ebenso schönen wie eigenwilligen Königin Eleonore von Aquitanien und ihren Söhnen.

Henry II.? Ja, richtig: der König, den O'Toole schon 1963 in *Becket* gespielt hatte. In Anouilhs Stück war ihm und seiner Eleonore allerdings keine Gerechtigkeit widerfahren. Der Henry, der heute als der größte englische König gilt und die Magna Charta in Kraft gesetzt hat, war nicht der egozentrische Jammerlappen, als den Anouilh ihn darstellt. Seine Eleonore war bestimmt auch nicht die zeternde Furie aus dem Schauspiel. In *Der Löwe im Winter* werden sie als starke Persönlichkeiten mit Charisma gezeigt. Dennoch haben *Becket* und *Der Löwe im Winter* außer ihrem Hauptdarsteller etwas gemeinsam: den starken Gegenspieler. In *Becket* war es Burton, in *Der Löwe im Winter* die von O'Toole schon lange verehrte Katherine Hepburn.

Die beiden schienen sich gesucht und gefunden zu haben. Siân Phillips war wütend auf ihren Ehemann, weil er zu Katherine Hepburn gesagt hatte: »Wenn du zwanzig Jahre jünger wärest, hätte Spencer Tracey in mir scharfe Konkurrenz gehabt.«[36] Aber auch »La Hepburn« mochte ihren fünfundzwanzig Jahre jüngeren Kollegen. Das äußerte sich bei der resoluten Dame allerdings vor allem darin, dass sie ihn behandelte wie einen ungezogenen Jungen. Sie nannte ihn »Pig«, schimpfte mit ihm, weil er so ein »lousy Picker« sei und sich immer schlechte Filme aussuche, tadelte seinen Alkoholkonsum und verpasste ihm eine Ohrfeige, als er sich in der Maske vorgedrängelt hatte.[37] O'Toole konterte mit dem Spitznamen »old Nag« (alte Nörglerin), füllte ihr Cabrio mit leeren Schnapsflaschen und Bierdosen und erschien nach der Ohrfeige als Jammergestalt mit dem Arm in der Schlinge. Und als er in einem Bademantel mit der Aufschrift »Tiger O'Toole, Paperweight Champ« (Tiger O'Toole, Papiergewichtsmeister) erschien, ließ seine Partnerin sich nicht lumpen: Ein paar Tage später stand auf ihrem Bademantel »Tiger O'Toole's Wife« (Tiger O'Tooles Frau).

Beider Zuneigung drückte sich auch in der Art und Weise aus, in der sie sich gemeinsam als »Eltern der Kompagnie« fühlten. Keep Films war an der Produktion beteiligt, so konnte O'Toole auf die Besetzung der Nebenrollen Einfluss nehmen. Er bewies dabei eine gute Hand: Als Richard Löwenherz, ältester Sohn des Paares Eleonore und Henry, gab Anthony Hopkins sein Leinwanddebüt; als sein Geliebter und König von Frankreich trat Timothy Dalton zum ersten Mal vor eine Kamera.

O'Toole fühlte sich auf den Sets für *Der Löwe im Winter* in Irland und Frankreich wohl. Er mochte seine Kollegen, er liebte das Skript – und was Katherine Hepburn und er vor der Kamera zeigten, war vom Allerfeinsten. Die beiden stachelten sich gegenseitig auf. Das Publikum und die Kritiker dankten es ihnen mit Begeisterung, und Katherine Hepburn bekam für ihre Darstellung der Eleonore einen Oscar. O'Toole brachte sein Henry die dritte Oscar-Nominierung und sein Benehmen während der Dreharbeiten einen Prozess mit den Produzenten ein. Die Herren fanden nämlich, dass es O'Toole versäumt habe, »sich entsprechend allgemein akzeptierter Konventionen und der Moral zu benehmen«[38]. Und weil dem – in den Augen der Produzenten – so gewesen sein sollte, wollten die »Cornflakes-Boys«, wie O'Toole Produzenten gerne abschätzig nannte, von seiner vereinbarten Gage von 750 000 Dollar die Kleinigkeit von 200 000 abziehen.

200 000 Dollar – wofür? Hatte O'Toole die Skriptgirls über das Set gejagt, die Sekretärinnen belästigt oder in seinem Trailer Königin Eleonores Hofdamen vernascht? Man könnte es meinen, aber auf der Liste der Untaten, die dem Gericht schließlich vorgelegt wurde,

fand sich nichts dergleichen. O'Toole wurde vorgeworfen, dass er »Alkohologien« gefeiert, dabei eine »obszöne Sprache« gebraucht habe und deswegen aus einem Hotel geflogen sei.[39] Weitere Sünden: Er war mit einer Zigarette in der Hand eingeschlafen und hatte auf diese Art ein Hotelbett in Flammen gesetzt. Er hatte seine Kollegen und die Crew zu einem Essen in sein Hotel eingeladen, hatte sich dabei selbst mit dem Trinken zurückgehalten, aber dafür sehr amüsiert zugeschaut, wie die anderen den französischen Wein unterschätzten und einer der Manager am Ende einen Kosaken-Tanz aufführte.

Beim Prozess trat Peters Partner Jules Buck mal wieder für sein schwieriges Genie in die Schranken. Zusammen mit den Firmenanwälten wies er nach, dass O'Tooles Benehmen die Dreharbeiten nicht aufgehalten hätte, ergo der Produktion dadurch kein finanzieller Schaden entstanden sei. Folglich – und dieser Auffassung schloss sich der Richter in seinem Urteil an – hatten die Produzenten O'Toole die gesamte vereinbarte Gage auszuzahlen.

Offensichtlich hatte auch Katherine Hepburn – abgesehen davon, dass er sich in der Garderobe vorgedrängelt und ihr Auto mit leeren Flaschen gefüllt hatte – Peter nicht gar so grässlich gefunden. Sie blieb ihm jedenfalls auch noch nach den Dreharbeiten verbunden, was seinen Töchtern einmal einen eher ungemütlichen Abend verschaffte.

Es begann damit, dass die Mädchen eines Nachmittags in Irland einen Wagen in der Einfahrt parken sahen, aus dem eine ältere Frau, gegen den scharfen Wind in einen dicken Schal gehüllt, stieg. Während sie den Weg zum Haus heraufging, riefen die O'Toole-Töchter, im einsamen Connemara nicht eben mit Besuch verwöhnt, nach ihrer Mutter: »Mummy – da kommt eine alte Zigeunerin ...«[40] Als sich die »alte Zigeunerin« dann, nachdem sie sich im Haus aus ihrem Schal gewickelt hatte, als Katherine Hepburn entpuppte, erröteten die Mädchen. Sie saßen reichlich eingeschüchtert und in respektvoller Distanz zum Gast auf dem Sofa, der sich mit ihren Eltern über die Freuden und Leiden dessen, der ein Haus baut, unterhielt. Dabei waren natürlich Installationen, Klempner und der Ärger, einen zu bekommen, wenn man einen braucht, ein zentrales Thema – und Siân Phillips erinnert sich, wie Kate Hepburn das Thema abschloss, indem sie sagte:»›Wisst Ihr, wenn ich eine Tochter hätte – wisst ihr, was ich die hätte lernen lassen?‹ Wir warteten gespannt. ›Klempnerin!‹, verkündete sie majestätisch. Die Mädchen, mit Kulleraugen, wirkten reichlich nervös ...«[41] – im Wissen um die Wertschätzung, die Katherine Hepburn bei ihren Eltern genoss, fürchteten sie wohl, im Anschluss an das Gespräch eine Rohrzange in die Hand gedrückt zu bekommen, um schon einmal für ihre künftige Klempnerlehre zu üben.

O'Tooles nächster Film nach *Der Löwe im Winter* wurde in Irland gedreht. Er war ein Tribut an O'Tooles Heimatland, obwohl die Kurzgeschichte von James Kennaway, auf der *Country Dance* basiert, ursprünglich in Schottland spielt. Aber die irische Landschaft passte mindestens ebenso gut zu dieser Geschichte eines Alkoholikers, der eine inzestuöse Beziehung zu seiner Schwester hat.

Peter wusste von Anfang an, dass der Film, der dazu noch mit einem Minibudget gedreht wurde, kein kommerzieller Erfolg sein würde. Aber die Rolle interessierte ihn, und eine Gelegenheit, in Irland zu sein, ließ er sich sowieso nicht entgehen. Als man dann eine Szene auch noch in einem Pub drehte, das einem O'Toole gehörte, war er glücklich.»Hier finde ich meine Leute, die kleinen Leute, die wahren Iren«,[42] erklärte er strahlend.

Allerdings verliefen nicht all seine Begegnungen mit den wahren Iren gut. Eines Nachts spielte er in Dublin im Shelbourne Hotel, in dem er während der Dreharbeiten wohnte, mit Freunden Poker. Mit von der Partie war auch der Filmemacher John Alonso, der eine Dokumentation zu dem Film *Country Dance* drehte. Er wollte den Nachtschwärmer O'Toole in einem Pub filmen. Also brachen sie nachts um drei – O'Toole nach dem langen Abend schon sehr in Champagnerlaune – auf, um ein solches zu suchen. Sie fanden eines im Hafen von Dublin, aber dem Wirt war es zu spät, er wollte gerade schließen. O'Toole fand die Idee nicht gut und sagte das dem Wirt in wohlgesetzten, aber sehr deutlichen Worten. Der Wirt aber war auch Ire – und folglich selbst nicht auf den Mund gefallen. Er gab ein paar Freundlichkeiten zurück und wollte seinen Hund auf Peter hetzen, was den dann wirklich erboste, worauf er noch deutlicher wurde. Irgendjemand rief die Polizei, und die kam gerade recht, dem von O'Toole mit einem treffsicheren Schlag umgelegten Wirt aufzuhelfen und den wütenden Schauspieler samt seinen Freunden einzusammeln. Die Party wurde in die nächste Wache verlegt, wo man alle, bis auf O'Toole, nach einer Stunde wieder entließ. Peter verbrachte die Nacht im Bridewell-Gefängnis und sah am nächsten Morgen, als er wieder im Hotel auftauchte, aus wie ein Bild von El Greco. Der Produzent Robert Ginna sagte: »Er hatte richtig Prügel von der Polizei bezogen. Sein Gesicht war zerschlagen und zerschnitten. Außerdem hatte ihn der Hund gebissen.«[43]

Neben den Prügeln bezahlte er für die Streiterei mit dem Wirt auch noch 40 Pfund Strafe, wobei er das Glück hatte, dass der Richter offensichtlich selten die Tratschspalten las, denn sonst hätte er wohl kaum gesagt: »Dass Sie sich bisher immer ordentlich benommen haben, hat Sie vor dem Gefängnis bewahrt.«[44] O'Toole blieb darauf ausnahmsweise einmal die Antwort schuldig – er wollte ja noch eine Weile in Dublin arbeiten. Es stand nämlich wieder ein Theaterengagement an: Direkt nach *Country Dance* begann er, sich auf den John Tanner in Shaws *Man and Superman* (in Deutschland bekannt unter dem Titel *Mensch und Übermensch*) am Gaiety Theatre vorzubereiten. Es war wieder einmal eine Co-Produktion mit Keep Films, und so wählte O'Toole selbst die Leute aus, mit denen er zusammenarbeiten wollte – zum Beispiel Nigel Stock und John Hurt, der den Octavius spielte. Wohl am wichtigsten für O'Toole war aber die Wahl des richtigen Regisseurs. Hierbei zeigte er wieder einmal seine besten Eigenschaften: Loyalität, Dankbarkeit und Respekt denen gegenüber, die ihm auf seinem Weg geholfen hatten. Er entschied sich für seinen »Entdecker« Nat Brenner. Für den war es die »totale, unverdünnte Seligkeit«. Mit einem Lächeln registrierte er, dass sein Zögling O'Toole erwachsen geworden war. »Er war der Vater der Truppe«,[45] erinnerte Nat Brenner sich später.

Die Premiere von *Mensch und Übermensch* war ein Triumph. Nigel Stock sagte über O'Tooles Vorstellung: »Peter war immer ein Schauspieler, der überraschen konnte. Der Tanner, den er in Dublin spielte, war das Beste, was ich je gesehen habe ... Es hat niemals eine Shaw-Erfahrung wie diese gegeben.«[46]

Es wurde allgemein bedauert, dass die Produktion nur für fünfzehn Vorstellungen in Dublin lief – aber Peter war bereits zur nächsten irischen Theatererfahrung unterwegs: Zwei Monate nach *Mensch und Übermensch* stand er im altehrwürdigen Dubliner Abbey Theatre als Vladimir in Becketts *Warten auf Godot* auf der Bühne.

Doch nun gingen die Swinging Sixties zu Ende. Heute fallen uns zu dieser Zeit Studentenproteste, Straßenschlachten und Aufbruchsstimmung ein. Die Werte der Kriegsgeneration wurden in Frage gestellt, die Zugehörigkeit zum Establishment war nicht mehr anzustrebendes Ziel, sondern Stigma.

War O'Toole davon betroffen? War er involviert? Politisch sympathisierte er ganz sicher mit den jungen Leuten, die überall in Europa auf die Straße gingen. Er war – und daran hatte auch der Wohlstand, in dem er jetzt lebte, nichts ändern können – ein Linker, er war (und ist) ein überzeugter und kämpferischer Antifaschist. Aber das, wofür die Studenten in Europa jetzt kämpften, hatte sich der Individualist O'Toole schon lange vorher herausgenommen. Er musste nicht mehr gegen Autoritäten ins Feld ziehen – er hatte sich ja noch nie einer gebeugt. Er gehörte nicht zum Establishment, jedenfalls nicht nach seinem Verständnis und auch nicht nach dem seiner Fans; er stand im Gegenteil für unbeugsamen Individualismus.

O'Toole stand auch für das, was die Achtundsechziger erkämpfen wollten – aber doch so weit davon entfernt, dass ihm klar werden musste: Er war nicht mehr der Goldjunge, dem alles gelang und dem man alles durchgehen ließ. Die Kritik an ihm und seinem Verhalten wurde lauter. Sein Lebenslauf ähnelte immer mehr einer EKG-Kurve: Große Erfolge und schwere Abstürze – seine Prügeleien, die Trunkenheitsexzesse, die immer häufiger auftretenden Gesundheitsprobleme – wechselten sich ab. Und: Alles in allem zeigte diese Linie nach unten. Noch war der Schauspieler Peter O'Toole ganz oben – aber die Filme, die er jetzt drehte, selbst die, für die er gefeiert wurde, waren es nicht mehr. *Lawrence von Arabien, Becket* und *Der Löwe im Winter* gelten heute als Klassiker. Der nächste Film, für den O'Toole gelobt wurde, zählt dagegen nur noch deshalb als Kino-Historie, weil er seinem Hauptdarsteller eine Oscar-Nominierung einbrachte, ansonsten aber – zu Recht – von der Kritik zerfleddert wurde.

Goodbye, Mr. Chips, 1969 von MGM veröffentlicht, ist der klassische Fall einer negativen Hollywood-Buch-Metamorphose: vom herzhaften Haferbrei zum pappig-süßen, rosarot eingefärbten Pudding mit aufgesetzten Gesangsnummern.

Das Buch dahinter, die in der englischsprachigen Welt so geliebte Geschichte des trockenen Schulmeisters Arthur Chipping, der durch die Liebe zu einer Frau verwandelt wird und lernt, Herz zu zeigen, schrie geradezu nach einer Verfilmung. Aber was bei MGM daraus gemacht wurde, ist beklagenswert. Nicht nur, dass die Geschichte, die ursprünglich um die Wende vom 19. zum 20. Jahrhundert spielt, um vierzig Jahre in die Zeit des Zweiten Weltkriegs vorverlegt wurde – nein, aus dem süßen jungen Mädchen, in das Chipping sich im Original verliebt, wurde in der MGM-Version ein glamouröser Musical-Star mit Vorleben. Damit kommt der Schulmeister in einen Konflikt, von dem im Buch keine Rede war: Er muss seine Frau und seine Ehe gegen einen heuchelnden Spießer im Schulvorstand verteidigen.

Immer noch nicht genug der Veränderungen: Im Buch stirbt die junge Mrs Chipping nach kurzer Ehe bei einer Geburt. Dieser Verlust bringt Chipping dazu, seine von ihr geweckte Liebesfähigkeit seinen Schülern zuzuwenden. Im Film aber darf er seine Frau behalten, bis sie nach langjähriger, zuckergussüberzogener Ehe bei einem Bombenangriff umkommt.

Und als ob das alles noch nicht schlimm genug wäre: Bei MGM dachte man wohl schon damals ans Merchandising und machte aus *Goodbye, Mr. Chips* ein Musical, in dem die Akteure an den unpassendsten Stellen in Gesang ausbrechen, was vor allem bei O'Toole, dessen musikalische Fähigkeiten schwerlich für eine Karriere als Sänger ausgereicht hätten, manchmal ausgesprochen befremdend wirkt. Dass man ihm – wahrscheinlich damit wenigstens einer im Film klare Töne produzierte – Petula Clark als Partnerin zur Seite stellte, machte es nicht besser, sondern schlimmer: Der Größenunterschied zwischen der zierlichen Sängerin und dem langen Iren war so auffallend, dass man ihr sogar eine zusätzliche Zeile in die Rolle schrieb. Was dagegen ihre schauspielerischen Fähigkeiten angeht, so konnte noch nicht einmal Regisseur Herbert Ross verhindern, dass die Wand sie mehrfach an den auffallend zurückhaltenden O'Toole spielte. Katherine Hepburn konnte sich wieder einmal bestätigt fühlen: O'Toole war ein »lousy Picker«[47]. Dieser Film bewies es erneut.

Immerhin aber hatte er bei den Dreharbeiten seinen Spaß. Sämtliche Szenen, die Mr Chips im Dienst zeigen, wurden in der Sherborne School, einem Internat im ländlichen Dorset gedreht, und die ihm bis dahin unbekannte Welt der traditionsreichen englischen Public Schools faszinierte O'Toole. Er freundete sich mit Robert Powell, dem Direktor der Sherborne School an, der im Film als technischer Berater mitwirkte, und diskutierte mit ihm stundenlang über romanische Architektur. Er genoss die Dreharbeiten in Pompei, weil Geschichte ihn immer schon außerordentlich interessierte. Und schließlich schätzte er seine Kollegen bei *Goodbye, Mr. Chips*: den seit Jugendjahren verehrten Sir Michael Redgrave und Michael Bryant, mit dem er später in *The Ruling Class* wieder zusammentreffen sollte.

Michael Bryant erzählte eine sehr typische O'Toole-Anekdote. Als er – in seiner Rolle als Deutschlehrer und Freund von Chips – eine ziemlich lange und emotionale Rede an ihn zu richten hatte, war O'Toole selbstverständlich anwesend, obwohl er in diesem Take nicht im Bild war. Und als Bryant, mühsam gegen einen Generator im Hintergrund anbrüllend, loslegte, unterbrach O'Toole und fauchte in Richtung des Regisseurs: »Wie, zur Hölle, können Sie von Mr Bryant erwarten zu arbeiten, während dieser Generator Krach macht?«[48] Er war erst wieder friedlich, als der Generator Ruhe gab.

O'Toole kümmerten die schlechten Kritiken, die *Goodbye Mr. Chips* bekam, nicht. Er war schon wieder einen Schritt weiter – und dieser Schritt führte seine Frau und ihn an den Orinoco. Dort wurde *Murphy's War* (in Deutschland erschienen unter dem Titel *Das Wiegenlied der Verdammten* oder *Murphy's Krieg*) gedreht. Es war der erste und einzige seiner Filme, in dem seine Frau als seine Partnerin besetzt war. Der Film bewies, was beide schon vorher gewusst hatten: Sie waren weder auf der Bühne noch vor der Kamera ein gutes Team. Siân Phillips wirkte blass und zickig neben ihrem vitalen Ehemann, der sich in der Rolle des unrasierten, ölverschmierten Mechanikers Murphy, der im Dschungel einen Privatkrieg gegen die Deutschen führt, wohl zu fühlen schien. Auch dieser Film krankte aber an einem nicht gerade logischen Buch und wäre nicht weiter erwähnenswert, wenn mit den Dreharbeiten nicht einige Ausflüge verbunden gewesen wären, deren Verlauf unter »typisch O'Toole« gebucht werden kann.

Obwohl er körperlich alles andere als fit war – der Arzt auf dem Set ging sogar so weit, ihn wegen seines Tablettenkonsums als »wandelnde Apotheke« zu bezeichnen – der Dschungel von Venezuela war für O'Toole unwiderstehlich. Er besaß ein großes Interesse an Völkerkunde – und am Orinoco leben die Yanomama-Indianer, eines der letzten, von der Zivilisation weitgehend unberührten Naturvölker. O'Toole hatte viel über sie gelesen, und als die Dreharbeiten zu Ende waren, wollte er die Yanomama kennen lernen. Seine Umgebung war von der Idee, eine Expedition in den Regenwald zu starten, nicht sehr angetan. Siân Phillips erinnert sich: »Ein Telegramm von unserer Rechtsanwältin Denise Seé erstaunte mich. ›Arme Kate und Pat‹, stand da, ›an die beiden als Waisen zu denken!‹ Waisen? ›Was meint sie damit?‹, fragte ich O'Toole.«[49]

Er lachte und schlug alle Warnungen in den Wind. Er hatte Dr. Inga Goetz kennen gelernt, eine deutsche Anthropologin. Von ihr ließ er sich auf seine Reise den Orinoco hinauf vorbereiten. Mit seiner Frau, Dr. Goetz und dem Photographen Bob Willoughby flog O'Toole in das kleine Dorf Ayacucho, wo sie ein winziges Boot, von O'Toole »Soapdish«[50] (»Seifenschale«) genannt, und einen Führer organisierten.

»Als wir am nächsten Morgen unsere Reise begannen, schien die Sonne, und der Fluss war alarmierend breit ... Der Lärm vom Außenbordmotor war ohrenbetäubend, und wir schwiegen, während wir auf die grünen Wände schauten, die der Regenwald auf beiden Seiten bildete ...« Es gab nichts als Regenwald und Regen an diesem ersten Reisetag, und Siân Phillips, die die Fahrt erst sehr spannend gefunden hatte, langweilte sich zunehmend. Sie war froh, als die »Seifenschale« am Abend endlich am Ufer vor einer Missionsstation anlegte.

Die kleine Gruppe verbrachte eine Nacht in einer Missionsstation. Auch hier wurden sie vor der Weiterreise gewarnt: Von einem der eingeborenen Führer, der schon so viele Horror-Geschichten über die Gefahren des Dschungels gehört hatte, dass er die O'Tooles nicht weiter begleiten wollte – und von Dr. Goetz, die meinte, in diesem Teil des Regenwalds gäbe es keine Indianer. Sie jedenfalls habe bei ihren Touren in dieser Gegend nie welche entdeckt.

Dennoch brach die Reisegruppe am nächsten Morgen mit ihrem kleinen Boot wieder auf – allerdings mit einem Führer weniger und ohne Dr. Goetz, die in der Mission zurückblieb.

»Ausgeruht und satt, machten wir uns in bester Laune auf. Es begann zu regnen. Es war nicht einfach nur Regen, es goss aus Kübeln. Ich fischte die Plastik-Ponchos heraus, und wir verwandelten uns in kleine bunte Zelte.« Doch trotz der Umhänge wurde es zunehmend ungemütlich in dem kleinen Boot: Die Tropfen trommelten lautstark auf das Metall des Schiffchens, Photograph Bob Willoughby, der seinen Poncho über seine Ausrüstung gehängt hatte, sah schon bald wie eine gebadete Maus aus, und Siân stellte fest, dass Rauchen im Regen unweigerlich dazu führt, dass entweder die Zigarette ausgeht oder Wasser über die Hand den Arm hinauf bis zur Schulter läuft. Und dabei wurde die Aussicht keineswegs besser, sondern schlechter: Zwischen Boot und Regenwald schien jetzt eine Regenwand zu liegen.

»Aus dem linken Augenwinkel sah ich etwas – das erste ›Etwas‹, das mir an diesem Tag überhaupt vor Augen kam. Auf einem Felsen, der aus dem Regen herausragte, durch den dunkelgrünen Dschungel im Rücken gedeckt, steht ein Mann. Eine kleine, gedrungene Figur, breitbeinig, mit erhobenen Armen, in denen er einen riesigen Bogen hält, größer als er selbst, den Pfeil abschussbereit aufgelegt.« Der Mann ist klein – ungefähr 130 Zentimeter. Umso größer ist sein Bogen: Er überragt ihn um einen halben Meter, und sein Besitzer sieht aus, als ob er sehr gut damit umgehen könnte. Jedenfalls behält er das langsam den Fluss hinauftuckendere Boot über seinen Pfeil hinweg im Visier. Bob Willoughby macht die Kamera bereit, doch O'Toole schüttelt den Kopf: »›Nein‹, haucht O'Toole, ›lass' es!‹ Unser Führer hat – Gott sei Dank – nichts bemerkt, und wir fahren langsam weiter flussaufwärts. Der Pfeil folgt uns ebenso langsam, bis wir außer Sichtweite im regengeschwängerten Nebel eintauchen.«

Nach Stunden auf dem Fluss taucht der nächste Indianer auf: ein kleines Mädchen, das auf einer Sandbank steht. O'Toole lässt das Boot landen, steigt aus, das Mädchen fasst nach seiner Hand und zieht ihn in den Regenwald hinein. »Bob und ich sprangen aus dem Boot und rannten hinterher. Hüfthohe Büsche und Kriechpflanzen schlagen um unsere Körper, als wir versuchen, mit dem Paar gleichzuziehen. Das Mädchen ist so klein, dass es unter den Hindernissen hindurchlaufen kann. Wie hält O'Toole mit? Wir werden langsamer, verkratzt und atemlos erreichen wir eine Lichtung.«

Und da, im Schatten der Urwaldriesen, ragt die Heimstatt der Indianer an die 12 Meter hoch auf. Mit Palmwedeln gedeckt, wirkt das Gebäude – in der Sprache der Yanamoho »Shabano« genannt – wie eine Art Skischanze. Darin leben, jeweils in einem Abschnitt für sich, aber mit Kontakt zu den anderen, an die vierzig Familien.

Die Kleine, die die Fremden am Landeplatz in Empfang genommen hat, zieht O'Toole durch den niedrigen Eingang, seine Frau und der Photograph krabbeln hinterher. Innen werden die Besucher von Frauen und Kindern empfangen. Ihre Stimmen mischen sich mit dem Plätschern des Regens auf dem Blätterdach. Männer sind keine in Sicht – offenkundig sind sie zu einem Jagdausflug im Dschungel unterwegs. Umso mehr freuen sich die Damen des Stammes über die Gäste. Neugierig mustern sie Siân Phillips, die – an die Anweisung von Dr. Goetz denkend – immer wieder lächelnd »Shori noji« (»Gute Freunde«) sagt und den Frauen erlaubt, an ihren Kleidern zu zupfen und über ihr Haar zu streichen. Obwohl den O'Tooles erzählt worden war, dass es in diesem Teil des Dschungels weder Indianer noch sonst etwas gäbe, werden sie abends von den Yanomama-Frauen zu einer der letzten verbliebenen Missionsstationen geführt. Dort leben noch Nonnen, die sich über die Besucher freuen und ihnen ein Abendessen mit »unidentifizierbarem«, aber leckerem Fleisch anbieten. Die Reisenden verbringen die Nacht in Hängematten bei der Mission. Am nächsten Morgen tauchen die Yanomama-Männer auf und fordern Bob Willoughby und Peter O'Toole zu einem Bogenschießwettbewerb auf.

»Sie bringen die riesigen Bögen und Pfeile, die wir bei dem jungen Mann auf der Sandbank sahen. O'Toole ist fast doppelt so groß wie die Männer, der Wettbewerb scheint unfair. Alle sind bester Laune. Manche von den Männern lachen so sehr, dass sie fast umfallen ... Jetzt werden wir geliebt. O'Toole bekommt Klapse auf den Hintern. Offensichtlich erzählten sie ihm, was für ein guter Kumpel er ist ...«[51]

Der Ausflug an den Orinoco hatte O'Toole sicher Freude gemacht und seinen Forscherdrang befriedigt, aber ob das exotische Essen und das wohl nicht immer ganz saubere Wasser seinem angeschlagenen Innenleben gut taten? Die Phasen, in denen er unter Schmerzen litt, kamen öfter und wurden länger – und mit ihnen versank er immer mehr in Melancholie. Einen Film nach dem anderen zu drehen, dazwischen Theater zu spielen, zu reisen und Partys zu feiern, machte ihn nicht glücklich. Oder war es sein Privatleben, das ihn bedrückte? Er beschwor in Interviews immer wieder sein häusliches Glück, er lobte seine Familie als den »Hafen«, in dem er Ruhe fände – aber es klang immer mehr, als ob er sich selbst etwas einreden wollte. Sicher, er liebte seine Töchter und bemühte sich um sie. Wenn er zu Hause war, spielte er mit ihnen, sie gingen spazieren und ein paar Mal nahm er sie auch, wie dereinst sein Vater, unter seinem Mantel versteckt mit ins Pub. Wenn er auswärts arbeitete, schrieb er ihnen Briefe und ließ sie an schulfreien Tagen einfliegen. Er war ein zärtlicher Vater und stolz auf die niedlichen Mädchen, die – wegen eines kleinen, von ihm ererbten Augenfehlers, der sich später auswuchs – durch dicke Brillengläser in die Welt schauten. Aber zwischen ihm und seiner Frau gab es immer wieder lautstarke Auseinandersetzungen.

In dieser Zeit versuchte er immer öfter, der harten Realität zu entfliehen. Trotz der Warnungen seiner Ärzte flüchtete er sich immer wieder in den Alkoholrausch. In dem von ihm so geliebten London wollte er auch nicht mehr bleiben – Anfang der siebziger Jahre kaufte er ein Cottage und Land in der Nähe von Clifden, Connemara. Er wollte in der irischen Heimat seiner Ahnen, mit Sicht auf das Meer, weit ab vom Getöse der Großstadt, eine Heimstatt für sich und seine Familie schaffen.

Irland – das bedeutete Ruhe und Frieden für ihn, ein Platz, an dem er ganz er selbst sein konnte. Noch heute wird er lyrisch, wenn er über Connemara schreibt: »Ich kenn' da ein Fleckchen; eine einsame, unwirtliche, wunderschöne Ecke. Nur spärlich bevölkert ...; steiniges, flaches Land, von Bächen durchzogen und von der See umspült, ... den Einzelgängern ein Heim, dem Reiher, der Rohrdommel; Land, auf dem Algen eingebracht werden, gleichwohl mit dem Festland durch steinerne Dämme und eiserne Zugbrücken verbunden, doch das bleibt, was es ist: ein Grüppchen kleiner Inseln, die sich selbst genügen.«[52] Dort, mit Blick auf die einsamen, sturmumtosten Inseln, wollte er leben und die Menschen um sich haben, die er liebte.

Er war noch nicht einmal vierzig Jahre alt und hatte zwar immer gut verdient, aber auch gut gelebt. Er musste weiter arbeiten und weiter Filme drehen – und nach *Das Wiegenlied der Verdammten* standen schon die nächsten an: *Der Mann von La Mancha* und *The Ruling Class*. Letzteren Film wollte er machen – er mochte die anarchistische Komödie von Peter Barnes und versprach sich viel davon. Aber um *The Ruling Class* bei United Artists durchzusetzen, musste er sich für ein Lieblingsprojekt der Filmgewaltigen einspannen lassen: *Der Mann von La Mancha*. Das gleichnamige Musical war auf dem

Broadway ein riesiger Erfolg gewesen, United Artists hatte die Filmrechte erworben und schickte zwei große Namen ins Rennen: Sophia Loren – als Don Quichottes geliebte Dulcinea – und Peter O'Toole in der Dreifach-Rolle als der Dichter Miguel Cervantes, der Landedelmann Alonso Quijana und der Ritter Don Quichotte.

Letzteren mochte er – »Quixoterie«[53], so sagte er einmal, sei ihm sympathisch – und die Rolle stand ihm. Mit Spitzbart und aufgeklebter Nase, hager und rührend ungeschickt, sah er aus, wie man sich Don Quichotte vorstellt. O'Toole aber gefiel sein Kostüm nicht, er schimpfte über die albernen hohen Absätze und die hinderliche Rüstung. Doch am wenigsten mochte er die bei einem Musical unvermeidlichen Gesangsnummern. Mit der ihm eigenen Disziplin nahm er Gesangsstunden und bemühte sich nach Kräften, aber weder er noch seine Partnerin Sophia Loren mussten befürchten, im Anschluss an den Film Angebote für die Oper zu bekommen. In der Einschätzung ihrer eigenen Fähigkeiten in dieser Beziehung waren die beiden mit Publikum und Kritikern einig. *Der Mann von La Mancha* konnte sich nicht unter die großen Musical-Verfilmungen einreihen, und O'Toole war wahrscheinlich froh, als er Rom, wo der Film gedreht worden war, endlich verlassen konnte.

Für ihn stand nun *The Ruling Class* auf dem Programm. Er freute sich darauf, denn er hatte sich in das gesellschaftskritische Stück verliebt – so sehr, dass er es gegen seinen Partner Jules Buck durchgesetzt hatte. Dabei lag der Geschäftsmann Buck mit seiner Einschätzung des Stoffes richtig: *The Ruling Class* hat sehr witzige Passagen, ist aber insgesamt zu zynisch, zu bitter und vermutlich auch zu »englisch« für den amerikanischen Markt.

O'Toole gab als der verrückte vierzehnte Earl of Guerney, der sich erst für Jesus hält und dann, angeblich von seinem Irrsinn kuriert, als Inkarnation von Jack The Ripper in die englische Adelskaste integriert wird, eine großartige Vorstellung. Und er war von Kollegen umringt, die er schätzte: Michael Bryant, mit dem er schon bei *Goodbye, Mr. Chips* gut und gerne zusammengearbeitet hatte, spielte den Psychiater des Earls; die englische Theaterikone Alastair Sim gab –

urkomisch – den senilen Bischof, und Arthur Lowe brillierte als der kommunistisch angehauchte Butler.

Doch so sehr sich die Herren auch bemühten: Es reichte zwar zu einer (der fünften) Oscar-Nominierung für O'Toole, aber im Kino gewann der Film keinen Blumentopf. In diesem Fall aber blieb O'Toole nicht »philosophisch«. Er liebte das Stück und stand hinter seinem Film. Er glaubte, dass er nicht richtig beworben worden war, weshalb er schließlich – nach einigen Auseinandersetzungen mit der amerikanischen Produktionsgesellschaft – die Rechte an *The Ruling Class* für Keep Films kaufte. Jules Buck war davon nicht angetan. Er rechnete O'Toole später vor, dass er mit *The Ruling Class* eine Million Pfund in den Sand gesetzt habe. Inzwischen scheint es aber durchaus möglich, dass *The Ruling Class* seine Kosten wieder eingespielt hat. Heute gilt der Film als Kult und wurde 2001 erfolgreich auf DVD erneut veröffentlicht.

Sommerurlaub mit der Familie in Irland – O'Toole genoss die Ferien mit der Familie so sehr, dass er mit seiner noch Frau blieb, nachdem die Schwiegermutter mit den Töchtern zum Schulanfang nach London abgereist war. O'Toole bereitete sich auf den nächsten Film vor, seine Frau unterdessen nahm den Kampf gegen das Unkraut im Garten des Cottages auf. »Ich begann, [das Unkraut] als meinen persönlichen Feind zu sehen; als ich gerade schlecht gelaunt auf der Türschwelle saß und überlegte, was ich dagegen tun könnte, bemerkte ich, dass es O'Toole, der hinter mir im Haus saß, schlecht ging.«

»Schlecht« war für seinen Zustand fast noch ein Euphemismus. Er hatte so starke Schmerzen, dass er sich von seiner Frau ohne Widerspruch ins Bett packen ließ und auch nicht protestierte, als sie den ortsansässigen Arzt rief. Dem gefiel der Zustand seines Patienten überhaupt nicht, denn er konnte sich nicht erklären, woher diese schrecklichen Magenschmerzen kamen. Der Arzt konnte wenig für ihn tun. O'Toole war, laut Auskunft seiner Frau, »... zu krank, um bewegt zu werden, und so begann ein Monat voll Sorge. Unser Patient war zeitweise kaum bei Bewusstsein, er lag da und ertrug einfach nur den Schmerz ... Schließlich verschwand der Schmerz irgendwie, und er blieb völlig erschöpft zurück, immer wieder vom Schlaf überwältigt, zu schwach, sich zu bewegen.«[54]

O'Toole erholte sich schließlich und kehrte mit seiner Frau nach London zurück. Die Schmerzen waren schlimm genug gewesen, seinen Widerstand gegen Ärzte und Untersuchungen zu überwinden. Er ging freiwillig ins Royal Free Hospital – aber klüger waren danach weder er noch seine Ärzte. Die Schmerzattacke in Irland blieb unerklärlich.

Vielleicht hing sie mit seinen Depressionen zusammen. Er hatte über Jahre hart gearbeitet und sich kaum eine Ruhepause gegönnt. Er hatte das Gefühl, bei all der Anstrengung doch keine innere Befriedigung gefunden zu haben. Er hatte den Biss und die Lust an der Schauspielerei verloren. Hollywood hatte ihn noch nie gereizt. Nun konnte ihn noch nicht einmal mehr die Aussicht motivieren, im Londoner West End zu brillieren. Er wollte nur noch seine Ruhe und hoffte, sie in Irland zu finden. Er gönnte sich und seiner Familie ein Jahr Irland – ein Jahr, in dem er mit seinen Mädchen am neuen Haus baute, versuchte, seine angeschlagene Ehe zu retten und seine bisher eher unsystematische Bildung zu vertiefen. Er las Berge von Büchern, schrieb wieder und dachte auf stundenlangen Spaziergängen darüber nach, wie sein Leben weitergehen sollte.

Aber sehr viel weiter kam er dabei nicht. Immerhin aber brachte ihm ein Ruf aus der Vergangenheit die Lust an der Schauspielerei zurück. »Seine« Kompanie, das Bristol Old Vic, war in Schwierigkeiten. Um das schöne alte Theater herum war ein supermodernes elegantes Büro- und Einkaufszentrum gewachsen – sehr schick, so schick, dass das Publikum sich nicht hineintraute und das Theater immer leerer wurde. Es musste etwas geschehen. Die Menschen mussten wieder ins Theatre Royal zurückgebracht werden, und Nat Brenner, inzwischen Leiter der Theaterschule des Old Vic, kam auf die Idee, Peter zurückzuholen. Er kannte seinen ehemaligen Schüler und wusste, dass er mit großer Liebe an seinem ersten Theater hing. Ihn zu überreden, drei Produktionen – Tschechows *Onkel Wanja*, G. B.

Shaws *The Apple Cart* (in Deutschland als *Der Kaiser von Amerika* bekannt) und Ben Travers Posse *Plunder* – in Bristol zu spielen, war kein Problem. Peter O'Toole schien nur auf diese Einladung gewartet zu haben.

Seine Frau allerdings war weniger begeistert. Sie verstand zwar, dass sein Herz dem Theater gehörte, aber sie kritisierte noch Jahre später, dass er durch seine Gewohnheit, bei Engagements wie dem im Bristol Old Vic kein Geld zu nehmen, die Preise für jene Schauspieler verderbe, die vom Theater leben mussten.

Im Bristol Old Vic sah man das natürlich anders. Der damalige Direktor, Val May, sagte später: »Er hat unsere Haut gerettet. Danach ging es nur noch bergauf mit uns. Ich muss sagen, dass ich zuvor niemals wirklich in diesem Zusammenhang über ihn nachgedacht habe, aber als ich ihn 1973 in Bristol sah, wusste ich, dass ich einem Genie zuschaue.«[55]

O'Toole genoss die Zeit in Bristol. Er war wieder im Rennen, er war wieder da, wo er sich wohl fühlte. Er versuchte, an die alten Zeiten in Bristol anzuknüpfen, er lud Kollegen zu einem Dinner ein, er feierte mit ihnen, er zog durch die Pubs – aber damit holten ihn auch seine gesundheitlichen Probleme wieder ein. Im Sommer 1974 erwischte es ihn in Paris, während der Dreharbeiten zu *Rosebud* (in Deutschland erschienen unter dem Titel *Unternehmen Rosebud*), einem Film, in dem er einen etwas rüpeligen Geheimdienstagenten – eine Art James Bond, aber weit weniger glatt – spielt, der eine Gruppe entführter Mädchen zu retten hat. Er litt wieder unter entsetzlichen Magenschmerzen, und nachdem er ein paar Tage vergeblich dagegen angekämpft hatte, landete er im Krankenhaus. Die Dreharbeiten wurden angehalten, man wartete auf ihn, und er kam auch wieder auf die Beine – aber wohl fühlte er sich nicht.

Was es war, das ihn so quälte? Die Trauer um seinen Vater? Patrick Josef O'Toole war kurz davor einen für ihn passenden Tod gestorben: Über achtzig Jahre alt, aber immer noch sehr munter, war er beim Verlassen eines Wettbüros von einem Auto erfasst und in ein Pub hineingeschleudert worden. Von dort aus wurde er in eine Klinik gebracht, wo er kurz darauf starb. Seinen Sohn traf der Tod des geliebten Vaters hart. Er wurde davon sicher nicht gesünder. Im Gegenteil. Immer häufiger wurden die Tage, an denen er gegen Schmerzen ankämpfen musste, die Nächte, in denen er sich schlaflos hin und her wälzte, weil ihn sein Magen peinigte. Die Liste der Medikamente, mit denen er dagegen anzukämpfen versuchte, wurde immer länger.

Wie war die Diagnose? Darüber könnte man spekulieren, aber O'Toole hat sich nie en detail darüber geäußert. Er nimmt für sich in Anspruch, seine Krankengeschichte als Teil der Privatsphäre für sich behalten zu dürfen – und das sollte respektiert werden. Für die Biographie reicht zu wissen: Er war krank – sehr krank. Und die Krankheit begann, ihn zu zeichnen. Er war nie besonders robust gewesen, nun wurde er sehr mager, und in sein immer schmaler werdendes Gesicht gruben sich tiefe Falten ein. Seine Augen verloren ihren Glanz. Auf Bildern aus dieser Zeit wirkt er resigniert und über seine Jahre hinaus gealtert. O'Toole schien zu wissen, dass seine Jugend vorbei war, doch der Abschied von den Jahren, in denen alles möglich erschienen war, fiel ihm schwer. Früher, als er sich noch jung und unbesiegbar gefühlt hatte, war es für ihn, der immer ein wenig abergläubisch gewesen war, kein Problem gewesen, mit dem Gedanken an einen frühen Tod – von dem er glaubte, dass er ihn treffen würde – umzugehen. Nun hatte er das Gefühl, dass seine Stunde bald schlagen würde.

Rogue Male:
Absturz und Comeback

MEXIKO – LONDON – IRLAND – AMERIKA
1974–1984

1974 wurde ihm London zu eng. O'Toole floh in ein Land, in eine Sprache und in Beziehungen hinein, die ihm wahrscheinlich das Gefühl eines Neuanfangs gaben. Die Dreharbeiten zu *Man Friday* (in Deutschland erschienen unter dem Titel *Freitag und Robinson*), einer ins Tragikomische abgewandelten Robinsonade, führten ihn nach Mexiko. Er verliebte sich in das Land, seine abenteuerliche Geschichte, seine Sprache und seine Menschen, die ihm offen und herzlich entgegenkamen – zum Beispiel die junge Kellnerin Anna, die träumte, Schauspielerin zu werden. O'Toole nannte sie – nach der Geliebten des mexikanischen Volkshelden Simon Bolivar, über den er viel gelesen hatte – »Malinche« und tröstete sich in ihren Armen darüber hinweg, dass seine Ehe nicht mehr zu retten war. Aber noch konnte und wollte er sich nicht endgültig lösen, denn Siân Phillips war ja nicht nur seine Frau, sondern auch die Mutter seiner Töchter.

Siân Phillips war auch bei ihm, als er – nachdem er in Mexiko mit Charlotte Rampling *Foxtrot* (in Deutschland erschienen unter dem Titel *Tödliches Inselparadies*) gedreht hatte – im Frühling 1975 zusammenbrach. Er hatte mit einem Freund, dem Autor H. A. L. Craig, das Wiedersehen mit London ausführlich gefeiert – und dies war ihm nicht bekommen. Der Freund brachte O'Toole heim. Es ging ihm so schlecht, dass er die Schmerzen – entgegen seiner sonstigen Gewohnheit – nicht mehr abstritt. Er ließ sich von seiner Frau widerstandslos zu Bett bringen. Die Kraft reichte aber noch, Siân zu versichern, dass er keinen Arzt brauche. Doch sehr überzeugend kann er das nicht vorgebracht haben. Siân Phillips war so besorgt, dass sie beschloss, sich über Peters Wunsch hinwegzusetzen und Dr. Gerry Slattery zu rufen. Slattery hatte O'Toole schon früher behandelt, er war nicht nur der Hausarzt, sondern auch ein Freund der Familie.

»Wie so oft in den vergangenen Jahren, saßen Gerry und ich links und rechts auf dem großen Bett im sanft beleuchteten Schlafzimmer, und Gerry redete beruhigend auf ihn ein. Er versuchte, die Ereignisse der letzten vierundzwanzig Stunden zu rekonstruieren. Es war quälend, O'Toole dabei zuzuzusehen, wie er sich bemühte zu sprechen, ja, sogar Witze zu reißen, um Gerrys Fragen zu beantworten.« Der Arzt empfand es offenkundig ähnlich – umso mehr, weil er seinem schwierigen Patienten sagen musste, dass er ihn nicht mehr zu Hause behandeln könne. Er müsse sofort in ein Hospital. Siân Phillips war auf lautstarken Protest und ein stures »Nein!« gefasst. »Ich war alarmiert, als O'Toole schwieg, von einer Pein überwältigt, die offensichtlich schlimmer als alles war, was er in der Vergangenheit ertragen und geleugnet hatte ...«[1]

Der Arzt rief die Ambulanz, kurz darauf trugen Sanitäter den schwerkranken Schauspieler aus dem Haus und fuhren ihn durch den Nebel ins Royal Free Hospital.

Seine Frau blieb zurück – zu geschockt, um die Tragweite des Geschehens zu erfassen. Sie packte ein paar Dinge zusammen, von denen sie glaubte, dass O'Toole sie brauchen würde – Toilettenartikel, einen frischen Schlafanzug, das Buch, in dem er zuletzt gelesen hatte. Weil sie kein Taxi bekommen konnte, ging sie zu Fuß mit der Tasche ins Krankenhaus. Dort hatte niemand Zeit oder Verwendung für sie. Siân Phillips saß wartend auf dem Flur des Royal Free Hospitals, während die Ärzte hinter verschlossenen Türen um das Leben ihres Mannes kämpften.

»Schließlich erschien Gerry, er sah grau und erschöpft aus. Ich sah, dass er sich miserabel fühlte, weil er mir keine guten Nachrichten bringen konnte, und ich fragte ihn, was ich tun solle. Er sagte mir, ich sollte heim und ins Bett gehen. ›Aber ich möchte da sein, wenn er zu sich kommt.‹ – ›Siân, es ist nicht so wie du denkst. Es wird einige Zeit brauchen, bis er dich sehen kann.‹«[2]

Peter O'Tooles Leben stand auf der Kippe. Es bedurfte mehrerer Operationen, um ihn zu retten – wie er selbst später einmal sagte, hatten die Ärzte ihn so oft »auf- und zugemacht«, dass er sich wie eine »Tennistasche« gefühlt und schon darüber nachgedacht habe, wann man ihm einen Reißverschluss in den Bauch einnähen würde.[3] Doch lange bevor er wieder solche Überlegungen anstellen konnte, brachte er seine Ärzte und Schwestern ausgiebig ins Schwitzen. Er fiel ins Koma, kam einmal kurz wieder zu sich und versuchte – zum Entsetzen des Personals auf der Intensivstation – die Nadeln und Schläuche, die in ihm steckten, zu entfernen. Man konnte ihn davon abhalten, doch ansprechbar war er immer noch nicht. Er verlor wieder das Bewusstsein, und für Tage konnte seine Umgebung nur warten und hoffen. Als er wieder aufgewacht war, war nichts mehr wie zuvor. Die Ärzte hatten – wie Peters Tochter Kate später in erzwungener Flapsigkeit sagte – »sein halbes Interieur«[4] entfernt und machten ihm nachdrücklich klar: Er war nur um Haaresbreite davongekommen, doch ab jetzt würde er anders leben müssen, denn noch eine Alkoholvergiftung würde er mit hoher Wahrscheinlichkeit nicht überleben.

Wenn er geglaubt hatte, dass alles wieder in Ordnung wäre, wenn er nur überlebte und wieder auf die Beine käme, sollte er sich getäuscht haben. Während Peter O'Toole nach wochenlangem Klinikaufenthalt – so abgemagert und schwach, dass er kaum ohne Stütze gehen konnte – versuchte, wieder fit zu werden, brachen um ihn herum die Strukturen zusammen, auf die er bisher hatte bauen können. Jules Buck und Siân Phillips hatten sich bemüht, Peters Zustand geheim zu halten. Sie wussten nur zu gut, dass Krankheit bei einem Schauspieler keine Privatangelegenheit ist, sondern verheerenden Einfluss auf seine Karriere haben kann. Schließlich wird kein Produzent das

Risiko eingehen, einen Film mit einem Schauspieler in Angriff zu nehmen, wenn er Angst haben muss, dass er auf halber Strecke ausfällt und alle bis dahin für teuer Geld gefilmten Szenen noch einmal gedreht werden müssen. Weil Filmen ein sehr teures Unterfangen ist, bekommen Hauptdarsteller in großen Produktionen Personenschutz, müssen unterschreiben, dass sie während der Dreharbeiten keinen »gefährlichen« Sport (dazu zählt unter anderem auch Reiten oder Ski fahren) betreiben, dürfen oft nicht einmal mehr selbst Auto fahren – und sie werden sehr hoch versichert. Doch auch Versicherungen versuchen, ihre Risiken möglichst gering zu halten. Bei ihnen würde es geradezu als »Kunstfehler« gelten, eine Police für einen Schauspieler auszustellen, der schon durch Gesundheitsprobleme aufgefallen ist.

Abgesehen von diesen professionellen Rücksichten wollten Jules Buck und Siân Phillips Peters Zustand auch noch aus anderen Gründen für sich behalten. Sie wollten dem Rest der Familie und den Freunden die Sorge um ihn ersparen – die Töchter, die zum Zeitpunkt des Zusammenbruchs zum Glück mit der Großmutter in Irland waren, waren ja erst fünfzehn und zwölf Jahre alt, dafür aber war Peters Mutter schon ziemlich alt. Zudem fühlte sich Siân nicht unbedingt fähig, auch noch mit Postbergen von Anfragen nach Peter umzugehen.

Doch die Geheimhaltung barg einige Probleme in sich. Jules Buck hatte Peters aktuelles Engagement – er sollte in einem Film den Pontius Pilatus spielen – absagen und dabei verraten müssen, dass Peter nicht nur eine Erkältung hatte, sondern für längere Zeit ausfallen würde. Und natürlich bekam man auch im Büro von Keep Films mit, dass Peter O'Toole schwer krank war. Damit gab es schon Mitwisser – und selbst wenn es die nicht gegeben hätte, so war da doch das Krankenhauspersonal. Die Ärzte, Schwestern und auch manche Putzfrau wussten, wer da auf der Intensivstation lag. So ist es nicht verwunderlich, dass die Presse davon Wind bekam.

Als Siân Phillips eines Abends – nach einem Tag am Bett ihres bewusstlosen Mannes – deprimiert nach Hause kam, klingelte das Telephon. Sie nahm ab und hörte die Stimme eines Journalisten, den sie aus besseren Tagen kannte: »›Schau, Siân, hier ist Peter. Ich weiß, es ist spät, aber du bist doch ein vernünftiges Mädchen, du weißt, woran ich gerade bin und dass ich es gut machen will. Kannst du mir helfen, den Nachruf auf den neuesten Stand zu bringen?‹ Mir fiel nichts anderes ein als ›Nein‹ zu sagen, das Telefon aufzulegen und in Tränen auszubrechen.«[5]

Dass Siân Phillips und Jules Buck über den Zustand ihres Patienten keine Auskunft gaben, hatte die Presse nicht abgehalten, darüber zu spekulieren. Die Folge war, dass sämtliche Filmfirmen O'Toole fallen ließen wie eine heiße Kartoffel. Er hatte wegen seines Alkoholkonsums schon länger als Risikokandidat gegolten. Als er dann krank war, war er vollends aus dem Rennen. In Hollywood erinnerte man sich nur zu gut an Filmprojekte wie *Elefantenpfad*: Damals war die depressive, tablettenabhängige Hauptdarstellerin Vivien Leigh auf halber Strecke ausgefallen. Man hatte sie – für teures Geld – gegen Elizabeth Taylor austauschen und mit den Dreharbeiten noch einmal von vorne anfangen müssen. Kein Produzent war wild darauf, so etwas zu erleben.

Mit dem Karriereknick und seiner Rekonvaleszenz hätte O'Toole vermutlich genug zu tun gehabt, aber es kam noch härter: Seine Ehe zerbrach vollends. Siân Phillips begann eine Affäre mit dem achtzehn Jahre jüngeren Schauspieler Robin Sachs, und Peter hatte wohl weder die Kraft noch den Willen, sich dagegenzustemmen. Es gab keine Eifersuchtsszenen mehr wie einst im ersten Ehejahr in Stratford, sondern Resignation – das ging so weit, dass O'Toole sich sogar auf ein Treffen mit dem Liebhaber einließ. Er sprach mit seiner Frau nicht darüber. Er bat sie nur, die Verbindung mit Robin Sachs zu lösen. Sie tat es, aber nur für ein paar Wochen, dann traf sie sich wieder mit dem jungen Mann.

O'Toole schien es nicht zu merken – oder wollte er es nicht bemerken? Er hatte genügend andere Sorgen, denn die Krankheit und die lange Pause danach hatten Geld gekostet. Er musste wieder arbeiten, aber er hatte zu dieser Zeit nicht viele Angebote, unter denen er auswählen konnte. Das war wohl einer der Gründe, warum er den

Vertrag für einen Film unterschrieb, der noch heute als skandalös gilt und in den USA strengen Altersbeschränkungen unterliegt: *Caligula*.

Allerdings: Als O'Toole die Offerte annahm, war noch nicht absehbar, wie das Ergebnis aussehen würde. Das Drehbuch, das nicht nur O'Toole, sondern auch Sir John Gielgud und zwei so renommierte Nachwuchsdarsteller wie Malcolm McDowell und Helen Hunt angezogen hatte, stammte immerhin von dem berühmten amerikanischen Schriftsteller Gore Vidal – übrigens ein Onkel des früheren amerikanischen Vizepräsidenten Al Gore – und es war bestimmt nicht als »Porno« angelegt. Dazu wurde es erst, als Bob Guccione, Chef der Männerzeitschrift ›Penthouse‹, als Produzent ins Spiel kam. Er ließ das Vidal-Drehbuch umschreiben und engagierte den Italiener Tinto Brass als Regisseur, von dem Peter später behauptete, sein englisches Vokabular habe sich auf die Worte »Fangt an!« und »Seid ihr fertig?« beschränkt.[6]

Aus dieser Bemerkung über Brass kann man schon entnehmen, dass O'Toole den Regisseur nicht ausstehen konnte. Seine Beziehung zu Bob Guccione war nicht besser: O'Toole und er mochten einander ungefähr so gerne wie Zahnschmerzen, und das ist vermutlich noch ein Euphemismus. Guccione behauptete, O'Toole sei »niemals nüchtern genug, um zu wissen, was er da eigentlich macht«[7], gewesen. O'Toole konterte mit einem »Lügner!« und machte sich für eine Weile einen Spaß daraus, in Interviews laut über die Gründung eines eigenen Männermagazins als Konkurrenz zu ›Penthouse‹ nachzudenken. Ansonsten stellte er klar, was er von *Caligula* hielt. Er nannte den Film »eklig, langweiliger Müll, völlig unerotisch«, aber er stand dazu, ihn gemacht zu haben: »Ich bin Profi. Wenn ich einen Job zu machen habe, mache ich ihn.«[8]

Aber seltsam war dieser Job bestimmt. Sir John Gielgud jedenfalls trompetete schon an einem der ersten Tage durchs Studio: »Peter, ich glaube, wir machen hier einen Porno!«[9] Und O'Toole, umgeben von barbusigen Blondinen, kam aus dem Staunen nicht mehr heraus.

Während der Dreharbeiten, die im Sommer in Rom stattfanden, bekam Peter O'Toole noch einmal Besuch von seiner Familie. Im Garten der Villa, die er an der Via Appia gemietet hatte, entstand das letzte Foto, das Peter, Kate, Pat O'Toole und Siân Phillips zusammen zeigt. O'Tooles Lächeln darauf wirkt müde und resigniert, er hält Abstand zu seiner Frau.

Sie unterdessen wunderte sich wieder einmal über das Personal, dass er sich in Rom angelacht hatte. Da war zum Beispiel der Koch, der nichts anderes produzierte als gebratene Auberginen. Sie wurden von einem kleinen Mann serviert, der immer wieder hysterische Anfälle bekam und nebenbei mit gestohlenen Juwelen handelte. Was der Gärtner tat, wusste Siân Phillips nicht – im Garten sah sie ihn jedenfalls nie. Sie fragte sich, wo ihr Mann diese Typen aus dem Kuriositätenkabinett wieder aufgetrieben hatte, aber sie war mittlerweile daran gewöhnt, dass er solche Menschen um sich scharte. Sie nannte sie »Petruchio's Servants«[10] (Petruchios Diener) – frei nach Shakespeare, der seinem Petruchio in *Der Widerspenstigen Zähmung* ein ebenso eigenartiges Personal zugeschrieben hatte: allesamt reizende Menschen – nur leider völlig ungeeignet für ihren Job.

O'Toole war immer gut darin gewesen, seinen Haushalt mit Originalen zu bereichern. Schon 1960 hatte er in Stratford-upon-Avon brave Bürger schockiert, indem er Lonny – einen baumlangen, schrankförmigen, tätowierten, schwarzen, homosexuellen, ehemaligen amerikanischen Seemann als »Nanny« für seine Tochter engagierte.

In El Jaffre, während der Dreharbeiten zu *Lawrence von Arabien*, hatte er den Araberjungen Shwfti als »Boy« akquiriert. O'Toole nannte ihn gut gelaunt »Shufti: Mufti-Klefti«[11] (Schufti: Ich sehe – ich stehle) und war dank des ebenso findigen wie neugierigen Jungen nicht nur immer bestens über alles informiert, was im Camp vorging, sondern wurde außerdem mit allerlei versorgt, was Shwfti »organisiert« hatte. Was O'Toole aber auf die Idee brachte, Shwfti nach London in sein Haus zu schicken, als das Filmteam zur nächsten Location umzog? Seine Frau kam nicht dazu, ihn zu fragen, denn nachdem Shwfti einige Tage schlechtgelaunt und schweigend vor sich hin rauchend auf ihrem Wohnzimmerteppich gelegen hatte, begann er London zu erkunden. Siân Phillips »hatte keine Ahnung, was er da machte, aber war erleichtert, als er ein paar Wochen später in Soho aufgegriffen, für den Verkauf von Drogen arretiert und schließlich ausgewiesen wurde. Er wurde nie wieder erwähnt.«[12]

Unter »Petruchios Diener« fiel dann wohl auch die Landstreicherin, die für ein paar Tage in Guyon House als Putzfrau ein Gastspiel gab, und natürlich Scobie, die englische Bulldooge, die O'Toole angeschafft hatte, um während der Zeiten, in denen er abwesend war, sein nur von Frauen bevölkertes Haus zu beschützen.

Dummerweise hatte Scobie beim Sauberkeitstraining eine Kleinigkeit missverstanden: Wenn er ein hündisches Rühren verspürte, eilte er nicht aus dem, sondern ins Haus. »[Er] stand für Stunden auf der Heide, die Beine gekreuzt, wegen seines dringenden Bedürfnisses praktisch hüpfend. Dann, endlich zurück im Haus, lehnte er sich in einer ›Gott sei Dank‹-Position gegen die geschlossene Tür in der Halle und öffnete die Fluttore«,[13] schrieb Siân Phillips über Scobie. Immerhin bewährte er sich in seiner Stellvertreterrolle als Mann des Hauses: Er pflegte mit schöner Regelmäßigkeit Gäste zu überrennen. Während sie sich dann vom Boden aufrappelten, wurden sie von Scobie ausführlich besabbert – das war seine übliche Art, sich zu entschuldigen.

Klingelte nachts wieder einmal die Alarmanlage, marschierte Scobie zur Tür, wo er die bald darauf erscheinenden Polizisten schwanzwedelnd begrüßte. Siân Phillips fand: »Scobie personifizierte unser Familienleben: süß und ein wenig verrückt.«[14]

O'Toole mochte Scobie vielleicht gerade deswegen – und als der Hund mit vierzehn Jahren in seinem Korb neben dem Sessel seines Herrn starb – oder, um es mit O'Tooles Worten zu sagen »stinkfein einen letzten Lebewohl-Furz fahren ließ, die treuen Guckerchen schloss und seinem Schöpfer gegenübertrat, um diesen ins Bein zu beißen«[15] – war es für ihn, als ob eine Ära zu Ende ginge.

Tatsächlich war der Abschied von Scobie nur der erste aus einer ganzen Reihe von Abschieden, die ihm noch bevorstehen sollten. Peters Partner Jules Buck war über die Entwicklung der gemeinsamen Firma Keep Films nicht glücklich. Keep Films hatte immer noch an den Verlusten zu knabbern, die man mit *The Ruling Class* gemacht hatte, außerdem zerschlug sich ein seit längerer Zeit in Zusammenarbeit mit der BBC vorbereitetes Projekt, in das O'Toole und sein Partner Jules Buck schon einiges investiert hatten. Das schon vorher angespannte Verhältnis zwischen O'Toole und Buck wurde daraufhin so problematisch, dass sie die Trennung vorbereiteten. Siân Phillips konnte es nicht fassen: »Jules, der unser Leben gemanagt, unsere Finanzen verwaltet, O'Tooles Filmkarriere gesteuert und alle nur vorstellbaren Probleme gelöst hatte ... Jules und Joyce, meine ›Familie‹, seit ich verheiratet war ...«[16]

O'Toole flüchtete nach Mexiko. Seine Frau hielt ihn nicht auf. Die beiden hatten sich schon zu weit voneinander entfernt. »Es sagt eine Menge über meinen halbparalysierten Zustand aus, dass mir nicht einmal die Idee kam, ihn über sein Leben in diesem Land und eine mögliche Beziehung zu jemand dort zu befragen. Ich wollte von ihm wissen, ob ich einige Zeit alleine in Connemara verbringen könne. Er wies darauf hin, dass das irische Haus nicht mir gehöre und meine Anwesenheit dort nicht akzeptabel sei.«[17]

Die Eiszeit war ausgebrochen. Als O'Toole sechs Wochen später, im Februar 1977, nach London zurückkam, einigte er sich mit seiner Frau auf eine Trennung. Sie zog am 22. Februar 1977 aus dem gemeinsamen Haus in Hampstead aus. Die siebzehnjährige Tochter Kate, ihre vierzehnjährige Schwester Pat und Siâns Mutter Sally Phillips blieben bei Peter. Dennoch wurde es einsam um ihn, denn auch die Partnerschaft mit Jules Buck war nicht mehr zu retten und zerbrach nun vollends. Keep Films Inc. wurde aufgelöst, Jules Buck und Peter O'Toole gingen von nun an getrennte Wege.

Auf den ersten Blick könnte man es für Zufall halten, dass die O'Toole'sche Ehe und seine Partnerschaft mit Jules Buck in dieser Phase auseinander gingen. Und es erscheint paradox: Sowohl Siân Phillips wie auch Jules Buck hatten die Jahre, in denen O'Toole zu viel trank, im Suff randalierte, ständig Streit anfing, Mobiliar zerlegte und sich prügelte, an seiner Seite durchgestanden. Siân hatte ihn gedeckt, wenn er wegen eines Katers nicht ansprechbar war. Sie hatte ihm mehr als einmal vergeben, wenn er sie in volltrunkenem Zustand mit nicht eben wohlgesetzten, aber dafür um so deutlicheren Worten beschimpft hatte. Sie hatte ihm oft genug verziehen, wenn er sie blamiert hatte, wie zum Beispiel bei einer ihrer Premieren, bei der ihre Kollegen auf dem Weg zur Bühne über O'Toole hinwegsteigen mussten, der beschlossen hatte, im Garderobengang seinen Rausch auszuschlafen. Auch Jules Buck hatte immer wieder mit den Folgen von O'Tooles Alkoholproblem zu tun gehabt. Er hatte mehr als einmal zusammen mit Peters Anwältin Denise Sée vor Gericht gekämpft, er hatte mehr als einmal Kaution gestellt und seinen Charme eingesetzt, um Peter aus irgendeiner selbst verursachten Bredouille herauszuboxen.

Man sollte meinen, dass der Tag, an dem Peter O'Toole der Flasche abschwor, für Siân Phillips und Jules Buck ein Freudentag gewesen sei, dass für sie damit eine neue, bessere Zeit begonnen hätte. Und tatsächlich hatte Peter den Alkohol ja mit derselben Konsequenz aufgegeben, mit der er ihn vorher geschluckt hatte. Er bestand zwar darauf, dass die Bar in Guyon House immer gut gefüllt war, er bot auch weiterhin jedem Gast einen Drink an, und er verbrachte weiterhin viele Abende im Pub. Aber er hielt sich in dieser Zeit konsequent an das Alkoholverbot seiner Ärzte – so konsequent, dass ein Freund witzelte: »Nur Peter kann versuchen, Abstinenz zu einer Art Kunst zu erheben.«[18] Doch seine Frau war enttäuscht: Für seine Gesundheit hatte er aufhören können – warum hatte er es nicht für sie und die Kinder getan?

Ein mit Suchtproblematik vertrauter Psychologe würde ihr die Frage wahrscheinlich so beantworten: »Weil Sie ein Teil seines Problems waren, Madame!« Ebenso war es Jules Buck – und daraus resultiert, dass die beiden zwar mit dem trinkenden Genie, aber nicht mit dem nüchternen Peter umgehen konnten. In der Suchtpsychologie ist das Phänomen bekannt: Der Patient zieht »Co-Süchtige« an, angefangen von einer Ehefrau, die in der Rolle der Märtyrerin, die unter seinen Exzessen leidet, der Anteilnahme ihres Umfeldes sicher ist. Sie kann sich außerdem der Verantwortung für ihre Beziehung entziehen, denn, so argumentieren die »co-süchtigen« Ehefrauen oft, sie können ja im Interesse ihrer Kinder nicht viel anderes tun als die Folgen seiner Sucht aufzufangen. Und sie kann, so sagt sie – und das natürlich wieder wegen des Zusammenhalts der Familie – den Süchtigen auch nicht verlassen, denn dann würde er ja vollends abstürzen und in der Gosse enden.

Siân Phillips sieht das heute selbst sehr klar: »Ich war Teil der großen Konspiration, die sich bemühte, O'Toole vor den schmerzlichen Konsequenzen seines Verhaltens zu bewahren.«[19]

Typisch für das Zusammenspiel zwischen dem Süchtigen und seinen Co-Süchtigen ist auch, dass er ihnen das Gefühl gibt, sie zu brauchen und sich in nüchternen Phasen bei ihnen für ihren Beistand bedankt. So fühlen sich vor allem Frauen, die ihren Partner sonst als übermächtig empfinden, in ihrer Beziehung sicher. Auch dieses Muster bestätigt Siân Phillips: »Ich wurde geliebt – sehr sogar ... Es gab Zeiten, in denen mir für meine Hilfe gedankt wurde. Es gab Zeiten, in denen er mich um Vergebung und meine weitere Nachsicht bat.«[20]

Auch die Rolle des unterstützenden Freundes, die in seinem Fall von Jules Buck übernommen wurde, ist den Psychologen bekannt. Er definiert sich darüber, dass er rettet, was der Freund verbockt hat – und je mehr Geschick er darin entwickelt, desto mehr kann er sich des Beifalls seiner Umgebung und der Dankbarkeit des »Geretteten« sicher sein.

Indem O'Toole mit dem Trinken aufhörte, brachte er die in siebzehn Jahren eingeschliffenen Strukturen nicht nur durcheinander, sondern löste sie auf. Die Trennung von seiner Frau und seinem Partner scheint in diesem Zusammenhang folgerichtig: O'Toole musste, nachdem er sich aus den alten, krank machenden Lebensformen gelöst hatte, neu anfangen.

Um aber Missverständnissen vorzubeugen, muss an dieser Stelle erwähnt werden, dass O'Toole wahrscheinlich – im strengsten Sinne der ärztlich angewandten Definition – nie wirklich »alkoholkrank« war. Er trank zu viel, er zog seine Umgebung in Verhaltensweisen hinein, die normalerweise im Umfeld von Alkoholsüchtigen auftreten, aber selbst in schlimmsten Phasen scheint er nie körperlich oder psychisch abhängig gewesen zu sein. Von ihm wurde zwar oft behauptet, dass er bei der Arbeit betrunken gewesen sei, aber wenn es, wie zum Beispiel beim Prozess um *Der Löwe im Winter*, zum Schwur kam, konnte es ihm nie nachgewiesen werden. Das stärkste Argument gegen eine wirkliche Alkoholabhängigkeit ist aber, dass O'Toole in den letzten Jahren bewiesen hat, dass er kontrolliert mit Alkohol umgehen kann. Er trinkt inzwischen gerne wieder einmal ein Glas Guinness, Bollinger oder sogar Cognac, doch betrunken oder auch nur beschwipst wurde er seit den frühen Siebzigern nicht mehr gesehen.

Im Rückblick kann man sagen: Für O'Toole waren Krise und Absturz die Chance für einen Neuanfang. Was die Arbeit anging, musste er allerdings für längere Zeit kleinere Brötchen backen. Er war nach seinem langen Ausfall pleite. Jener Teil seines Vermögens, der die Pause und die Firmenauflösung überstanden hatte, war fest in Fonds für seine Töchter angelegt. Jetzt konnte er sich die Angebote nicht mehr aussuchen, sondern musste nehmen, was einigermaßen annehmbaren Verdienst versprach.

Umso mehr freute er sich über eine Offerte von der BBC – und das nicht nur, weil der angebotene Filmtitel *Rogue Male* – der deutsche Buchtitel lautet »Einzelgänger, männlich« – so gut zu seiner aktuellen Situation passte. *Rogue Male*, nach einem Roman von Geoffrey Household, war der erste Film seit langem, in dem O'Toole wieder jene Intensität zeigte, die seine großen Erfolge ausgemacht hatte. Endlich hatte er wieder ein Projekt gefunden, an das er sein Herz hängen konnte. Daher lohnt es sich, auf *Rogue Male*, obgleich in Deutschland nicht sonderlich bekannt geworden, ein wenig genauer einzugehen.

O'Toole hatte das Buch, das Household 1939 veröffentlicht hatte und das ein Bestseller geworden war, erst 1959 kennen gelernt. Seine Frau war darauf zu sprechen gekommen, als er ihr von seinem Kindheitstraum, ganz alleine gegen Hitler ins Feld zu ziehen, erzählt hatte. Er war fasziniert von der Geschichte des englischen Adeligen, der beim Versuch, Hitler zu erschießen, ertappt wird, entkommt und dann bis nach England verfolgt wird. Der *Rogue Male*, der im Buch übrigens keinen Namen hat, muss ihm wie ein Bruder im Geiste erschienen sein. In seinen Memoiren schreibt er über die Geschichte und liefert am Ende eine Art Credo: »... in den Gedanken und Handlungen von Geoffrey Households Titelfigur [kommt] die nicht unumstrittene Vorstellung des Autors zum Ausdruck, all uns Sterbliche verbinde eine nicht näher zu benennende Eigenschaft.« O'Toole führt dies weiter aus, und mit seiner Sichtweise auf den männlichen Einzelgänger innerhalb der Gesellschaft verrät er uns auch etwas über sich selbst. Er schreibt Households Held und den Menschen in seiner Umgebung in Notsituationen wie der des Rogue Male untereinander »ein gegenseitiges Erkennen verbindender und grundsätzlicher Eigenschaften« zu. O'Toole bringt mit dieser Vision etwas zum Ausdruck, das wohl seine eigenen Hoffnungen und Träume widerspiegelt; dieses gegenseitige Erkennen sei »ein ganz intuitiv begründetes Mitgefühl mit dem jeweils anderen, das über den gemeinsamen Besuch von vier Kneipen- oder Bartresen ebenso hinausgeht wie über die Grenzen zwischen den Oberen und den Unteren Zehntausend, dem, der Platte, und dem, der Kohle macht, Offizieren und Mannschaften, denen, die arbeiten, und denen, die es lassen, Männlein, Weiblein, Prinz, Bettelknabe, Hinz, Kunigunde, Hautfarbe oder Sprache.« Und nachdem er so mit Worten gespielt hat – wobei dem aufmerksamen Leser seiner Memoiren sehr schnell klar wird, dass er vorwiegend dann Sprachpurzelbäume schlägt, wenn ihm etwas sehr wichtig ist –, bringt er es dann klar und deutlich auf den Punkt: Bei der »Qualität X«, die den Einzelgänger und sein Umfeld verbinde, handle es sich um »das instinktive Erkennen, dass, unter bestimmten Umständen und für einen gewissen Zeitraum, der eine sich auf den anderen verlassen kann.«[21]

Das Angebot, den männlichen Einzelgänger zu spielen, war im richtigen Moment gekommen. »Dereinst, eines irischen Tages in Inchgoole, verlassen, der Hund kürzlich gestorben, anderes hatte sich nicht zum Besseren gewendet, der Regen herabpeitschend, am eigenen Billardtisch Schmach erlitten, in der Polizeiwache beim Pokern die Pennys perdu, das Bäuchlein tat weh ...«, beschreibt er seine Stimmung an dem regnerischen Tag, an dem seine Einsamkeit durch einen Anruf unterbrochen wurde. Am Telephon war ein alter Freund, ein Produzent von der BBC. Er wollte wissen, ob Peter schon einmal von dem Buch »Rogue Male« von Geoffrey Household gehört habe. Und als Peter bejahte, offenbarte ihm der alte Freund, dass die BBC daran denke, das Buch zu verfilmen – und ob Peter an der Titelrolle interessiert sei? Ob er ihm das Drehbuch schicken dürfe? Er durfte. O'Toole schreibt dazu in seinen Memoiren: »An irgendeinem Punkt in meiner beruflichen Laufbahn bekam ich ein eigentümliches Gespür dafür, einem mir übersandten Drehbuch bereits am Umschlag anzusehen, ob es etwas taugt oder nicht. Das Drehbuch, das Solly mir zu senden versprochen hatte, traf ohne Umschweife ein – und sein Umschlag sah gar nicht einmal schlecht aus.«[22]

O'Tooles kleiner Aberglaube – übrigens nicht sein einziger, denn er meint auch, dass es ihm Glück bringe, immer irisch-grüne Socken zu tragen – hatte ihn nicht getrogen. Das Skript sah noch besser aus als der Umschlag, mit Regisseur Cliff Donner traf er auf einen alten Freund, und bei den Dreharbeiten in Dorset fühlte er sich wohl. Mehr noch: Er hatte das Gefühl, etwas abschließen zu können, was ihn seit der Kindheit umgetrieben hatte.

Mit *Rogue Male* konnte er an alte Erfolge wieder anknüpfen. Die Kritik mochte ihn in der Rolle, das Publikum war begeistert, und zudem brachte die Produktion ihm einen Fernsehpreis ein.

1979 schien das Ende des Tunnels in Sicht. Die Ehe zwischen Siân Phillips und Peter O'Toole wurde geschieden. Sie heiratete kurz darauf in dritter Ehe ihren »Scheidungsgrund« Robin Sachs (von dem sie inzwischen auch wieder geschieden ist). Auch O'Toole war nicht mehr alleine. Seine mexikanische Freundin »Malinche« Verdugo war nach London gekommen und machte an der Theaterschule des Old Vic unter Anleitung von Peters altem Freund Nat Brenner eine Ausbildung als Regie-Assistentin. Und er war wieder im Geschäft. Er drehte mit Burt Reynolds in Afrika *Zulu Dawn* (in Deutschland erschienen unter dem Titel *Die letzte Offensive*) und anschließend mit dem von ihm sehr geschätzten Donald Pleasance *Power Play*.

Der nächste Film führte ihn nach Hollywood. Allerdings hatte er Startschwierigkeiten. *The Stuntman* (in Deutschland erschienen unter dem Titel *Der lange Tod des Stuntman Cameron*) wurde nämlich nicht von einer der großen Produktionsfirmen gemacht, sondern war zunächst einmal das »Baby« von Regisseur Richard Rush, der die rabenschwarze Satire über einen egozentrischen Filmemacher, der bereit ist, einen ihm ausgelieferten jungen Mann seinem Ehrgeiz zu opfern, auch geschrieben hatte. Richard Rush hatte lange gebraucht, bis er den Film überhaupt realisieren konnte, sein Budget war – gemessen an den großen Hollywood-Filmen – bescheiden, aber er hatte das Glück, dass sein Hauptdarsteller so viel auf die Nase bekommen hatte, dass er sie nicht mehr gar so hoch trug. Außerdem muss es O'Toole auch bei *Der lange Tod des Stuntman Cameron* erschienen sein, als ob er ein loses Ende wiederaufnehmen könne. Er hat später zugegeben, dass in seine Darstellung des Eli Cross die Erinnerung an den inzwischen zum Ritter geschlagenen Sir David Lean einfloss. Zudem betrieb er, der in seiner Jugend für »Method Acting« nicht sonderlich viel übrig gehabt hatte, jetzt Milieustudien: Er mietete sich für die Dauer der Dreharbeiten in ein kleines Appartement in einer Ecke von Los Angeles ein, in der vorwiegend jene leben, die es in das Zentrum der Stadt der Träume noch nicht geschafft haben. Er mochte diese Gegend, er mochte die Menschen dort, und er genoss es, in der Anonymität dort mehr Ruhe zu finden, als ihm in einer Suite in einem der Nobelhotels in Beverly Hills vergönnt gewesen wäre. Allerdings war er wieder allein. Von einem Journalisten gefragt, ob er, nachdem er nun geschieden sei, wieder heiraten wolle, antwortete er: »Ich habe die Ehe probiert. Ich habe eine Menge Übung darin und bin nicht in Eile, mich wieder zu verheiraten.«[23] Ihm fehlte auch die Heiratskandidatin, denn seine Beziehung zu »Malinche« Verdugo hatte sich als nicht alltagstauglich herausgestellt.

Wahrscheinlich litt er nicht sehr darunter, denn während Richard Rush für *Der lange Tod des Stuntman Cameron* einen Verleiher suchte, war O'Toole schon wieder ein Stück weiter: Er verhandelte in London über seine Rückkehr ans Old Vic Theatre und bereitete sich gleichzeitig darauf vor, in Israel die später hochgerühmte Fernsehminiserie *Masada* zu drehen. Von der Rolle des römischen Feldherrn Cornelius Flavius Silva war er so begeistert, dass er sich zu dem Ausspruch verstieg: »Ich habe das Gefühl, dass der General Silva in ›Masada‹ T. E. Lawrence wegwischen wird.«[24] Ganz so großartig wurde es dann zwar mit *Masada* nicht, aber O'Toole fühlte sich wieder im Aufwind – und ging nun daran, eine alte Rechnung zu begleichen.

Lord Laurence Olivier hatte ihn – verräterisch im Hinblick auf die Position, an der er sich selbst am Theaterhimmel sah – einst »den Sohn, an dem ich Wohlgefallen habe«, genannt. Die Kritiker waren mit ihm einig gewesen, für sie besetzte der junge O'Toole den Rang des Kronprinzen. Nun war der König tot, und der Kronprinz mit achtundvierzig Jahren endgültig der Rolle des »hoffnungsvollen Nachwuchsschauspielers« entwachsen. Doch vor der Thronübernahme stand die Prüfung in der Königsdisziplin: O'Toole, der lange Jahre nicht mehr auf einer Londoner Bühne gestanden hatte, der seit dem *Hamlet* unter Olivier nie mehr Shakespeare gespielt hatte, musste sich in einem Stück des größten englischen Tragödiendichters beweisen. Und wo, war klar: 1980 befand sich »seine« Truppe, die Old Vic Company, wieder einmal in finanziellen Schwierigkeiten. Und wie er einst nach Bristol galoppiert war, um dort aus tiefroten schwarze Zahlen zu machen, so eilte er nun, um der Londoner Old Vic Company mit seinem Namen und Enthusiasmus zur Hilfe zu kommen. Dafür griff er nach den Sternen, nach seiner Traumrolle seit früher Jugend: *Macbeth*. Und weil er sich oft und ausführlich darüber geärgert hatte, was »moderne Regisseure« mit seinem geliebten Shakespeare anstellten, beschloss er, die Sache selbst in die Hand zu nehmen. Er hatte sehr dezidierte Vorstellungen davon, wie die blutige Saga vom schottischen Clanführer und seiner ehrgeizigen Frau gespielt werden sollte. Diese Vorstellungen reichten weit über die Interpretation der Titelrolle hinaus. O'Toole wusste, wie bei »seinem«

Macbeth das Bühnenbild aussehen sollte, er hatte sich Gedanken über die Kostüme gemacht und über die Besetzung jeder, aber auch der kleinsten Nebenrolle. Dabei war er sich des Risikos voll bewusst. Seinem Freund Kenneth Griffith sagte er: »Ich verspreche dir eines: Es wird entweder ein enormer Erfolg oder die größte Niederlage in der Theatergeschichte.«[25]

Der *Macbeth*, der am 3. September 1980 im Old Vic Theatre in der Waterloo Road Premiere hatte, wurde beides: Finanziell ein enormer Erfolg, der die Old Vic Company rettete – und künstlerisch die größte Niederlage in der englischen Theatergeschichte. Dabei scheint es, als ob Peter O'Toole wieder einmal von Murphys Gesetz verfolgt worden wäre: Alles, was nur schief gehen konnte, ging schief. Der Misserfolg ging nicht nur zu Lasten unglücklicher Umstände. O'Toole selbst war daran nicht ganz unschuldig, seine Sturheit und Hybris trugen einen nicht zu kleinen Teil dazu bei. Er scheint es aber schon vorher geahnt zu haben: Nicht nur in seiner Ankündigung bei Griffith klingt das durch, sondern auch in einem Interview, das er Michael Owen vom ›London Evening Standard‹ gab: »Ich weiß, welches Risiko es ist. Ich weiß, dass Erwartungen damit verbunden sind.« Und dann, als ob er sich selbst Mut machen müsse: »Ich komme damit klar. Theater muss gefährlich sein, sonst funktioniert es nicht. Man kann nicht auf Sicherheit spielen.«[26]

Aber ein wenig mehr Sicherheit und vor allem Rückhalt von Seiten des Managements hätten ihm und seiner Produktion sicher nicht geschadet. Allerdings waren auch diese Probleme von ihm teilweise mitverschuldet. Die Anfänge dafür reichten bis in den Sommer 1979 zurück, als Toby Robertson noch künstlerischer Direktor der Company war. O'Toole, niemals ein großer Redner, verwechselte während einer Ansprache im Old Vic die Gründerin des Theaters mit einer anderen britischen Theatergröße. Toby Robertsons Frau hatte O'Toole im Jahr zuvor in Kanada auf der Bühne gesehen und ihrem Mann berichtet, dass er sehr müde und krank gewirkt habe. Das nahm er zum Anlass, O'Tooles Durchhaltevermögen anzuzweifeln. Wenn, so dachte Toby Robertson laut nach, O'Toole schon bei einer kleinen Rede patzte, wie wollte er dann eine Rolle wie *Macbeth* durchstehen? O'Toole, mit einem Bein schon in Israel, tobte vor Zorn – und machte bei Andrew Leigh, dem Verwaltungsdirektor des Old Vic, der mit ihm die Vertragsverhandlungen zu führen hatte, sehr deutlich, dass er Robertsons Zweifel übel nahm.

Er weinte dann auch nicht eben, als Robertson kurz darauf seinen Hut nehmen musste. Mit seinem Nachfolger Timothy West, der selbst Schauspieler war und in *Masada* mitspielte, verstand sich Peter O'Toole zuerst einmal deutlich besser. Aber die Schwierigkeiten waren vorprogrammiert. West sagte später von ihren ersten Gesprächen bei den Dreharbeiten zu *Masada*: »Sein Enthusiasmus und seine Ideen zu Macbeth beeindruckten mich sehr. Von anderen Dingen war ich weniger angetan. Es schien mir, als ob ihm die notwendigen Kenntnisse über die zeitgenössische Praxis des Subventionstheaters fehlen würden.«[27]

Timothy West setzte darauf, dass Jack Gold, der als Regisseur vorgesehen war und mit Peter bei *Freitag und Robinson* gut ausgekommen war, es schon richten werde. Dummerweise sprang Gold aber kurz darauf wegen eines besseren Angebotes ab. Die Suche nach einem Regisseur wurde zu einem kleinen Drama im Drama: Die Kandidaten, die Timothy West wollte, wollte entweder Peter nicht oder – so berichtete West später – sie wollten Peter nicht, weil sie seine Ideen in Bezug auf das Stück zu extravagant fanden. Peter O'Toole schlug schließlich seinen Freund Bryan Forbes als Regisseur vor – und West, von der Suche ermüdet und mittlerweile unter Zeitdruck, stimmte zu, obwohl er nicht überzeugt war, dass Forbes, der praktisch keine Theatererfahrung hatte, der richtige Mann für den Job war.

West stimmte auch zu, als O'Toole einen mexikanischen Erfinder ins Spiel brachte, der versprach, pro Bühnenbild nur 2000 statt der sonst üblichen 12 000 Pfund zu benötigen. West war zwar skeptisch, stimmte aber zu. Später sagte er zu dieser Entscheidung: »Wir fühlten uns zu dieser Zeit verletzbar. Peter war durch Tobys Verhalten ihm gegenüber gekränkt, und wir dachten, wir schulden ihm etwas.«[28] Doch als der Versuch mit dem Mexikaner scheiterte, verschlechterten sich die Beziehungen zwischen West und O'Toole zunehmend und schlugen bald in Feindschaft um. O'Toole, in Sachen Loyalität schon immer kompromisslos, entschied nach dem Grundsatz: »Wer nicht für mich ist, ist gegen mich«, und agierte dementsprechend gegen West – wobei er nicht mehr unbedingt geneigt war, Rücksicht auf die Gesamtinteressen der Company zu nehmen. Er legte Timothy West Steine in den Weg, wo immer er konnte, und zu seiner Entschuldigung kann man nur anführen, dass er wieder einmal unter Druck stand und sich wahrscheinlich an die Zeit in Stratford erinnert fühlte, in der er zähneknirschend hatte hinnehmen müssen, was er als Illoyalität des Managements empfand. Nun wollte er nichts mehr hinnehmen.

Je näher die Premiere kam, desto chaotischer ging es im Old Vic zu. Timothy West fand O'Tooles und Bryan Forbes' Ideen zum Bühnenbild überholt und auf einer modernen Bühne nicht mehr praktikabel. Und was der von Forbes aus einer Filmproduktion eingebrachte Designer schließlich vorstellte, war in Wests Augen eine »billig – obwohl es gerade das nicht gewesen war – wirkende Dekoration«[29]. Die Kostüme – Peter O'Toole hatte dabei an etwas gedacht, was im Design an die Vignetten aus dem »Book of Kells« erinnerte – gefielen West auch nicht. Peter unterdessen passte weder das Büro, das man ihm im Old Vic freigeräumt hatte, noch mochte er das dortige Verwaltungspersonal. Also okkupierte er einen anderen Raum und engagierte auf eigene Kosten eine Freundin, die ihm assistieren sollte, es aber nicht lange tat – vermutlich, weil sie feststellte, dass er privat keinen Exklusivvertrag mit ihr hatte, sondern nebenbei heftig mit der zweiten Hexe, Trudie Styler, der späteren Mrs Sting, flirtete.

So ging es weiter. Peter gab Pressekonferenzen, ohne sich mit West abgestimmt zu haben; er feuerte den von West engagierten Regie-Assistenten, der darauf lautstark verkündete, dass bei den Proben alles schief laufe, und O'Toole weigerte sich schließlich, mit Timothy West zu sprechen.

Die Londoner Gerüchteküche begann zu brodeln. Die Presse freute sich über jeden saftigen Brocken, den sie im Old Vic erhaschen konnte. Sehr viele Insider – inklusive O'Tooles altem Opponenten

Sir Peter Hall – glaubten schon vor der Premiere zu wissen, dass der *Macbeth* ein Flop werden würde.

Sie sollten Recht behalten und damit Timothy West Recht geben, der nach der Generalprobe jede Verantwortung für die Produktion abgelehnt und den Eintrag »Under the control of Mr. O'Toole« ins Programmheft erzwungen hatte. Am Abend des 3. September 1980 fiel Peter O'Toole als Macbeth in seinem geliebten Old Vic Theatre durch, wie selten zuvor jemand in der Theatergeschichte durchgefallen war. Es war nicht nur, dass das Publikum seiner Auffassung nicht folgen konnte, oder dass es kein Gefallen an den Unmengen von Blut fand, die über die Bühne schwappten – nein, es kam noch schlimmer: Als O'Toole bei seinem dritten Abgang auf der viel zu dunklen Bühne gegen ein Dekorationsstück prallte, begann das Publikum zu lachen – und dabei blieb es, bis der Vorhang fiel. O'Toole, dem völlig klar war, dass einiges schief gelaufen war, und wohl gedacht hatte, er könne es mit seinem Talent retten, hatte seine Grenzen gefunden.

Doch er hatte nicht nur das Gelächter und die Pfiffe während der Premiere durchzustehen. Er musste am nächsten Morgen auch noch die Kritiken ertragen. Die Verrisse waren vom Allerfeinsten. So schrieb zum Beispiel Jack Tinker in der ›Daily Mail‹: »Es wäre unfreundlich, Peter O'Tooles lang angekündigte Rückkehr ins Old Vic als totale Katastrophe zu beschreiben. Für eines sollte man ihm mildernde Umstände zubilligen: Er ist der erste Schauspieler, der es schaffte, dass ich während einer Vorstellung von ›Macbeth‹ kichern musste.«[30] Sein Kollege Michael Billington vom ›Guardian‹ fand, O'Toole habe mit einem »monotonen Tenor gebellt, als ob er zu einem Eskimo-Publikum spräche«[31]. Die anderen Kritiker waren kaum freundlicher – und zum ersten Mal in der britischen Theatergeschichte fanden die Verrisse nicht nur im Feuilleton statt. Nein, der Name O'Toole verhalf dem Desaster zur Erwähnung in Fernseh- und Rundfunknachrichten und zu Schlagzeilen auf den Titelblättern weit über England hinaus. O'Tooles Freund Kenneth Griffith, der zu dieser Zeit in Italien arbeitete, erinnerte sich später an seinen ersten Gedanken, als er dort an einem Kiosk die Schlagzeilen mit den Namen »O'Toole« sah: »Ich dachte, er sei umgebracht worden.«[32]

O'Toole fühlte sich wahrscheinlich, als ob er durch die Mangel gedreht worden wäre, und niemand, noch nicht einmal seine ärgsten Feinde, hätten ihm verübelt, wenn er sich nach der Premiere krank gemeldet hätte. Doch Peter O'Toole war nicht durch Aufgeben dahin gekommen, wo er war. Im Wissen darum, dass mindestens 90 Prozent der Zuschauer gekommen waren, weil sie wissen wollten, ob das Stück wirklich so schlecht war wie die Kritiken, stand er am nächsten Abend wieder auf der Bühne.

Allerdings waren Bryan Forbes und er nun wirklich wütend auf Timothy West, der nicht nur via Programmzusatz, sondern auch durch Statements gegenüber diversen Journalisten jede Verantwortung für die Produktion von sich gewiesen hatte. Als der Vorhang am zweiten Abend gefallen war, trat Bryan Forbes neben seinen erschöpften Hauptdarsteller an die Rampe und erklärte: »Meine Damen und Herren, wie Sie schon wissen, wurde heute der Dritte Weltkrieg ausgerufen. Wir bluten, aber sind ungebeugt.« Und dann schoss er eine Breitseite gegen West ab: »Ich habe immer gedacht, dass Judas einer der unsympathischsten Charaktere in der ganzen Menschheitsgeschichte war. Darum möchte ich heute sagen, dass ich mich weder von meinen Schauspielern noch von den Bühnenarbeitern, Beleuchtern und Tonmeistern distanzieren möchte. Im Gegenteil: Ich stehe zu ihnen, und ich applaudiere ihnen.«[33]

Das Gegenfeuer kam prompt: Forbes wurde als O'Tooles »Sprachrohr« angesehen, und West konterte mittels der Presse: »Wenn West Judas ist, gibt uns das eine Idee, für wen sich O'Toole hält.«[34]

Bei allen Streitereien und im Wissen, dass vieles sehr heiß – vielleicht zu heiß – gekocht wurde: Die ersten Vorstellungen von *Macbeth* waren lausig – das stritten nicht einmal O'Tooles Freunde ab. Nat Brenner war zu seiner Unterstützung herbeigeeilt und saß weinend in der Loge: »Er war nur noch ein Schatten seiner selbst. Ihm fehlte so offensichtlich die Energie. Das ganze Ding hatte keine Konzeption.«[35]

Es lief aber auch alles schief, was man sich nur vorstellen konnte. So zum Beispiel am dritten Abend: Im Old Vic war eine Bombendrohung der IRA eingetroffen, das Haus musste noch vor der Vorstellung geräumt und durchsucht werden. Kaum war das Theater von der Polizei wieder freigegeben, kam die nächste Bombendrohung. Die Vorstellung musste endgültig abgesagt werden – und O'Toole war frustriert, weil er das Gefühl gehabt hatte, das Stück beim dritten Anlauf in den Griff bekommen zu können.

Offenkundig gelang es ihm aber auch an den nächsten Abenden nicht. Selbst Joe O'Connor konnte seinen sonst so geschätzten alten Freund nicht loben. Er suchte nach einer Erklärung: »Seine Wahl war falsch. Er war krank gewesen – und um Macbeth zu spielen, muss man körperlich in Topform sein ... Macbeth ist eine Rolle, in der man niemanden als Unterstützung hat ... Ich kann verstehen, wie alleine er sich gefühlt haben muss. Aber es war eine Herausforderung, und das kann ich auch verstehen. Der Fehler war einfach, dass er zu viel auf einmal gewollt hat.«[36]

O'Connor brachte es auf den Punkt: O'Toole hatte sich übernommen. Aber er war nicht nur gesundheitlich, sondern auch psychisch belastet. Zur Premiere war, wie immer, wenn er in England auf der Bühne stand, seine Mutter im Publikum gewesen. Peter hatte sie mit einem Krankenwagen aus der Klinik holen lassen, in der sie wegen einer Krebserkrankung behandelt wurde. Sie starb kurz darauf, noch während die Produktion im Old Vic lief; O'Toole hielt ihren Tod vor der Presse geheim. Er wollte keinen Mitleidsbonus.

Vielleicht war es wenigstens eine kleine Genugtuung für ihn, dass Toby Robertson, der Vorgänger seines Opponenten Timothy West, sich nun in den öffentlichen Streit einmischte und West vorwarf, es sei ein schwerer Fehler gewesen, sich der Verantwortung für die Produktion zu entziehen. Wer, so überlegte Robertson, wolle denn noch am Old Vic inszenieren, wenn er fürchten musste, dass das Management ihm kurz vor der Premiere in den Rücken falle?

Zudem zeichnete sich schon jetzt eine erstaunliche Entwicklung ab: Der *Macbeth* war das Thema bei allen Theaterinteressierten in Europa, und dementsprechend war das Theater jeden Abend bis zum letzten Platz ausverkauft. Die Vorverkäufe für die Tournee, die am 13. Oktober 1980 in Birmingham begann, waren ebenfalls hervorragend. Der *Macbeth* war zwar in London zerrissen worden, aber er war unbestreitbar ein finanzieller Erfolg, der die verschuldete Old Vic Company rettete.

Auf der Tournee gab es noch mehr Balsam auf O'Tooles verwundete Seele. Es mag sein, dass es daran lag, dass er »Macboot«[37] (Boot – der Stiefel, von dem er sich getreten fühlte), wie er das Stück mittlerweile nannte, nun wirklich besser im Griff hatte; vielleicht auch daran, dass er – trotz der schlaflosen Nächte und der Trauer um seine Mutter – wieder besser in Form war oder dass Publikum und Kritik in der »Provinz« nicht so kritisch waren wie in London. Auf jeden Fall klangen die Rezensionen, die O'Toole unterwegs bekam, sehr viel freundlicher als die Londoner. So fand die ›Birmingham Post‹ O'Toole »großartig«[38], und der ›Coventry Evening Telegraph‹ bescheinigte seinem *Macbeth* »emotionale Substanz«.[39] Am 22. November 1980, zurück im Old Vic, war sogar O'Toole mit seiner Vorstellung zufrieden: »Oh, die Befreiung – dieses Gefühl, es geschafft zu haben.«[40] Dennoch war er froh, am 10. Dezember 1980 die letzte Vorstellung geben zu können – und bei der Endabrechnung zu erfahren, dass sein *Macbeth* tatsächlich 200 000 Pfund eingespielt hatte.

Doch O'Toole hatte noch einiges dazu zu sagen. Nachdem West seinen Plan, 1981 im Old Vic *König Lear* aufzuführen, abgelehnt hatte, redete O'Toole in einem Interview Klartext. Er rechnete den finanziellen Erfolg vor, verwies darauf, am Ende sogar die Presse überzeugt zu haben, und wurde dann sehr deutlich: »Wir haben eine tolle Truppe. Aber ich habe keine Ahnung, ob sie zusammenbleiben wird, denn ich wurde von der Planung für 1981 ausgeschlossen. Mein Herz hat immer dem Old Vic gehört und wird ihm immer gehören. Es ist das letzte anständige Theater in London. Aber es wird von Bürokratie erdrückt – leider.« Als er weitersprach, hörte man ihm die Enttäuschung an: »Zu der Art und Weise, wie man sich von unserer Produktion distanziert hat, fehlen mir die Worte. Mir fällt kein Kommentar dazu ein. Wenn jemand einen Streit mit mir will, dann soll er anfangen. Aber es ist niemand gekommen. Jede Menge Leute haben den Zeitungen etwas gesagt, aber niemand mir ins Gesicht. Sie sollen es mir ins Gesicht sagen. Mehr will ich gar nicht.«[41]

Drei Tage später machte er dann Nägel mit Köpfen. Die Presse bekam folgendes Statement: »Das Old Vic, wie es zwischen 1930 und 1960 existierte, war meine Kinderstube und Inspiration. Ich fühlte mich privilegiert, meine Lehrlingszeit im Licht der Tradition und der Wertvorstellungen des Old Vic abdienen zu dürfen.« Darum habe er, von Robertson um Hilfe zum Wiederaufbau der Company gebeten, auch sofort zugestimmt. Er betont, wie sehr seine Kollegen und er sich nach den »ungünstigen Kritiken« zu *Macbeth* ins Zeug gelegt hätten, und er kann sich natürlich den Hinweis darauf, dass diese viel gescholtene Produktion immer vor vollen Häusern gelaufen sei und letztendlich die stattliche Summe von 200 000 Pfund in die Kassen des Old Vic gebracht habe, nicht verkneifen. Und ebenso wenig unterdrückt er seine Bitterkeit, als er im Weiteren ausführt: »... aber für die Leute, die momentan das Old Vic führen, ... ist das nicht genug, und darum trete ich heute von meiner Position als Associate Director zurück. Das Publikum wird am Ende darüber entscheiden, was Old-Vic-Tradition ist, und ich hoffe, ich werde ihr dann wieder dienen können.«[42]

Weihnachten 1980 – und Atempause. O'Toole zog sicher in diesen Tagen Bilanz. Was blieb unter dem Strich? Bei aller verletzten Eitelkeit, die während der letzten Monate seine Entscheidungen manchmal fatal beeinflusst hatte, bei aller Sturheit, zu der er fähig ist, ist er zu intelligent, sich selbst nur als unschuldiges Opfer widriger Umstände und böser Mächte zu sehen. Natürlich versuchte er, das Desaster zu relativieren. Durchaus begründet wies er darauf hin, dass die Londoner Kritik schon vor der Premiere für die Kombination so ungleicher Faktoren wie dem Filmstar O'Toole und Shakespeares *Macbeth* ein negatives Ergebnis errechnet habe. Er sah sich in einer Reihe mit Charles Laughton, der ebenfalls mit *Macbeth* gescheitert war, und

Laurence Olivier, dem bei seiner *Macbeth*-Premiere die Stimme weggeblieben war und der ebenfalls sehr durchwachsene Kritiken bekommen hatte. Fast trotzig wies O'Toole darauf hin, dass sein *Macbeth* wenigstens nicht mittelmäßig gewesen sei. Außerdem konnte er ja den finanziellen Gewinn und die freundlichen Kritiken während der Tournee auf der Habenseite verbuchen.

Was er wohl nicht darauf geschrieben hat, weil es für ihn eine Selbstverständlichkeit war: Er hat bei allen Fehlern, die man ihm vorwerfen kann, während dieser Produktion Größe gezeigt. Er hatte nicht aufgegeben, er war nach katastrophalen Kritiken im Wissen, dass er ausgelacht werden würde, Abend für Abend wieder auf die Bühne gegangen. Er hatte es durchgestanden, ohne zu resignieren und in seinem Bemühen nachzulassen. Egal, wie scharf geschossen wurde, seine Loyalität zu seiner Truppe war unerschütterlich geblieben. Davor muss man den Hut ziehen.

Hollywood hatte ein kleines Trostpflaster für O'Toole: *Der lange Tod des Stuntman Cameron* hatte endlich einen Verleiher gefunden und war im Kino. Es war zwar nur ein kleiner Start ohne jegliche PR-Kampagne gewesen, aber das hinderte Publikum und Kritik nicht, *Der lange Tod des Stuntman Cameron* zu entdecken und zu lieben. Peter O'Toole, von vielen in Hollywood schon abgeschrieben, war wieder da – und wurde zum sechsten Mal für einen Oscar nominiert. Er bekam ihn nicht. So weit wollte man sich in Hollywood dann doch nicht mit ihm einlassen. Aber nachdem er in zweiundsiebzig Vorstellungen *Macbeth* bewiesen hatte, dass er voll belastbar war, kamen auch wieder Angebote. Eines davon war die Hauptrolle in *My Favorite Year* (in Deutschland erschienen unter dem Titel *Ein Draufgänger in New York*), einer Komödie, von der O'Toole in einem Fernsehinterview einmal lachend sagte, dass sie unwiderstehliche Möglichkeiten zur Selbstparodie geboten habe. Alan Swann, den er in *Ein Draufgänger in New York* darstellte, war nämlich ein alternder, an der Flasche hängender Filmstar, der für eine Live Comedy Show reaktiviert wird. O'Toole spielte ihn mit Eleganz, Ironie, Charme und der ihm eigenen Intensität. Er wollte in den Action-Szenen nicht gedoubelt werden; wenn es die Rolle erforderte, mit dem Kopf gegen die Wand zu prallen, dann hielt er den Kopf hin. Seine Anstrengungen lohnten sich: *Ein Draufgänger in New York* brachte ihm die siebte Oscar-Nominierung. Er war wieder zurück an der Spitze.

Warum kam danach so lange kein großer Film mehr? Er hatte doch inzwischen bewiesen, dass man sich auf ihn verlassen konnte, dass er immer noch Menschen ins Kino zog. Und er war ruhiger geworden, gelassener. Auch im Studio ließ er es lockerer als früher angehen. Jodie Foster, die 1982 in New York mit ihm die TV-Produktion *Svengali* (in Deutschland erschienen unter dem Titel *Obsession – Die dunkle Seite des Ruhms*) spielte, erzählte später amüsiert, man habe ihren Partner meist mehrfach aufs Set rufen müssen. Meist sei er nämlich mit Plaudern beschäftigt gewesen. »Aber niemand war jemals ärgerlich auf ihn, weil seine Geschichten so wundervoll waren.«[43]

Er war nicht mehr der schwierige junge Mann, der sich mit Regisseuren zoffte und durch private Eskapaden auffiel. Er war durchs Feuer gegangen, und es hatte die Schlacke weggebrannt. Nun war er fünfzig Jahre alt, ein gestandener Mann, der seinen Weg gefunden hatte.

Also, warum tauchte er die nächsten Jahre in keinem großen Film auf? Er war doch immer fleißig gewesen. Und nun? 1982/1983 begnügte er sich damit, eine Serie von Sherlock-Holmes-Trickfilmen zu vertonen, und schlüpfte für eine Fernsehproduktion in die vertrauten Pantoffeln von Shaws Professor Henry Higgins. 1984 erschien er als Lama in der Verfilmung von Rudyard Kiplings *Kim* und in einer Nebenrolle in *Supergirl*. 1985 stellte er den Dr. Harry Wolper in der entzückenden Komödie *Creator* (in Deutschland erschienen unter dem Titel *Der Professor oder Wie ich meine Frau wiedererweckte*; siehe auch Filmographie) dar, 1986 sah man ihn in einer relativ kleinen Rolle neben Robin Williams in *Club Paradise*. Wenig Auftritte für einen Mann, der vorher jahrelang so präsent gewesen war.

Der Grund für seine Filmabstinenz war – nein, keine Frau. Aber doch eine Frau, das amerikanische Photomodell Karen Somerville, war der

Ausgangspunkt für eine radikale Veränderung in O'Tooles Leben. Er hatte die schöne Blondine 1982 in Amerika kennen gelernt, sie hatten sich ineinander verliebt und eine stürmische Affäre angefangen. Und am 17. März 1983, dem St. Patrick's Day, gebar Karen Somerville in Dublin einen kleinen Jungen, Patrick Lorcan (gälisch für »Lawrence«) O'Toole.

My Favorite Year: der Vater

LONDON – NEW YORK – NEW JERSEY – IRLAND 1984–1989

Im Frühjahr 2001 wunderte sich die Journalistin Lina Das bei einem Interview darüber, dass der eigenwillige Einzelgänger O'Toole um eines Kindes willen sein ganzes Leben auf den Kopf gestellt hatte. Als sie ihn danach fragte, antwortete der sonst so eloquente Schauspieler lakonisch: »Natürlich war es richtig für mich, das zu tun ... Was sonst hätte ich tun sollen? Alle meine Kinder stehen mir sehr nahe.«[1]

Ob er damals, 1983 in Dublin, schon geahnt hatte, wie weit er für diesen seinen Sohn gehen würde? Sicher, er war stolz auf den kleinen Jungen mit den großen blauen Augen. Im Alter von fünfzig Jahren unerwartet noch einmal Vater zu werden, hätte vermutlich auch einen nicht so emotionalen Mann mit weniger Familiensinn tief berührt. O'Toole warf es fast um. Er sei »absolutely over the Moon«[2] wegen Lorcan, sagte Peters älteste Tochter Kate, zum Zeitpunkt der Geburt ihres Halbbruders dreiundzwanzig Jahre alt. Und O'Toole, der als Künstler schon fast alles erreicht hatte, fiel es vermutlich auch nicht schwer, beruflich kürzer zu treten. Er hatte immer bedauert, dass er wegen seiner vielen Reisen nur wenig von der Kindheit seiner Töchter miterlebt hatte. Die seines Sohnes wollte er nicht versäumen. Dabei spielte das Geschlecht des Kindes eine eher untergeordnete Rolle. O'Toole hatte Fragen danach, ob er nicht statt der Töchter lieber Söhne gehabt hätte, in der Vergangenheit nie verstanden. Seine Standardantwort war gewesen: »Ein Haus voller Frauen passt doch gut zu mir.«[3] Dass er nun einem Sohn ein so engagierter Vater war, lag wohl hauptsächlich daran, dass er ihn als zweite Chance begriff.

Dabei war seine Aussicht, dieses Glück miterleben zu dürfen, schon bei der Geburt des Jungen getrübt: Seine Beziehung zu Lorcans Mutter – die aus einer alten Yankee-Familie stammte – war schon vorher schwierig gewesen. Das gemeinsame Kind konnte die Liebe nicht retten. Lorcan war noch nicht aus den Windeln, als O'Toole und Karen Somerville sich trennten. Bald darauf fingen sie an, um Lorcan zu streiten. Als er den Sohn mitsamt der Nanny zu Dreharbeiten in die Karibik mitnahm, bezichtigte sie ihn der »Kindesentziehung« und klagte, er habe sie nur als »Zuchtstute« für den ersehnten Sohn benutzt.[4] Bald darauf verschwand sie dann mit dem Kind nach Amerika. O'Toole klagte um das Sorgerecht. Er wollte sich nicht auf die Rolle des Zahlvaters beschränken lassen, der den Sohn nur in den Ferien sieht. Er liebte den Jungen, er wollte mit ihm im Alltag leben, er wollte ihn aufwachsen sehen und war durchaus bereit, ein Rotznäschen zu putzen, Schlafliedchen zu singen und auf dem Boden herumzukrabbeln.

Es kostete ihn viel Zeit und Geld, einen amerikanischen Richter davon zu überzeugen, dass der Fünfjährige bei ihm in London besser aufgehoben war als bei der Mutter in Amerika. So ganz an den Erfolg seiner Klage scheint er selbst nicht geglaubt zu haben: Als er nach dem Urteilsspruch vor die Kameras trat, liefen ihm Tränen der Erleichterung über die Wangen.

Für O'Toole war von da an klar, dass er von nun an in erster Linie Vater und erst in zweiter Schauspieler sein würde. Er arbeitete nur noch so viel, wie zum Lebensunterhalt nötig war, und er wählte seine Engagements danach aus, ob sie sich mit seinen Pflichten als allein erziehender Vater vereinbaren ließen. Wenn er Theater spielte, dann ging der Vorhang eben nicht um 20 Uhr auf, sondern eine halbe

Stunde später – O'Toole konnte nicht früher, weil er vor der Vorstellung seinen Junior ins Bett brachte. Und gefilmt wurde bei O'Toole nur noch in London oder in den Schulferien. Dann konnte er seinen Sohn entweder zu den Dreharbeiten mitbringen, oder er war bei der Mutter in den USA.

Selbst alte Freunde von O'Toole staunten und freuten sich für ihn. Kenneth Griffith sagte: »Ich habe noch niemals einen Vater erlebt, der so eng mit seinem Sohn verbunden ist.«[5] Tochter Kate wusste über die Vater-Sohn-Beziehung: »Er liebt Lorcan. Sie machen alles zusammen – sie spielen Cricket zusammen, es hat seinem Leben einen neuen Aufschwung gegeben, ... und Lorcan ist ein großartiger Junge.«[6]

Inzwischen ist der großartige Junge achtzehn Jahre alt und immer noch Vaters ganzer Stolz. Das Talent scheint er geerbt zu haben, in der Schule spielte er begeistert Theater. Aber ob er Schauspieler werden will? »Im Moment will er, aber er könnte es sich morgen anders überlegen und Cricket-Profi werden. Und danach könnte er es sich noch einmal anders überlegen und Musiker werden«,[7] sagte der Vater. Aber eigentlich spricht er nicht gerne öffentlich über seine Kinder. 2001 sagte er einmal: »Ich mag es nicht, über meine Kinder zu sprechen. Sie haben ihre eigenen Stimmen und ihre eigenen Ansichten, und mein Sohn ist noch nicht einmal achtzehn. Wenn er es ist, kann er für sich selbst sprechen.«[8]

O'Toole spricht nicht gerne über seine Kinder, dennoch sei hier erwähnt: Die Töchter lassen ihre eigenen Stimmen durchaus gerne in der Nähe ihrer Eltern erschallen. Kate, von der Mutter wegen ihres Dranges nach Unabhängigkeit immer als das »schwierige Kind« empfunden, ging vor dem A-Level (dem Pedant zu unserem Abitur) von der Schule ab, jobbte mal hier, mal da, unter anderem auch als Kellnerin in einem sehr schicken Jazz-Club und entschloss sich dann erst, die Schule mit einem ordentlichen Abschluss zu beenden und Schauspiel zu studieren. Dabei bremste sie eine unglücklich verlaufene Liebesaffäre aus, der Vater sprang ein, um seinen »armen Liebling«[9] (so wird Kate heute noch genannt, wenn der Papa meint, dass sie trostbedürftig sei – zum Beispiel, nachdem ihr Hund auf einer

Tournee gestorben war) wieder aufzurichten und ihr neue Perspektiven zu zeigen. Er verschiffte sie in die USA, wo sie ihr Studium schließlich in Yale beendete.

1984 debütierte Kate O'Toole dann in Brendan Behans Stück *The Hostage* am Irisch Art Center in New York. Die Schlussvorstellung der Produktion wurde – zum Jubel des entzückten Publikums – durch einen überraschenden kleinen Gastauftritt ihres Vaters gekrönt.

Kate O'Toole lebt und arbeitet heute als Schauspielerin in Irland – und sie gibt ihrem Vater immer wieder Gelegenheit, stolz auf sie zu sein: Beispielsweise wurde sie 2001 vom British Art Council für ihre Rolle in *Three Tall Women* als »Beste Schauspielerin« mit dem Barclay Theatre Award ausgezeichnet und im Jahr darauf von der ›Irish Times‹ für *Dead Funny* in derselben Kategorie für den Irish Theatre Award nominiert.

Ihre Schwester Pat, von der Peter O'Toole einmal sagte, dass sie das Kind in seinem Trio sei, das ihm wesensmäßig am ähnlichsten sei, ging mit weniger Umwegen auf ihr Ziel zu: Sie beendete ohne Probleme die Schule, studierte und sammelte dann – unter anderem auf einer Tournee mit dem Vater – ihre ersten Erfahrungen als Stage Manager. Heute arbeitet sie als Regisseurin und Schauspiellehrerin in London.

Doch zurück in die Vergangenheit und zu den Veränderungen, die Lorcan O'Toole in das Leben seines Vaters brachte. O'Toole verbrachte seine Nächte jetzt nicht mehr in Pubs, sondern die meisten zu Hause mit einem Buch in der Hand. Er hatte keine Affären mehr. Er, der sein Liebesleben immer ausgesprochen diskret behandelt hatte, schloss die Öffentlichkeit nun ganz davon aus. Mehr als das Zugeständnis, dass es da »jemanden« gäbe, kann man noch heute nicht von ihm bekommen, und er sagte oft genug mit einem Lächeln, dass er sein Bett hauptsächlich mit Büchern teile, die wegzuräumen nur dem Sohn erlaubt sei. Er hatte immer begeistert gelesen. Nun vertiefte er seine Lektüre noch. Er beschäftigte sich immer noch, immer wieder und so intensiv mit Shakespeare, dass ihm inzwischen Literaturkenner wie der Shakespeare-Biograph Anthony

Holden zugestehen: »Der Mann weiß, wovon er redet.«[10] Er las über Anthropologie und Kunst und begann wieder zu schreiben.

Und da war noch das Thema Cricket – O'Toole ist immerhin in Yorkshire, der cricketverrücktesten Ecke im cricketverrückten England, aufgewachsen. Nachdem Peter mit seinem Sohn wieder angefangen hatte, Cricket zu spielen, betrieb er nun auch seinen Sport mit der ihm eigenen Gründlichkeit. Er hatte inzwischen ein Profitrainerdiplom erworben und trainierte das Schulteam des Sohnes.

»Schauspielerei ist nicht mein ganzes Leben«,[11] erzählte ein sehr entspannter O'Toole im Jahre 1987. Aber die Schauspielerei blieb wichtig für ihn – nicht nur, weil er nach dem teuren Sorgerechtsprozess die leere Kasse wieder auffüllen musste, sondern auch, weil er seine Liebe zum Theater auch nach dem Desaster am Old Vic nicht verloren hatte. Vor allem Shaws Stücke waren für ihn immer wieder unwiderstehlich: 1982/1983 stand er im Theatre Royal und im Cambridge Theatre in London als Jack Tanner in *Mensch und Übermensch* auf der Bühne. 1984 war es der Henry Higgins in *Pygmalion* am Shaftesbury Theatre in London, 1986 spielte er in Bath und im Londoner Theatre Royal den König Magnus in *Der Kaiser von Amerika*. Und während in New Jersey der Prozess um seinen Sohn lief, absolvierte O'Toole sein Broadway-Debüt, wieder einmal als Henry Higgins. Die Rezensionen waren eher durchwachsen, aber O'Toole war inzwischen endgültig über den Punkt hinweg, an dem Kritiken ihn irritieren konnten. Er nahm sie zur Kenntnis. Was für ihn wirklich zählte, waren die Reaktionen des Publikums. Die New Yorker mochten ihn, und damit war O'Toole zufrieden, obwohl er nie ein Amerika-Fan gewesen war und sich so wenig für das amerikanische Theater interessierte, dass er noch nicht einmal über den Tony, das Theaterpendant zum Oscar, Bescheid wusste – so lange, bis über seine Nichtnominierung dafür diskutiert wurde.

1987 konnte man ihn dann aber auch wieder einmal in einem großen Film auf der Leinwand sehen: Der italienische Regisseur Bernardo Bertolucci bekam als erster westlicher Filmemacher die Erlaubnis, in der Verbotenen Stadt, im ehemaligen Pekinger Kaiserpalast, zu drehen. Er verfilmte die Memoiren von Pu Yi, dem letzten Kaiser von China. In der Rolle des einzigen westlichen Protagonisten des Films, des schottischen Erziehers des jungen Kaisers Reginald Fleming Johnston, trat Peter O'Toole auf. Es lag sicher nicht nur an der Rolle, sondern auch an ihrem ruhiger gewordenen Darsteller, dass Johnston sehr gelassen, harmonisch und seinem Zögling gegenüber väterlich-liebevoll wirkt. O'Toole konnte aber auch immer noch den Bösewicht geben, so als Uncle Silas in *Dark Angel*, einer TV-Produktion. Nachdem er sich mit seinem Sohn eingerichtet hatte, arbeitete er auch wieder etwas mehr: 1988 und 1989 entstanden die nicht sehr erfolgreichen Filme *High Spirits* (in Deutschland erschienen unter dem Titel *High Spirits – Die Geister sind willig*), *Wings of Fame (Hotel zur Unsterblichkeit)* und *So Long As It's Love (Diese vitale Wut)* mit Nastassja Kinski.

Sein wichtigstes Projekt des Jahres 1989 war aber kein Film, sondern ein Theaterstück: O'Toole spielte den Jeffrey Bernard in Keith Waterhouses Stück *Jeffrey Bernard Is Unwell*. Und damit hatte er eine Rolle gefunden, die nicht nur seine eigene Vergangenheit berührte, sondern auch für seine späten Jahre noch sehr wichtig werden sollte.
O'Toole kannte den Londoner Journalisten Jeffrey Bernard, der für die Titelfigur des Stücks Pate gestanden hatte, schon viele Jahre. 1996 schrieb er im Vorwort zu einem Buch mit Bernards gesammelten Glossen: »Es ist praktisch vierzig Jahre her, seit Jeff und ich uns das erste Mal indirekt getroffen haben – und, wenn ich mich richtig daran erinnere, war es so: Ein hübsches Mädchen war sie. Groß und blond und blauäugig, mit langen, geschmeidigen Gliedern, anmutig und da, wo es darauf ankommt, exquisit ausgestattet.« O'Toole fackelte nicht lange – er flirtete heftig mit der hübschen Blondine, und die ließ es sich offenkundig nicht ungern gefallen. Doch als er ihr noch ein wenig näher treten wollte, hielt sie es wohl nur für fair und richtig, ihn darauf hinzuweisen, dass es da noch ein männliches Wesen gäbe, mit dem sie befasst sei – oder, anders ausgedrückt, das sich gerne mit ihr befassen würde. Bühnenarbeiter im Old Vic sei er, dieser andere Herr, erzählte das Mädchen.

O'Toole ließ sich davon nicht weiter irritieren. Selbstbewusst entschied er, dass ein Bühnenarbeiter doch nun wirklich kein Rivale für ihn, den kommenden Star, den Mann, dessen Name bald schon in blinkenden Lichtern an einem Theater im West End prangen würde, sein könne. Großzügig verkündete er: »Lass dir Zeit, Baby, wir sehen uns am Samstag ... Der Samstag kam – und ich schluckte Whiskey ... bis zum Abwinken, während mein zauberhaftes Objekt der Begierde am Arm eines Kulissenschiebers namens Jeffrey Hol-ihn-der-Teufel-Bernard hing. Er stand auf dem Siegertreppchen, ich war abgemeldet. Bastard!«[12]

Die Niederlage belastete die Beziehungen zwischen Bernard – später als Journalist mit seiner Kolumne »Low Life« im ›Spectator‹ ein prominentes Mitglied der Boheme von Soho – und O'Toole nicht. Wenn sie sich in einem Pub trafen, tranken sie den einen oder anderen miteinander, unterhielten sich über Pferderennen, Theater oder gemeinsame Bekannte und gingen dann wieder ihrer Wege. Dabei bewunderte Bernard O'Toole – und O'Toole las Bernards Glossen gern. Dennoch war er nicht die erste Wahl, als der in England sehr prominente Journalist und Autor Keith Waterhouse, den O'Toole aus der gemeinsamen Lehrzeit bei der Zeitung in Leeds kannte, 1988 auf die Idee kam, Bernards Biographie und seine Kolumnen in eine Komödie umzusetzen. Er bot das Stück John Hurt an, einem Freund von Bernard und ihm. Der aber gab es zurück und sagte Bernard, er glaube, dass es ein ziemlich gutes Hörspiel sein könnte, aber nichts für ihn. Doch Keith Waterhouse glaubte an sein Stück und schickte es Peter O'Toole. »Ich las das Ding. – Wann, süßer Keith, führen wir es auf?«[13]

Sein Wunsch wurde schon bald erfüllt, und Jeffrey Bernard war begeistert: »Peter kam zum ersten Probentag umwerfend gut und erstaunlich textsicher. Er mochte das Stück so sehr, nannte es schon ›mein Stück‹ und erzählte, dass er seinen kleinen Sohn Lorcan verrückt mache, weil er dauernd daraus zitiere.«[14]

O'Toole hatte aus seiner Bauchlandung mit *Macbeth* etwas gelernt. Die Welturaufführung von *Jeffrey Bernard Is Unwell* fand nicht in London statt. O'Toole hatte entschieden, dem West End zwei Wochen am Theatre Royal in Brighton vorzuschieben. Am 26. September 1989 stand er dort das erste Mal als Jeffrey Bernard auf der Bühne, und sein Titelheld kam aus dem Staunen nicht mehr heraus: Das Haus war gerammelt voll, jede Menge Freunde und Bekannte, aber auch die Presse waren aus London in die Küstenstadt gekommen. Nach der Vorstellung waren sie alle völlig begeistert.»Am nächsten Morgen deklarierten die Zeitungen – ebenso wie das Publikum am vorigen Abend – das Stück als einen Hit. Sobald ich wach war, ging ich, um Peter zu sehen, und brachte ihm die Lokalzeitungen mit, die er über unserem Kaffee so abgeklärt las, dass ich überrascht war. Er hatte offensichtlich überhaupt keine Zweifel daran gehabt, dass er und das Stück auf dem Weg zu einem großen Erfolg waren.«[15]

O'Tooles Gefühl täuschte ihn nicht. *Jeffrey Bernard Is Unwell* wurde auch in London gefeiert, und ein sehr stolzer Bernard genoss es, abends nach der Vorstellung einen Besuch in der Garderobe des Hauptdarstellers zu machen. »Er war immer umwerfend charmant und ebenso bezaubernd zu meiner Tochter oder Freunden und Bekannten, die ich mitbrachte. Der Star, der selbst in Jahren keinen Drink gehabt hatte, schenkte mir jedes Mal ein volles Glas ein.«[16]

O'Toole sprang auch für Bernard in die Bresche, als sich in den Londoner Blättern eine Grundsatzdiskussion über ihn und das Stück entwickelte. Schon in Brighton hatte ein Kritiker laut darüber nachgedacht, ob es nicht fragwürdig sei, einen Trinker wie Bernard so zu glorifizieren. In London schlugen die Wogen noch höher. Jack Tinker, derselbe, der Peter einst beim *Macbeth* mildernde Umstände zugestanden hatte, weil er ihn zum Kichern gebracht habe, griff nun Bernard an: »Um ehrlich zu sein: Ich wechsle Tische in Restaurants, um nicht neben ebendiesem Bernard zu sitzen. Er ist garantiert nicht so amüsant wie seine eigene Bühnenlegende, und leider habe ich von ihm nie ein anderes Benehmen gesehen als das eines traurigen, betrunkenen, alten Langweilers.«[17]

Die meisten Kollegen von Bernard fanden, er habe sein Leben und sein Talent vergeudet. O'Toole verteidigte Bernard. »Verschwender? Der Mann ist ein Gossenpoet!«,[18] sagte er im ›Evening Standard‹.

O'Toole jedenfalls genoss den Erfolg und freute sich über eine

Ehre, die ihm die Republik Frankreich 1989 zuteil werden ließ: Als »Chevalier des arts et lettres« wurde er mit dem höchsten Orden ausgezeichnet, den das Land für Künstler zu vergeben hat.

The Lion in Winter:
zurück in die Zukunft

LONDON
1989 BIS HEUTE

Er war sein Leben lang für Überraschungen gut, aber die, mit der er 1992 aufzuwarten hatte, kam für die Öffentlichkeit sehr unerwartet: O'Toole, der ein Leben lang geschrieben, manchmal auch darüber geredet, aber nie etwas veröffentlicht hatte, stellte den ersten Band seiner Memoiren »Loitering with Intent« vor. Der Titel ist kaum zu übersetzen – »Lümmeln als Kunstform« trifft es nur ungefähr. Dafür war das Buch – ein nur rund zweihundert Seiten langer Bericht über O'Tooles frühe Jahre – ein Treffer. Der von O'Toole stets hoch gelobte Schreiberkollege Keith Waterhouse fand es »bewegend und wunderschön geschrieben«[1] und setzte es in der ›Sunday Times‹ auf die Liste der »Bücher des Jahres«. Der ›Sunday Express‹ staunte: »O'Toole hat es geschafft, sich über Nacht in einen Schriftsteller zu verwandeln, der schauspielert.«[2] Und Sheridan Morley bestätigte in der ›Sunday Times‹ das Urteil von Waterhouse: »›Loitering with Intent‹, der erste Band seiner lang erwarteten Autobiographie, enthüllt eine faszinierende, neue Seite an Peter O'Toole – einen brillant begabten und einzigartig unterhaltsamen Schreiber ... Es ist das beste von einem Schauspieler geschriebene Buch, seit Dirk Bogarde sich an die Schreibmaschine gesetzt hat ... Die O'Toole-Memoiren sind, wie auch ihr Autor, eine Klasse für sich. Ich jedenfalls kann den Rest nicht erwarten.«[3]

Er würde noch ein wenig warten müssen. 1996 erschien zwar mit »Loitering with Intent – The Apprentice« der zweite Teil der Memoiren, aber wie schon der Titelzusatz »Der Lehrling« andeutet: O'Toole lässt sich beim Erzählen viel Zeit. Im ersten Band handelte er auf 200 Seiten seine Kindheit ab, der zweite Band ist zwar 406 Seiten lang, aber er beschäftigt sich hauptsächlich mit Peter O'Tooles erstem Jahr an der RADA. Dabei amüsiert er sich mit irischer Erzählfreude an Geschichten und Anekdoten. Einem amerikanischen Rezensenten wurde das offensichtlich zu viel, er schrieb den Seufzer nieder: »Er gibt sogar über seine Unterwäsche Auskunft.«[4] Man kann gespannt sein, worüber O'Toole im dritten Band, an dem er momentan schreibt, erzählen wird.

Schreiben ist aber nicht Peter O'Tooles einzige Beschäftigung. Er lässt sich nicht gerne festlegen, weder als Schauspieler noch als Autor. Auch wenn er in den letzten Jahren mit Angeboten für große Filme nicht gerade überschüttet wurde, hatte er gut zu tun. Für 1990 standen vier Projekte auf seiner Liste: Die TV-Produktion *Crossing to Freedom* (in Deutschland erschienen unter dem Titel *Der Rattenfänger*), in der er einen englischen Gentleman spielte, der während des Krieges einige Kinder aus dem umkämpften Frankreich rettete; er sprach den Pantaloon in *The Nutcracker (Der Nussknackerprinz)*, einem Zeichentrickfilm; er erschien in einer amerikanischen Dokumentation über David Leans Lebenswerk, und er traf schließlich bei *The Rainbow Thief* wieder mit seinem alten Freund Omar Sharif zusammen. 1991 ärgerte er sich über *King Ralph*: »Es sollte ein leichtherziger, schneller Scherz sein, der sich plötzlich in einen langweiligen, mühseligen Alptraum verwandelte.«[5] Außerdem spielte er in der französischen Produktion *Isabelle Eberhardt* an der Seite von Mathilda May einen französischen Oberst.
1992 wurde – mit O'Toole als Lord Sarn – das von einem seiner Lieblingsdichter, dem Waliser Dylan Thomas, hinterlassene Skript *Rebecca's Daughters* (in Deutschland erschienen unter dem Titel *Rebeccas Töchter*) verfilmt. O'Toole hatte seinen Spaß daran, wie schon in *King Ralph* zusammen mit Joely Richardson, der Enkelin seines

Vorbildes Sir Michael Redgrave, vor der Kamera zu stehen. Doch die Verwässerung des Thomas-Buches gefiel ihm sicher nicht. *The Seventh Coin* (in Deutschland erschienen unter dem Titel *Die siebente Münze*), eine Art Abenteuerkomödie für Teenager, in der er den Finsterling gab, ist so wenig einer längeren Erwähnung wert wie die TV-Produktion *Civvies* und *Heaven & Hell: North & South* (in Deutschland erschienen unter dem Titel *Fackeln im Sturm*). Alle drei Filme hat er wohl hauptsächlich gemacht, um ein paar Shilling in die Kasse zu bringen. Ein wenig anders sah es aber mit der BBC-Verfilmung von *Heavy Weather* aus, einem Buch von P. G. Wodehouse. O'Toole hatte Wodehouses zauberhafte Humoresken immer schon gemocht und früher seiner Frau und seinen Kindern gerne daraus vorgelesen. Nun bekam er bei der Verfilmung als der trottelige Clarence Earl of Emsworth nicht nur das Schwein Gertrude zur Partnerin, sondern außerdem so geschätzte Kollegen wie seinen alten RADA-Kameraden Bryan Pringle und Richard Johnston. »Pedro«, wie O'Toole von seinen Freunden genannt wird, amüsierte sich wie ein Earl, und dass er vergnügt an die Arbeit ging, merkte man auch bei seinem nächsten Projekt, der in Portugal gefilmten TV-Adaption von *Gulliver's Travels* (in Deutschland erschienen unter dem Titel *Gullivers Reisen*), in der er den Kaiser von Lilliput gab.

Gute Laune bei Dreharbeiten scheint heute für ihn dazuzugehören. Er galt im Kollegenkreis schon in jungen Jahren als charmant, herzlich und jemand, der nie den Star heraushängen ließ. Er konnte die Leistung anderer immer würdigen, und nun, in den älteren Jahren, kam eine selbstironisch-amüsierte Väterlichkeit dazu, die ihn vor allem bei jungen Kollegen beliebt macht. Jodie Foster, die im gemeinsamen Film *Obsession – Die dunkle Seite des Ruhms* eine Sängerin zu spielen hatte, fand, dass er mit seinem Charme ein Mädchen dazu bringen könne, sich die Seele aus dem Hals zu singen; ihre Kollegin Rose McGowan, die O'Toole 1998 bei den Dreharbeiten zu *Phantoms* traf, war von seiner Professionalität tief beeindruckt und froh, dass er nicht zwanzig Jahre jünger war, weil sie sich sonst in ihn verliebt hätte; Aidan Gillen, in *The Final Curtain* 2000 sein Partner, fand – sehr amüsiert – in dem Achtundsechzigjährigen einen unerwarteten Rivalen, denn O'Toole machte sich einen Spaß daraus, in den Drehpausen mit Gillens schwangerer Freundin zu flirten. Von einem anderen Film erzählte O'Toole selbst: »Ich machte *Coming Home*, einen netten kleinen Film; und ein Schauspieler names Paul Bettany spielte meinen Sohn. So ein feiner, gut aussehender Junge, keine Prahlerei, viel Witz – ich dachte: ›Du passt als mein Sohn‹. Ich hatte so viel Spaß mit den [Jungen] zusammen zu sein, ich feierte mit ihnen, aber sie mussten mich ins Bett bringen, weil ich nicht mithalten konnte.«[6]

Dennoch ist es immer noch manchmal mehr als Feiern. O'Toole ist immer noch fähig, hart zu arbeiten und mit Intensität zu überzeugen – so wie in der 1999 veröffentlichten TV-Miniserie *Joan of Arc* (in Deutschland erschienen unter dem Titel *Jeanne d'Arc – Die Frau des Jahrtausends*) mit der damals siebzehnjährigen Leelee Sobieski in der Titelrolle. Sie und O'Toole waren die Einzigen, die in der groß besetzten, aber zwischen kitschig und bombastisch schwankenden Produktion gelobt wurden. O'Toole bekam für seine Darstellung des Bischof Cauchon am Ende sogar einen Golden Globe.

Ein wenig hat ihn dieser Preis vielleicht über die sieben Oscar-Nominierungen, die ihm trotzdem nie das goldene Kerlchen eingetragen haben, getröstet. Aber noch ist nicht aller Tage Abend – oder, um mit O'Toole zu sprechen: »Ich bin noch nicht tot.« Im Sommer 2000 spielte O'Toole endlich wieder einmal eine Hauptrolle in einer großen Hollywood-Produktion: Er war der Showmaster J. J. Curtis in *The Final Curtain*, einem Film, der – nicht zuletzt, weil sein Skript von John Hodge stammt, der mit *Train Spotting* bereits einen großen Erfolg vorweisen kann – von Insidern durchaus als wichtig genug angesehen wird, dass er O'Toole vielleicht doch endlich den Oscar bringen könnte, den er schon 1963 so gerne entgegengenommen hätte. Der ursprünglich geplante Premierentermin war der 16. September 2001. Doch er wurde nach dem Anschlag auf das World Trade Center am 11. September 2001 abgesagt. Zum Zeitpunkt der Drucklegung dieser Biographie war weder für *The Final Curtain* noch für *Global Heresy*, den Film, den Peter O'Toole im

Winter 2001 in Kanada gedreht hat, ein neuer Veröffentlichungstermin bekannt.

The Final Curtain und *Global Heresy* könnten vielleicht die letzten Filme mit Peter O'Toole sein. Obwohl sich der mittlerweile Siebzigjährige sehr wohl fühlt und besser aussieht als mit fünfundvierzig, meinte er in einem Interview Anfang 2002, er sei »durch« mit der Schauspielerei. Es klang nicht nach Resignation oder gar einem Abschluss im Zorn, sondern durchaus zufrieden. Dafür steht wohl, dass er sich 1999 ein Pflaster auf eine alte Wunde kleben konnte.

Jeffrey Bernard war im Winter 1998 nach langer, schwerer Krankheit gestorben. Auf seiner Beerdigung trafen sich jene, die fast zehn Jahre davor das Stück zu einem Erfolg gemacht hatten: Peter O'Toole, der Autor Keith Waterhouse und der Regisseur Ned Sherrin. Das Trio kam schnell zu dem Schluss, das Stück noch einmal aufzuführen.

Dieses Mal gab es keinen Vorlauf in der Provinz. O'Toole entschied sich für volles Risiko und zu einer Rückkehr: Fast auf den Tag genau neunzehn Jahre nach seiner *Macbeth*-Premiere ging er mit *Jeffrey Bernard Is Unwell* wieder auf die Bühne des Old Vic Theatres in der Waterloo Road.

In den fast fünfzig Jahren, die O'Toole diesem Theater – von ihm mehr als einmal als das »schönste« in London bezeichnet – verbunden war, hat das Haus, in dem schon G. B. Shaw als junger Kritiker gesessen hatte, viel erlebt. Es war in den frühen Sechzigern des vorigen Jahrhunderts die Londoner Heimat der Royal Shakespeare Company gewesen, die heute im Barbican Centre residiert. Laurence Olivier hatte dort die National Theatre Company gegründet, die heute in einem Neubau auf der anderen Seite der Themse zu Hause ist. Das Old Vic hatte die Old Vic Company erlebt, deren Associate Director O'Toole 1980 gewesen war und die nicht lange nach seinem Abgang vollends eingegangen war. Mit ihrem Ableben hatte der Niedergang des Old Vic begonnen. Mitte der Neunziger war das alte Theater so renovierungsbedürftig, dass es fast nicht mehr bespielbar war. Kurz darauf wurde es von der Feuerwehr geschlossen, und in London begann eine Debatte um die Zukunft seines ältesten Theaters. Die Betreibergesellschaft war pleite, es drohte ein Verkauf und damit die Umwandlung in eine Diskothek oder einen Nachtclub. In diesem Moment sprangen die Londoner Theaterleute ein. Kevin Spacey war einer der Hauptakteure bei der Gründung einer Stiftung, die das Old Vic übernahm, und in der sich auch O'Toole engagierte. Die Stiftung schaffte es, genügend Geld für eine Renovierung aufzutreiben. Inzwischen ist das Old Vic wieder ein Theater, in dem gespielt werden kann – aber es braucht immer noch Geld, damit seine Zukunft gesichert werden kann. Wahrscheinlich war es auch deswegen für O'Toole Ehrensache, mit *Jeffrey Bernard Is Unwell* dorthin zu gehen. Vermutlich hat er aber auch daran gedacht, dass er dort noch eine Scharte auszuwetzen hatte.

Es ist ihm gelungen. Er hat mit *Jeffrey Bernard Is Unwell* im Old Vic Theatergeschichte geschrieben, denn er bekam nicht nur geradezu euphorische Kritiken, sondern außerdem achtundvierzig total ausverkaufte Vorstellungen und achtundvierzig Mal an jedem Abend, an dem er im Herbst 1999 zur Abschlussverbeugung an die Rampe trat, Standing Ovations. Das ist selbst für einen von seinem Publikum so geliebten Schauspieler wie Peter O'Toole ein großes Erlebnis, denn er weiß besser als irgendjemand, dass es das noch nie vorher gegeben hatte. Wahrscheinlich hat sich auch selten ein Stück so sehr zum Kultereignis entwickelt wie *Jeffrey Bernard Is Unwell* im Herbst 1999 – so sehr, dass eine Londoner Zeitung sogar für die, die keine Karten mehr bekommen konnten, einen »Cheater's Guide to Jeffrey Bernard« veröffentlichte, damit sie sich bei Partygesprächen nicht ausgeschlossen fühlen mussten.

O'Toole freute sich sicher daran und ebenso an dem Erfolg des Videos beziehungsweise der DVD von der Aufführung, die im Sommer 2000 erschien und es ganz ohne Werbung, in Konkurrenz mit Hollywood-Filmen, beim Online-Händler Amazon in die Top 100 schaffte. Schließlich gab es aus den Händen von Laurence Oliviers Witwe noch eine Ehrung, die O'Toole durchaus als Ritterschlag empfinden darf. Er hatte schon 1989 für *Jeffrey Bernard Is Unwell* Englands begehrtesten Theaterpreis, den Olivier-Award, bekommen. Damit war eigentlich klar, dass er bei der Preisverleihung 2000 leer ausgehen würde, denn es gab noch nie zwei Olivier-Awards für einen Schauspieler in der gleichen Rolle. Peter O'Toole durfte trotzdem einen zweiten in Empfang nehmen: Das Preiskomitee hatte sich entschlossen, für ihn die Sonderklasse »Außergewöhnliche Entwicklung einer Rolle« einzuführen und ihn dafür zu ehren.

Der Olivier-Award freute O'Toole, aber versöhnt mit dem modernen Theater hat er ihn sicher nicht. Peter O'Toole lässt kaum eine Gelegenheit aus, seine Kritik daran ebenso dezidiert wie pointiert zu äußern. Eines der Hauptprobleme des heutigen Theaters sieht er in der Übermacht der »Di-rec-tors« (Regisseure) – und er pflegt diese Worte seinen Zuhörern regelrecht vor die Füße zu spucken, als ob es die Bezeichnung einer besonders ekligen Krankheit wäre. »Die gab es früher nicht ... Bevor die Halls [Sir Peter Hall, früher Intendant der Royal Shakespeare Company; Anmerkung der Autorin] und Nunns [Trevor Nunn, viele Jahre Regisseur bei RSC, inzwischen Intendant des National Theatres; Anmerkung der Autorin] die ganze Show an sich rissen, gab es Leute, die man einfach nur ›Produzent‹ nannte. Ich sehe keinen Grund, warum die, die – wie sie selbst zugeben – nicht schauspielern können, uns ausgebildeten Schauspielern erzählen sollten, wie wir unser Handwerk auszuüben haben.«[7]

Und er geht noch weiter: Er sieht dieses Handwerk in Gefahr – gefährdet von denen, die es ausführen: »Es ist alles ein bisschen langweilig geworden, nicht? Und ich bin dem Chor derer beigetreten, die darüber klagen, was für einen trostlosen Haufen von hässlichen Leuten wir heute haben – einfach ein langweiliger Club von Nuschlern. So unattraktiv – und mit attraktiv meine ich nicht, jemand müsse ein ebenmäßiges Gesicht haben –, man muss einfach nur ein Ziel haben und etwas, das die Leute dazu bringt, einem länger zuschauen zu wollen.«[8]

Am wenigsten mag er das manchmal sehr avantgardistische National Theatre. O'Toole verabscheut schon das Gebäude: »Gott steh' uns bei, es ist der hässlichste Kasten in der Welt, und es wird immer hässlicher. Wie kam man sich unter all dem Zement bewegen?«[9] Auftreten will er dort bestimmt nicht. Diese »langweilige Art von Stücken, die in dem großen Betonklotz«[10] gespielt werden, reizt ihn nicht.

Es wäre ungerecht, O'Tooles Kritik am modernen Theater als das Grummeln eines alten Herrn abzutun, der den Anschluss verpasst hat. Und sicher ist es auch nicht so, dass ihm die Trauben zu sauer sind, weil er sie nicht erreichen kann. Von ihm nie bestrittene, sondern im Gegenteil gerne bestätigte Tatsache ist, dass er sich nicht als »intellektueller Schauspieler« empfindet. Ihm fehlt es sicher nicht am notwendigen Hintergrund; sein Leben lang hat er sich sehr intensiv und mit mehr Recherche als üblich auf seine Rollen vorbereitet. Seine viel gerühmte Intensität entstand immer wieder auch auf der Basis seines Wissens über Hintergründe und Zusammenhänge des jeweiligen Stücks. Aber das ändert nichts daran, dass er immer aus dem Gefühl heraus agiert hat – und was das angeht, macht er sich auch gerne über seine tief schürfenden, hochintellektuellen Kollegen lustig, die er als »Seelen« beschreibt, »… die sich den Mühen der Innenschau verschreiben, der vielfältig verflochtenen Anstrengung des Diskurses, der Improvisation – in dem Bemühen, ein Licht der Erkenntnis in jenen zu finden, die sie im Rampenlicht darstellen, und in der Hoffnung, emotionale und geistige Wahrheiten herbeizuführen, ans Tageslicht zu befördern, ja, aus ihrem Inneren hochzuscheuchen …«

O'Toole hat selbstverständlich nichts gegen solche Bemühungen, aber er lässt auch keinen Zweifel daran, dass er die »bewusste Suche nach Quellen des Unterbewusstseins« als Krücke für die empfindet, denen es an Souveränität mangelt. Seinem Herangehen an eine Rolle entspricht ein solches Vorgehen nicht, aber er ist gerne bereit, andere nach ihrer Fasson selig werden zu lassen – solange sie ihn nicht damit behelligen. Wenn aber doch, wird er ärgerlich – und findet sehr deutliche Worte: »In der Tat kann alles gut sein, solange eine entschlossene und klare Demarkationslinie zwischen dem Geplapper und den Aufregungen der Schulaufführung und dem zermürbenden

Bemühen um Akkuratesse gewahrt ist, das Proben ausmacht, in denen ein Stück ... zur Präsentationsreife für ein professionelles Marktumfeld geschliffen wird.«

O'Toole ist – und dafür wurde er im Verlauf seiner Karriere oft gelobt – Profi. Professionalität aber hat für ihn eine ganze Menge mit der Beherrschung des Handwerks zu tun – und »Handwerk« ist ein Schlüsselwort zum Verständnis des Schauspielers Peter O'Toole. Seine ersten Lektionen dazu hat er schon als »Lehrling« von Dame Sybil Thorndyke bekommen, die ihm klar gemacht hat, dass er bestimmte Techniken erlernen müsse, um die künstlerische Intention, die Basis einer Interpretation ist, Abend für Abend auf der Bühne auf den Punkt genau reproduzieren zu können. Mit den Jahren, in denen er – oft genug unter widrigen Umständen – seinen Beruf ausgeübt hat, ist ihm wohl klar geworden, wie recht seine Lehrerin damals hatte, als sie ihm das »Handwerk« ans Herz legte. Dazu gehört für ihn heute auch »Effizienz« – und die fordert er von seinen Kollegen mit Nachdruck: »Unterzieht euch selbst und eure Rolle jeder nur erdenklichen Beschau und kritischen Prüfung ... und dann lasst diese Arbeit dort, wo sie ihren Platz hat: im Arbeitszimmer. Übt eure Rolle buchstabengetreu bis aufs i-Tüpfelchen ein, verschwendet niemandes Zeit ... das ist das wahre Geschäft des Probens auf einer Bühne ...«

Und Proben ist nun mal nicht »L'art pour l'art« und dient nach O'Tooles Verständnis auch nicht der Selbstdarstellung von Regisseuren und Schauspielern, sondern hat zielgerichtet stattzufinden, als Vorbereitung auf die Premiere und als Dienst an den Musen, die O'Toole mit der Flapsigkeit, die ihn immer dann ankommt, wenn ihn etwas im Inneren berührt, »entzückende, schwer zu fassende Weibsbilder« nennt. Dennoch meint er, dass man ihnen und vor allem sich selbst mit Hilfe des eigenen Gefühls für die Rolle mehr trauen sollte als dem intellektuellen Auseinanderklabüsterern: »Und was die Frage ›Was ist Schauspielerei?‹ betrifft, ist es mir ein Vergnügen, an die Worte zu erinnern, mit denen Fats Waller einst die Frage einer Dame danach beantwortete, was Swing sei. Mr Waller sagte: ›Gnä' Frau, wenn Sie mich so fragen: Ihnen fehlt's daran.‹«[11]

Es gibt aber noch einen Punkt, den man in Peter O'Tooles Philosophie als Schauspieler zu begreifen hat: »Für mich ist der Beginn, die Mitte und das Ende von allem, was ich tue, das Skript.«[12] Wäre O'Toole Musiker, gäbe es für das, was er vertritt, sogar ein passendes Wort: Werktreue. Der Ausdruck bedeutet den Versuch, ein Werk so aufzuführen wie es – nach jeweils aktuellem Wissensstand – der Intention des Komponisten entsprochen hat. Das verbietet, ein Stück zum Beispiel neu zu instrumentieren oder den vom Komponisten vorgegebenen Ablauf umzustellen.

O'Toole fühlt sich als Anwalt des Autors. Er sagte dazu: »Alles, was gut geschrieben ist ..., ist lebendig und spricht zu mir. Ist das Werk ein Theaterstück, höre ich die Stimmen derer, die es bevölkern, schlüpfe in seine Figuren, lebe in ihnen durch ihre Zusammenstöße, Auseinandersetzungen, ihre Trennungen, ihre Versöhnungen, und weiß vor allem, welche Rolle die meine ist ...«

O'Toole handelt auch, wenn er Verbindung zu »seiner« Rolle aufnimmt, aus dem Gefühl heraus – fast möchte man sagen: instinktiv. Er meint, die Verbindung zwischen ihm und dem von ihm zu spielenden Charakter entstehe meist schon, wenn sein »Alter Ego« das erste Mal den Mund aufmacht oder zu handeln beginnt. Wie Shakespeares »Junker Bleichenwang« gehe es ihm da: »... ähnlich wie ihm, diesem trotteligen Ritter, der nie so genau weiß, warum er etwas tut, aber fühlt, dass es gute Gründe dafür geben muss, geht es mir mit der Rolle, von der ich weiß, dass sie meine ist.«

Ob O'Toole sich selbst bewusst ist, wie mutig sein Bekenntnis zum »Instinkt« ist? Indem er nicht einmal versucht, ein intellektuelles Netz unter seiner Entscheidung aufzuspannen, sondern dazu steht, »aus dem Bauch heraus« zu handeln, gibt er nämlich auch ein Stück von sich selbst preis. Er mag »Method Acting« ablehnen – aber unbestritten ist, dass die Intensität, die dem Zuschauer bei den »großen« Darstellungen von Peter O'Toole so unter die Haut geht, wohl auch daraus entspringt, dass er – aufgrund seiner emotionalen Entscheidung für die Rolle – sehr authentisch darin wirkt.

Er allerdings mag das nicht mit so großen Worten befrachten. Er stellt es im Gegenteil als einen »natürlichen« Vorgang dar: »Eine

Rolle wird geboren im Kopf eines Autors, nimmt in seinem Inneren Gestalt an, wandert seinen Arm hinunter in seinen Stift, verwandelt sich in Tinte und Schrift auf einem Blatt und wartet dort aufmerksam ab. Dann komme ich daher, nehme ein Stück zur Hand, lese die Szenen, die Geschichte, das Thema, höre die Stimme und sehe, was eine bestimmte Figur tut.« Ab dann läuft der Prozess – nach O'Tooles Ausführung – umgekehrt wieder ab und in dem Moment, in dem die Worte in seinem Kopf ankommen, entsteht »dort deutlich erkennbar das Abbild eines Mannes«, der darauf besteht, »... ich möge ihm menschliche Gestalt verleihen, und, wenn alles gut geht, finde ich mich ein paar Wochen später im Licht einer Bühne wieder, auf der ich ihn darstelle. So leicht, so schwer.«[13]

Ob ihm noch einmal eine Rolle begegnen wird, die zu ihm spricht? Im Moment sieht es nicht so aus. Peter O'Toole ist ruhiger geworden, aber nicht in Resignation versunken, sondern er hat zur Gelassenheit gefunden. Er trauert seiner Jugend nicht nach, sondern mag sein Leben, wie es ist, als stolzer Vater seiner Kinder, als begeisterter Großvater, als Freund seiner Freunde. Er liest, schreibt, will Dokumentationen produzieren, hat noch so vieles zu diskutieren, zu lesen, zu lernen, zu hören, zu sehen und sich daran zu erfreuen. Für ihn gilt immer noch: »Wenn der richtige Abend, die richtige Gelegenheit, die richtigen Leute, der richtige Platz kommt, werde ich da sein.«[14]

Ende

Anhang

ANMERKUNGEN

Man and Superman

1 »Alle werden in diesem Jahr siebzig. Glückwunsch, große Jungs!«, in: *Neue Revue* 16, 2002, S. 43.
2 Peter O'Toole, zitiert nach Freedland, Michael: »Peter O'Toole«, London 1983, S. 44.

Oh My papa

1 Phillips, Siân: »Public Places – The Autobiography«, London 2001, S. 20.
2 O'Toole, Peter: »Loitering With Intent – The Child«, London 1993, S. 5.
3 Ebd., S. 10.
4 Ebd., S. 1f.
5 Patrick O'Toole, zitiert nach Freedland: »Peter O'Toole«, S. 61.
6 »Peter O'Toole – A Candid Conversation with the Impudent, Irreverent Irish Actor«, Interview mit Peter O'Toole, in: *Playboy* 141, 1965, S. 91–100; hier S. 92.
7 Waterhouse, Keith: »Jeffrey Bernard Is Unwell. A Play by Keith Waterhouse Based on the Life and Writings of Jeffrey Bernard«, London 1991, S. 25.
8 O'Toole: »Loitering with Intent – The Child«, S. 17.
9 Ebd.
10 Ebd., S. 167.
11 Ebd., S. 148.
12 O'Toole, Peter: »Loitering with Intent – The Apprentice«, New York 1996, S. 374ff.
13 »Peter O'Toole«, in: *Playboy* 141, 1965, S. 92.

14 O'Toole: »Loitering with Intent – The Child«, S. 81ff.
15 O'Toole: »Loitering with Intent – The Apprentice«, S. 101.
16 »Peter O'Toole«, in: *Playboy* 141, 1965, S. 98.
17 O'Toole: »Loitering with Intent – The Child«, S. 195.
18 Peter O'Toole im »Making of« zu »Molokai – The Story of Father Damien«, DVD-Ausgabe, 1999.
19 McBride, Charlie: »Peter O'Tooles Intentional Loiterings«, in: www.iol.ie/resource/ga/archive/1996/Jun13/news/12.html.

Lord Jim

1 O'Toole: »Loitering with Intent – The Child«, S. 76.
2 Ebd., S. 77.
3 Howard, John/Egg (Edward Grahame Godfrey), ehemalige Bordkameraden von O'Toole: »The Young O'Toole – Episodes from the Life«, in: www.realitymouse.com/otoole/articles/nan12.html.
4 O'Toole: »Loitering with Intent – The Child«, S. 112.
5 Peter O'Toole, zitiert nach Phillips: »Public Places – The Autobiography«, S. 38.
6 O'Toole: »Loitering with Intent – The Child«, S. 80.
7 Peter O'Toole, zitiert nach Talese, Gay: »Peter O'Toole on the Ould Sod from the Book ›Fame and Obscurity‹«, in: www.realitymouse.com/otoole/articles/talese.htm.
8 O'Toole: »Loitering with Intent – The Child«, S. 82.
9 Jodie Foster in »Acting out Loud – Peter O'Toole«, in: *Biographies*, TV-Personality-Show-Reihe (USA), 1998.
10 O'Toole: »Loitering with Intent – The Child«, S. 82.
11 Phillip Stone, zitiert nach ebd., S. 83.
12 Ebd., S. 84.
13 Phillip Stone, zitiert nach ebd.

The Stuntman

1 O'Toole: »Loitering with Intent – The Child«, S. 91.
2 Ebd., S. 94.
3 Ebd., S. 101.
4 O'Toole: »Loitering with Intent – The Apprentice«, S. 31.
5 Ebd., S. 228f.
6 Roy Kinnear, zitiert nach Freedland: »Peter O'Toole«, S. 32.
7 O'Toole: »Loitering with Intent – The Apprentice«, S. 30.
8 Ebd., S. 32.
9 Zitiert nach Freedland: »Peter O'Toole«, S. 33.
10 O'Toole: »Loitering with Intent – The Apprentice«, S. 364.

11 Ebd., S. 179.
12 Ebd., S. 213.
13 Ebd., S. 236f.
14 Shirley Dixon, zitiert nach Freedland: »Peter O'Toole«, S. 34.
15 Roy Kinnear, zitiert nach ebd., S. 35.

The Apple Cart

1 Nat Brenner, zitiert nach Freedland: »Peter O'Toole«, S. 41.
2 Peter O'Toole, zitiert nach ebd., S. 163.
3 Joe O'Connor, zitiert nach ebd., S. 44.
4 Joe O'Connor, zitiert nach ebd.
5 Joe O'Connor, zitiert nach ebd., S. 46.
6 Nat Brenner, zitiert nach ebd.
7 Zitiert nach ebd., S. 52f.
8 Peter O'Toole, zitiert nach ebd., S. 44.
9 Siân Phillips in »Acting out Loud«.
10 Patrick Gibbs, zitiert nach Freedland: »Peter O'Toole«, S. 54.
11 Joe O'Connor, zitiert nach ebd.
12 Sir Peter Hall, zitiert nach ebd., S. 55.
13 Peter O'Toole, zitiert nach ebd.

Power Play

1 Peter O'Toole, zitiert nach Phillips: »Public Places – The Autobiography«, S. 27.
2 Kenneth Griffith in »Acting out Loud«.
3 Phillips: »Public Places – The Autobiography«, S. 20.
4 Ebd., S. 29.
5 Ebd., S. 30f.
6 Peter O'Toole in der 41. Sendung von »Wetten, dass?«, zitiert nach: www.jahr2001.zdf.de/u_02_1.htm.
7 Peter O'Toole, zitiert nach einer Aussage von Kenneth Griffith in »Acting out Loud«.
8 Phillips: »Public Places – The Autobiography«, S. 60.
9 McBride Charlie: »Peter O'Tooles Intentional Loiterings«, in: www.iol.ie/resource/ga/archive/1996/Jun13/news/12.html.
10 Phillips: »Public Places – The Autobiography«, S. 59.
11 Ebd., S. 59f.
12 Ebd., S. 38f.
13 Ebd., S. 70.
14 Jules Buck, zitiert nach ebd., S. 71.
15 Joe O'Connor, zitiert nach Freedland: »Peter O'Toole«, S. 65.

16 David Wainwright, zitiert nach ebd., S. 66.
17 Peter O'Toole, zitiert nach Wapshott, Nicholas: »Peter O'Toole – A Biography«, London 1983, S. 59f.
18 David Lean, zitiert nach ebd., S. 64f.
19 Winston Churchill, zitiert nach Koch, Werner: »Lawrence von Arabien«, Frankfurt 1995, S. 99.
20 Oberstleutnant W. F. Stirling, zitiert nach ebd., S. 91.
21 George Bernhard Shaw, zitiert nach ebd., S. 106.
22 David Lean an Barbara Cole, Briefsammlung im Archiv der University of Reading.
23 Sam Spiegel, zitiert nach Wapshott: »Peter O'Toole – A Biography«, S. 72.
24 Sam Spiegel, zitiert nach ebd.
25 Sam Spiegel, zitiert nach ebd.
26 Peter O'Toole, zitiert nach ebd., S. 73.
27 Pressemitteilung der Firma Columbia Pictures, vom Sonntag, dem 20. November 1960.
28 Sir Peter Hall im Gespräch mit Michael Freedman, zitiert nach Freedland: »Peter O'Toole«, S. 73f.
29 Jean Anouilh, zitiert nach Phillips: »Public Places – The Autobiography«, S. 103.
30 Ebd., S. 117ff.
31 Ebd., S. 136f.
32 Peter O'Toole, zitiert nach Wapshott: »Peter O'Toole – A Biography«, S. 78f.
33 Peter O'Toole, zitiert nach ebd., S. 79.
34 Peter O'Toole, zitiert nach ebd., S. 82.
35 Phillips: »Public Places – The Autobiography«, S. 136f.
36 John Box, zitiert nach Wapshott: »Peter O'Toole – A Biography«, S. 80.
37 Roy Stevens, zitiert nach Brownlow, Kevin: »David Lean«, London 1997, S. 447.
38 Barbara Cole, zitiert nach ebd., S. 447.
39 David Lean, zitiert nach Wapshott: »Peter O'Toole – A Biography«, S. 81.
40 David Lean, zitiert nach Morris, L. Robert/Raskin, Lawrence: »Lawrence of Arabia: The Official 30th Anniversary Pictorial History«, Doublesday 1992. S. 133.
41 Barbara Cole, zitiert nach Brownlow, »David Lean«, S. 445.
42 Omar Sharif in der Dokumentation zu »Lawrence of Arabia«, DVD-Ausgabe, 2001.
43 Donald Zec und Peter O'Toole, zitiert nach Morris, L. Robert/Raskin, Lawrence: »Lawrence of Arabia«, S. 155ff.
44 Ebd., S. 156.
45 Paul Dehn, in: *Herald* vom 11. Dezember 1962.
46 Patrick Gibbs, in: *Daily Telegraph* vom 11. Dezember 1962.
47 Yowerth Davies, in: *The Guardian* vom 11. Dezember 1962.

48 Phillips: »Public Places – The Autobiography«, S. 128f.
49 Peter O'Toole, zitiert nach Wapshott: »Peter O'Toole – A Biography«, S. 93.

Wings of Fame

1 O'Toole: »Loitering with Intent – The Apprentice«, S. 208f.
2 Interview mit Peter O'Toole von Cathleen McGuigan, in: *Rolling Stone Magazine* vom 25. November 1982; auch veröffentlicht in: www.realitymouse.com/otoole/main.
3 Phillips: »Public Places – The Autobiography«, S. 162.
4 Ebd., S. 163.
5 Ebd.
6 Ebd.
7 Interview von Cathleen McGuigan, in: *Rolling Stone Magazine* vom 25. November 1982.
8 »Peter O'Toole«, in: *Playboy* 141, 1965, S. 98.
9 Zitiert nach ebd.
10 Zitiert nach ebd., S. 96.
11 Zitiert nach ebd., S. 98.
12 Zitiert nach ebd.
13 Zitiert nach Freedland: »Peter O'Toole«, S. 102.
14 Zitiert nach ebd.
15 Phillips: »Public Places – The Autobiography«, S. 219.
16 Ebd., S. 220f.
17 Ebd., S. 221.
18 Ebd., S. 223.
19 Ebd., S. 177f.
20 Ebd., S. 184.
21 O'Toole, zitiert nach Freedland: »Peter O'Toole«, S. 113.
22 Phillips: »Public Places – The Autobiography«, S. 187.
23 Peter O'Toole, zitiert nach ebd.
24 O'Toole, zitiert nach Freedland: »Peter O'Toole«, S. 114.
25 Timothy Dalton in »Acting out Loud«.
26 O'Toole, zitiert nach Freedland: »Peter O'Toole«, S. 115.
27 Phillips: »Public Places – The Autobiography«, S. 199f.
28 July Wilson, zitiert nach Freedland: »Peter O'Toole«, S. 115.
29 Phillips: »Public Places – The Autobiography«, S. 201.
30 Ebd., S. 201f.
31 »Peter O'Toole«, in: *Playboy* 141, 1965, S. 99.
32 Phillips: »Public Places – The Autobiography«, S. 183.
33 O'Toole: »Loitering with Intent – The Child«, S. 89.
34 Ebd., S. 90.
35 Peter O'Toole, zitiert nach Wapshott: »Peter O'Toole – A Biography«, S. 143.

36 Peter O'Toole, zitiert nach Phillips: »Public Places – The Autobiography«, S. 187.
37 Freedland: »Peter O'Toole«, S. 126.
38 Ebd., S. 128.
39 Ebd.
40 Phillips: »Public Places – The Autobiography«, S. 287.
41 Ebd., S. 288.
42 Peter O'Toole, zitiert nach Freedland: »Peter O'Toole«, S. 137.
43 Robert Ginna, zitiert nach ebd., S. 138.
44 Ebd.
45 Nat Brenner, zitiert nach ebd., S. 141.
46 Nigel Stock, zitiert nach ebd.
47 Katherine Hepburn, zitiert nach ebd., S. 130.
48 Peter O'Toole, zitiert nach ebd., S. 147.
49 Phillips: »Public Places – The Autobiography«, S. 255.
50 Ebd., S. 257.
51 Ebd., S. 259–263.
52 O'Toole: »Loitering with Intent – The Apprentice«, S. 385; Übertragung ins Deutsche: Frank Nüßgen.
53 »Peter O'Toole«, in: *Playboy* 141, 1965, S. 98.
54 Phillips: »Public Places – The Autobiography«, S. 277.
55 Val May, zitiert nach Freedland: »Peter O'Toole«, S. 166.

Rogue Male

1 Phillips: »Public Places – The Autobiography«, S. 293f.
2 Ebd., S. 294.
3 Peter O'Toole in »Acting out Loud«.
4 Kate O'Toole in ebd.
5 Phillips: »Public Places – The Autobiography«, S. 296.
6 Peter O'Toole, zitiert nach Freedland: »Peter O'Toole«, S. 181.
7 Bob Guccione, zitiert nach Wapshott: »Peter O'Toole – A Biography«, S. 183.
8 Peter O'Toole, zitiert nach Freedland: »Peter O'Toole«, S. 181f.
9 Sir John Gielgud, zitiert nach »Acting out Loud«.
10 Phillips: »Public Places – The Autobiography«, S. 233.
11 Peter O'Toole, zitiert nach ebd., S. 136.
12 Ebd., S. 140.
13 Ebd., S. 232.
14 Ebd.
15 O'Toole: »Loitering with Intent – The Apprentice«, S. 15; Übertragung ins Deutsche: Frank Nüßgen.
16 Phillips: »Public Places – The Autobiography«, S. 324.

17 Ebd., S. 324f.
18 Zitiert nach ebd., S. 311.
19 Ebd., S. 192.
20 Ebd., S. 292.
21 O'Toole: »Loitering with Intent – The Child«, S. 156f.; Übertragung ins Deutsche: Frank Nüßgen.
22 Ebd., S. 157f.; Übertragung ins Deutsche: Frank Nüßgen.
23 Peter O'Toole, zitiert nach Freedland: »Peter O'Toole«, S. 186.
24 Peter O'Toole, zitiert nach ebd., S. 187.
25 Peter O'Toole, zitiert nach einer Aussage von Kenneth Griffith in »Acting out Loud«.
26 Peter O'Toole, zitiert nach Freedland: »Peter O'Toole«, S. 198.
27 Timothy West, zitiert nach ebd., S. 196.
28 Timothy West, zitiert nach ebd., S. 200.
29 Timothy West, zitiert nach ebd., S. 202.
30 Jack Tinker, in *Daily Mail* vom 4. September 1980.
31 Michael Billington, in *The Guardian* vom 4. September 1980.
32 Kenneth Griffith in »Acting out Loud«.
33 Bryan Forbes, zitiert nach Freedland: »Peter O'Toole«, S. 214.
34 Timothy West, zitiert nach ebd., S. 214.
35 Nat Brenner, zitiert nach ebd., S. 210f.
36 Joe O'Connor, zitiert nach ebd., S. 208.
37 Peter O'Toole, zitiert nach ebd., S. 220.
38 Zitiert nach ebd., S. 219f.
39 Zitiert nach ebd.
40 Peter O'Toole, zitiert nach ebd., S. 220.
41 Peter O'Toole, zitiert nach Wapshott: »Peter O'Toole – A Biography«, S. 211.
42 Peter O'Toole in einer Pressemitteilung vom 23. Dezember 1980, zitiert nach Wapshott: »Peter O'Toole – A Biography«, S. 211.
43 Jodie Foster in »Acting out Loud«.

My Favorite Year

1 »Part of Me Still Loves Her«, Interview mit Peter O'Toole, in: *Night and Day* vom 15. April 2001, S. 21–25, hier S. 25.
2 Kate O'Toole in »Acting out Loud«.
3 Peter O'Toole, zitiert nach Phillips: »Public Places – The Autobiography«, S. 168.
4 Zitiert nach »Part of Me still Loves Her«, in: *Night and Day* vom 15. April 2001, S. 22.
5 Kenneth Griffith in »Acting out Loud«.
6 Kate O'Toole in ebd.

7 Peter O'Toole in einem Interview mit Charlie Rose, CBS Worldwide Inc., 2000.
8 »Part of Me Still Loves Her«, in: *Night and Day* vom 15. April 2001, S. 25.
9 Ebd.
10 Anthony Holden in »Man Behaving Bardly«, Interview mit Peter O'Toole von Anthony Holden, in: *The Observer* vom 11. Juli 1999; auch veröffentlicht in: www.guardian.co.uk/Archive/Article/0,4273,3882259,00.htm.
11 Peter O'Toole in »Though He Is Plagued by a Custody Fight over His Son, Peter O'Toole Is a Triumph in Pygmalion«, Interview mit Peter O'Toole in: *People Magazine* 4, vom 29. Juni 1987, S. 96f.; auch veröffentlicht in: www.neoolympia.net/otoole/interview/custody.htm.
12 Peter O'Toole, zitiert nach Bernhard, Jeffrey: »Reach for the Ground – The Downhill Struggle of Jeffrey Bernard«, London 1996, S. 6f.
13 Peter O'Toole, zitiert nach Bernhard: »Reach for the Ground«, S. 7.
14 Ebd., S. 19.
15 Ebd., S. 20.
16 Ebd., S. 19ff.
17 Jack Tinker, zitiert nach Bernard: »Reach for the Ground«, S. 22.
18 Peter O'Toole, zitiert nach ebd., S. 21.

The Lion in Winter

1 Keith Waterhouse, zitiert nach O'Toole: »Loitering with Intent – The Child«, Klappentext.
2 Zitiert nach ebd.
3 Sheridan Morley, zitiert nach ebd.
4 »Kirkus Review«, in: www.amazon.de.
5 Peter O'Toole in *Night and Day* vom 15. April 2001, S. 25.
6 Peter O'Toole in ebd., S. 21.
7 Peter O'Toole in »Man Behaving Bardly«, in: *The Observer* vom 11. Juli 1999.
8 Peter O'Toole in *Night and Day* vom 15. April 2001, S. 21.
9 Ebd.
10 Ebd.
11 O'Toole: »Loitering with Intent – The Apprentice«, S. 313f.; Übertragung ins Deutsche: Frank Nüßgen.
12 Peter O'Toole im »Making of« zu »Molokai – The Story of Father Damien«, DVD-Ausgabe, 1999.
13 O'Toole: »Loitering with Intent – The Apprentice«, S. 317; Übertragung ins Deutsche: Frank Nüßgen.
14 Peter O'Toole in *Night and Day* vom 15. April 2001, S. 21.

FILMOGRAPHIE

Global Heresy
Deutscher Titel: noch nicht bekannt
Erstveröffentlichung: noch nicht veröffentlicht
Regie: Sidney J. Furie
Drehbuch: Mark Mills
Cast: Peter O'Toole *Lord Foxley*
Joan Plowright *Lady Foxley*
Alicia Silverstone *Nat*
Jaimz Woolvett *Leo*
Keram Malicki-Sanchez *Flit*
Christopher Bolton *Carl*
Lochlyn Munro *Dave*
Kamera: Curtis Petersen
Produzent: Gary Howsam, Mark Shorrock

The Final Curtain
Deutscher Titel: noch nicht bekannt
Erstveröffentlichung: noch nicht veröffentlicht
Regie: Patrick Harkins
Drehbuch: John Hodge
Cast: Peter O'Toole *J. J. Curtis*
Aidan Gillen *Dave Turner*
Ralph Brown *Timothy*
Adrian Lester *Jonathan Stitch*
Julia Sawalha
Kamera: Oliver Curtis
Produzent: Christopher Young

Sinister Saga Of Making »The Stunt Man«
Erstveröffentlichung: 2000
Regie: Richard Rush
Drehbuch: Richard Rush
Cast: Richard Rush *Sprecher*
 Peter O'Toole
 Steve Railsback
 Barbara Hershey
 Charles Bail
Kamera: Bruce Schermer
Produzent: Bart Pierce, Richard Rush

Jeffrey Bernard Is Unwell
Erstveröffentlichung: 1999 (TV)
Regie: Tom Kinninmont, Peter O'Toole, Ned Sherrin
Drehbuch: Keith Waterhouse
Cast: Peter O'Toole *Jeffrey Bernard*
 Timothy Ackroyd
 Sarah Berger
 Annabel Leventon
 Royce Mills
Produzent: Tom Kinninmont, Peter O'Toole

Joan of Arc (Teil 1+2)
Deutsche Titel: Jeanne d'Arc – Die Frau des Jahrtausends (Teil 1+2)
 Jeanne d'Arc (Teil 1+2)
Erstveröffentlichung: 1999 (TV)
Regie: Christian Duguay
Drehbuch: Michael Alexander Miller, Ronald Parker
Cast: Leelee Sobieski *Joan D'Arc*
 Jacqueline Bisset *Isabelle D'Arc*
 Powers Boothe *Jacques D'Arc*
 Neil Patrick Harris *King Charles*
 Maury Chaykin *Sir Robert de Baudricourt*
 Olympia Dukakis *Mother Babette*
 Jonathan Hyde *Duke of Bedford*
 Robert Loggia *Father Monet*
 Shirley MacLaine *Madame de Beaurevoir*
 Peter O'Toole *Bishop Cauchon*
 Maximilian Schell *Brother John Le Maitre*
 Peter Strauss *La Hire*
Kamera: Pierre Gill
Musik: Asher Ettinger, John Herberman, Tony Kosinec, Philip Stanger
Produzent: Peter Bray

Molokai: The Story of Father Damien
Erstveröffentlichung: 1999
Regie: Paul Cox
Drehbuch: John Briley, Hilde Eynikel (Buchvorlage)
Cast:
David Wenham	*Father Damien*
Kris Kristofferson	*Rudolph Meyer*
Peter O'Toole	*William Williamson*
Derek Jacobi	*Father Leonor Fouesnel*
Alice Krige	*Mother Marianne*

Kamera: Nino Gaetano Martinetti
Musik: Paul Grabowsky, Wim Mertens
Produzent: Grietje Lammertyn, Tarsicius Vanhuysse

The Manor
Erstveröffentlichung: 1999
Regie: Ken Berris
Drehbuch: Ken Berriss, Steven Moses, Don Nigro
Cast:
Greta Scacchi	*Mrs Ravenscroft*
Gabrielle Anwar	*Charlotte Kleiner*
Peter O'Toole	*Mr Ravenscroft*
Martin Dejdar	*Inspector Thomas Hatcher*
Laura Harris	*Gillian Ravenscroft*

Kamera: Vladimir Smutný
Musik: Michael Dvorák
Produzent: Michael Sváb

Coming Home (Teil 1+2)
Deutscher Titel: Rosamunde Pilcher: Heimkehr (Teil 1+2)
Erstveröffentlichung: 1998 (TV)
Regie: Giles Foster
Drehbuch: Rosamunde Pilcher, John Goldsmith
Cast:
Peter O'Toole	*Colonel Carey-Lewis*
Joanna Lumley	*Diana Carey-Lewis*
Penelope Keith	*Aunt Louise*
Anneliese Uhlig	*Aunt Lavinia*
Emily Mortimer	*Judith Dunbar*
Gruschenka Stevens	*Athena Carey-Lewis*
Paul Bettany	*Edward Carey-Lewis*
Katie Ryer	*Loveday Carey-Lewis*
George Asprey	*Jeremy Wells*

Kamera: Simon Archer
Musik: Richard Blackford
Produzent: Rikolt von Gagern

Phantoms

Deutscher Titel:	Phantoms
Erstveröffentlichung:	1998
Regie:	Joe Chapelle
Drehbuch:	Dean R. Koontz
Cast:	Ben Affleck — *Sheriff Bryce-Hammond*
	Peter O'Toole — *Timothy Flyte*
	Rose McGowan — *Lisa Pailey*
	Joanna Going — *Dr. Jennifer Pailey*
	Liev Schreiber — *Deputy Stuart Wargle*
	Clifton Powell — *General Leland Copperfield*
Kamera:	Richard Clabaugh
Musik:	David C. Williams
Produzent:	Dean R. Koontz, Robert Pringle, Michael Leahy, Steven A. Lane, Joel Soisson

Fairy Tale: A True Story

Deutsche Titel:	Fremde Wesen
	Zauber der Elfen
Erstveröffentlichung:	1997
Regie:	Charles Sturridge
Drehbuch:	Albert Ash, Tom McLoughlin, Ernie Contreras
Cast:	Florence Hoath — *Elsie Wright*
	Elizabeth Earl — *Frances Griffiths*
	Paul McGann — *Arthur Wright*
	Phoebe Nicholls — *Polly Wright*
	Bill Nighy — *Edward L. Gardner*
	Peter O'Toole — *Sir Arthur Conan Doyle*
	Harvey Keitel — *Harry Houdini*
	Mel Gibson — *Frances' Vater (nicht in den Credits)*
Kamera:	Michael Coulter
Musik:	Zbigniew Preisner
Produzent:	Bruce Davey, Wendy Finerman

Gulliver's Travels

Deutscher Titel:	Gullivers Reisen
Erstveröffentlichung:	1996 (TV)
Regie:	Charles Sturridge
Drehbuch:	Simon Moore, Jonathan Swift (Buchvorlage)
Cast:	Ted Danson — *Lemuel Gulliver*
	Mary Steenburgen — *Mary Gulliver*
	James Fox — *Dr. Bates*
	Ned Beatty — *Farmer Grultrud*
	Edward Fox — *General Limtoc*

	Robert Hardy	*Dr. Parnell*
	Phoebe Nicholls	*Empress of Lilliput*
	Alfre Woodard	*Queen of Brobdingnag*
	Peter O'Toole	*Emperor of Lilliput*
	Geraldine Chaplin	*Empress Munodi*
	John Gielgud	*Professor of Sunlight*
	Omar Sharif	*The Sorcerer*
Kamera:	Howard Atherton	
Musik:	Trevor Jones	
Produzent:	Robert Halmi sen., Duncan Kenworthy	

Heavy Weather

Erstveröffentlichung:	1995 (TV)
Regie:	Jack Gold
Drehbuch:	Douglas Livingstone, P. G. Wodehouse (Buchvorlage)

Cast:		
	Judy Parfitt	*Lady Constance Keeble*
	Roy Hudd	*Beach*
	Richard Briers	*The Hon. Galahad Threepwood*
	Peter O'Toole	*Clarence, Earl of Emsworth*
	Bryan Pringle	*Pirbright*
	Richard Johnson	*Lord Tilbury*
	Ronald Fraser	*Sir Gregory Parsloe*
Kamera:	Ernest Vincze	
Musik:	Denis King	
Produzent:	Verity Lambert	

Heaven & Hell: North & South, Band III

Deutscher Titel:	Fackeln im Sturm
Erstveröffentlichung:	1994 (TV)
Regie:	Larry Peerce
Drehbuch:	John Jakes, Suzanne Clauser

Cast:		
	Jerry Biggs	*Septimus Glyn*
	Clay Boss	*Cronie*
	Philip Casnoff	*Elkanah Bent*
	Kyle Chandler	*Charles Main*
	Lesley-Anne Down	*Madeline Main*
	Jonathan Frakes	*Stanley Hazard*
	Genie Francis	*Brett Hazard*
	Terri Garber	*Asthon Main Fenway*
	Wendy Kilbourne	*Constance Hazard*
	Peter O'Toole	*Sam Trump*
	James Read	*George Hazard*
Kamera:	Don E. FauntLeRoy	
Musik:	Tom Noonan	
Produzent:	Hal Galli	

Rebecca's Daugthers
Deutscher Titel:	Rebeccas Töchter
Erstveröffentlichung:	1992
Regie:	Karl Francis
Drehbuch:	Guy Jenkin, Dylan Thomas
Cast:	Peter O'Toole — *Lord Sarn*
	Paul Rhys — *Anthony Raine*
	Joely Richardson — *Rhiannon*
	Dafydd Hywel — *Rhodri Hughes*
	Sue Roderick — *Sarah Hughes*
	Simon Dormandy — *Captain Marsden*
Kamera:	Russ Walker
Musik:	Rachel Portman
Produzent:	Chris Sievernich

The Seventh Coin
Deutscher Titel:	Die siebente Münze
Erstveröffentlichung:	1992
Regie:	Dror Soref
Drehbuch:	Michael Lewis
Cast:	Alexandra Powers — *Ronnie*
	Navin Chowdhry — *Salim*
	Peter O'Toole — *Emil Saber*
	John Rhys-Davies — *Captain Galil*
	Ally Walker — *Lisa*
	Jill Novick — *Brenda*
Kamera:	Avraham Karpick
Musik:	Misha Segal
Produzent:	Omri Maron, Lee Nelson

Isabelle Eberhardt
Deutscher Titel:	Isabelle Eberhardt
Erstveröffentlichung:	1992
Regie:	Ian Pringle
Drehbuch:	Stephen Sewell
Cast:	Mathilda May — *Isabelle Eberhardt*
	Peter O'Toole — *Major Lyautey*
	Richard Moir — *Lt. Comte*
Kamera:	Manuel Terán
Musik:	Paul Schutze
Produzent:	Jean Petit, Daniel Scharf

King Ralph
Deutscher Titel: King Ralph
Erstveröffentlichung: 1991
Regie: David S. Ward
Drehbuch: Emlyn Williams, David S. Ward
Cast: John Goodman *Ralph*
Peter O'Toole *Willingham*
John Hurt *Graves*
Camille Coduri *Miranda*
Richard Griffiths *Phipps*
Leslie Phillips *Gordon*
James Villiers *Hale*
Joely Richardson *Princess Anna*
Kamera: Kenneth MacMillan
Musik: James Newton Howard
Produzent: Jack Brodsky

The Rainbow Thief
Erstveröffentlichung: 1990
Regie: Alejandro Jodorowsky
Drehbuch: Berta Dominguez D.
Cast: Peter O'Toole *Prince Meleagre*
Omar Sharif *Dima*
Christopher Lee *Uncle Rudolf*
Francesco Romano *Marcus*
Kamera: Ronnie Taylor
Musik: Jean Musy
Produzent: Vincent Winter

A Salute to David Lean
Erstveröffentlichung: 1990 (TV)
Cast: David Lean
Peter O'Toole
Omar Sharif

The Nutcracker Prince
Deutscher Titel: Der Nussknacker-Prinz
Erstveröffentlichung: 1990
Regie: Paul Schibli
Drehbuch: E.T.A. Hoffmann, Patricia Watson
Cast: George Merner *Dr. Stahlbaum (Stimme)*
Stephanie Morgenstern *Louise (Stimme)*
Peter O'Toole *Pantaloon (Stimme)*
Christopher Owens *Erik (Stimme)*

	Diane Stapley	*Mrs Ingrid Stahlbaum (Stimme)*
	Kiefer Sutherland	*Nutcracker Prince (Stimme)*
Musik:	Victor Davies, Peter Tschaikowsky	

Crossing to Freedom
Deutscher Titel: Der Rattenfänger
Erstveröffentlichung: 1990 (TV)
Regie: Norman Stone
Drehbuch: Nevil Shute, Jerome Kass
Cast:
	Peter O'Toole	*John Sidney Howard*
	Mare Winningham	*Nicole Rougeron*
	Susan Wollridge	*Mrs Cavanaugh*
	Michael Kitchen	*Maj. Diessen*
	Juliette Mole	*Mademoiselle Tenois*
	Luis Sheldon	*SS-Offizier*
	Timothy Ackroyd	*Charendon*
Kamera: Ken Morgan
Musik: Carl Davis
Produzent: Craig McNeil

So Long As It's Love/
In una notte di chiaro di luna
Deutscher Titel: Diese vitale Wut
Erstveröffentlichung: 1989
Regie: Lina Wertmüller
Drehbuch: Lina Wertmüller
Cast:
	Rutger Hauer	*John Knott*
	Nastassja Kinski	*Joelle*
	Peter O'Toole	*Prof. McShoul*
	Faye Dunaway	*Joan Colbert*
	Dominique Sanda	*Carola*
Kamera: Carlo Tafani
Musik: Avion Travel, Dangio Greco
Produzent: Tarak Ben Ammar, Fulvio Lucisano

Wings of Fame
Deutscher Titel: Hotel zur Unsterblichkeit
Erstveröffentlichung: 1989
Regie: Otakar Votocek
Drehbuch: Herman Koch, Otakar Votocek
Cast:
	Peter O'Toole	*Cesar Valentin*
	Colin Firth	*Brian Smith*
	Marie Trintignant	*Bianca*
	Andréa Ferréol	*Theresa*

Kamera: Alex Thomson
Musik: Paul van Brugge
Produzent: Laurens Geels, Dick Maas

High Spirits
Deutscher Titel: High Spirits – Die Geister sind willig
Erstveröffentlichung: 1988
Regie: Neil Jordan
Drehbuch: Neil Jordan
Cast:
Peter O'Toole	*Peter Plunkett*
Steve Guttenberg	*Jack*
Beverly D'Angelo	*Sharon*
Peter Gallagher	*Brother Tony*
Martin Ferrero	*Malcolm*
Connie Booth	*Marge*
Daryl Hannah	*Mary Plunkett*
Liam Neeson	*Martin Brogan*
Ray McAnally	*Plunkett Senior*

Kamera: Alex Thomson
Musik: George Fenton
Produzent: David Saunders, Stephen Woolley

Dark Angel
Deutscher Titel: Dark Angel
Erstveröffentlichung: 1987 (TV)
Regie: Peter Hammond
Drehbuch: Don MacPherson, Sheridan Le Fanu (Buchvorlage)
Cast:
Peter O'Toole	*Uncle Silas*
Jane Lapotaire	*Madame La Rougiere*
Beatie Edney	*Maud Ruthyn*
Alan MacNaughtan	*Austin Ruthyn*
Tim Woodward	*Dudley Ruthyn*

Produzent: Joe Waters

The Last Emperor
Deutscher Titel: Der letzte Kaiser (auch: Teil 1–4)
Erstveröffentlichung: 1987
Regie: Bernardo Bertolucci
Drehbuch: Mark Peploe, Bernardo Bertolucci
Cast:
John Lone	*Pu Yi/Henry*
Joan Chen	*Wang Jung/Elizabeth*
Peter O'Toole	*Reginald Flemming Johnson*
Ruocheng Ying	*The Governor of Foo Shoe Detention Center*
Vivian Wu	*Wen Hsiu*

Kamera: Vittorio Storaro
Musik: David Byrne, Ryuichi Sakamato, Cong Su
Produzent: Jeremy Thomas

Club Paradise
Deutscher Titel: Club Paradise
Erstveröffentlichung: 1986
Regie: Harold Ramis
Drehbuch: Brian Doyle-Murray, Tom Leopold,
Chris Miller, Harold Ramis,
Ed Roboto, David Standish
Cast: Robin Williams — *Jack Moniker*
Peter O'Toole — *Governor Anthony Cloyden Hayes*
Rick Moranis — *Barry Nye*
Twiggy Lawson — *Philippa Lloyd*
Joanna Cassidy — *Terry Hamlin*
Kamera: Peter Hannan
Musik: Elvis Costello, David Mansfield, Van Dyke Parks
Produzent: Michael Shamberg

Creator
Deutsche Titel: Der Professor oder Wie ich meine Frau wiedererweckte
Creator – Der Professor und die Sünde
Erstveröffentlichung: 1985
Regie: Ivan Passer
Drehbuch: Jeremy Leven
Cast: Peter O'Toole — *Dr. Harry Wolper*
Mariel Hemingway — *Meli*
Vincent Spano — *Boris Lapkin*
Virginia Madsen — *Barbara Spencer*
David Ogden Stiers — *Dr. Sid Kuhlenbeck*
Kamera: Robbie Greenberg
Musik: Sylvester Levay
Produzent: Stephen J. Friedman

Supergirl
Deutsche Titel: Supergirl
Supergirl – The Movie
Erstveröffentlichung: 1984
Regie: Jeannot Szwarc
Drehbuch: Alyssa Cartagena, David Odell
Cast: Faye Dunaway — *Selena*
Helen Slater — *Supergirl/Linda Lee*
Peter O'Toole — *Zaltar*

	Mia Farrow	*Alura*
	Brenda Vaccaro	*Bianca*
	Peter Cook	*Nigel*
Kamera:	Alan Hume	
Musik:	Jerry Goldsmith	
Produzent:	Timothy Burrill	

Kim
Deutscher Titel: Kim
Erstveröffentlichung: 1984 (TV)
Regie: John Howard Davies
Drehbuch: James Braboza, Rudyard Kipling (Buchvorlage)
Cast: Peter O'Toole — *Lama*
Bryan Brown — *Mahbub Ali*
John Rhys-Davies — *Babu*
Ravi Sheth — *Kim*
Julian Glover — *Colonel Creighton*
Kamera: Michael Reed
Musik: Marc Wilkinson
Produzent: Jean Walter

Pygmalion
Erstveröffentlichung: 1983 (TV)
Regie: Alan Cooke
Drehbuch: George Bernard Shaw
Cast: Peter O'Toole — *Professor Henry Higgins*
Margot Kidder — *Eliza Doolittle*
Helen Beavis — *Mrs Pearce*
Donald Ewer — *Alfred P. Doolittle*
John Standing — *Colonel Pickering*
Produzent: Dan Redler

Sherlock Holmes and a Study in Scarlet
Erstveröffentlichung: 1983
Regie: Ian Mackenzie, Alex Nicholas
Drehbuch: Arthur Conan Doyle
Cast: Peter O'Toole — *Sherlock Holmes (Stimme)*
Animation: Jacques Muller
Musik: John Stuart

Sherlock Holmes and the Baskerville Curse
Erstveröffentlichung: 1983
Regie: Ian Mackenzie, Alex Nicholas
Drehbuch: Arthur Conan Doyle

Cast:	Peter O'Toole	*Sherlock Holmes (Stimme)*
Animation:	Jacques Muller	
Musik:	John Stuart	

Sherlock Holmes and the Sign of Four
Erstveröffentlichung: 1983
Regie:	Ian Mackenzie, Alex Nicholas	
Drehbuch:	Arthur Conan Doyle	
Cast:	Peter O'Toole	*Sherlock Holmes (Stimme)*
Animation:	Jacques Muller	
Musik:	John Stuart	

Sherlock Holmes and the Valley of Fear
Erstveröffentlichung: 1983
Regie:	Ian Mackenzie, Alex Nicholas	
Drehbuch:	Arthur Conan Doyle	
Cast:	Peter O'Toole	*Sherlock Holmes (Stimme)*
Animation:	Jacques Muller	
Musik:	John Stuart	

Svengali
Deutscher Titel:	Obsession – Die dunkle Seite des Ruhms	
Erstveröffentlichung:	1983 (TV)	
Regie:	Anthony Harvey	
Drehbuch:	Frank Cucci	
Cast:	Peter O'Toole	*Anton Bosnyak*
	Jodie Foster	*Zoe Alexander*
	Elizabeth Ashley	*Eve Swiss*
	Larry Joshua	*Johnny Rainbow*
Kamera:	Larry Pizer	
Musik:	John Barry	
Produzent:	Robert Halmi jun.	

My Favorite Year
Deutscher Titel:	Ein Draufgänger in New York	
Erstveröffentlichung:	1982	
Regie:	Richard Benjamin	
Drehbuch:	Dennis Palumbo, Norman Steinberg	
Cast:	Peter O'Toole	*Alan Swann*
	Mark Linn-Baker	*Benjy Stone*
	Jessica Harper	*K. C. Downing*
	Joseph Bologna	*King Kaiser*
	Bill Macy	*Sy Benson*
	Lainie Kazan	*Belle Carroca*

	Tony DiBenedetto *Alfi Bambacelli*
Kamera:	Gerald Hirschfeld
Musik:	Ralph Burns
Produzent:	Joel Chernoff, Michael Gruskoff

Masada

Deutscher Titel:	Masada (Teil 1–4)
Erstveröffentlichung:	1981 (TV)
Regie:	Boris Sagal
Drehbuch:	Joel Oliansky, Ernest K. Gann (Buchvorlage)
Cast:	Peter O'Toole *General Cornelius Flavius Silva*
	Peter Strauss *Eleazar ben Yair*
	Barbara Carrera *Sheva*
	Anthony Quayle *Rubrius Gallus*
	David Warner *Senator Pomponius Falco*
	Giulia Pagano *Miriam*
Kamera:	Paul Lohmann
Musik:	Jerry Goldsmith, Morton Stevens
Produzent:	Richard Irving

Strumpet City

Erstveröffentlichung:	1980 (TV)
Drehbuch:	Hugh Leonard, James Plunkett
Cast:	Peter O'Toole *Jim Larkin*
	Brendan Cauldwell *»Toucher«*
	Eileen Colgan *Hennessy*
	Cyril Cusak *Father Giffley*

The Stuntman

Deutscher Titel:	Der lange Tod des Stuntman Cameron
Erstveröffentlichung:	1980
Regie:	Richard Rush
Drehbuch:	Richard Rush
Cast:	Peter O'Toole *Eli Cross*
	Steve Railsback *Cameron*
	Barbara Hershey *Nina Franklin*
Kamera:	Mario Tosi
Musik:	Dominic Frontiere, Norman Gimbel
Produzent:	Richard Rush

Caligula

Deutscher Titel:	Caligula
Erstveröffentlichung:	1979
Regie:	Tinto Brass

Drehbuch:	Gore Vidal, Bob Guccione, Giancarlo Lui
Cast:	Malcolm McDowell *Caligula*
	Teresa Ann Savoy *Drusilla*
	Helen Mirren *Caesonia*
	Peter O'Toole *Tiberius*
	John Gielgud *Nerva*
Kamera:	Tinto Brass, Bob Guccione, Silvano Ippoliti, Giancarlo Lui
Musik:	Tony Biggs, Paul Clemente
Produzent:	Bob Guccione, Franco Rossellini

Zulu Dawn

Deutsche Titel:	Die letzte Offensive
Erstveröffentlichung:	1979
Regie:	Douglas Hickox
Drehbuch:	Cy Endfield, Anthony Story
Cast:	Burt Lancaster *Colonel Durnford*
	Simon Ward *Lieutenant William Vereker*
	Denholm Elliot *Lieutenant Colonel Pulleine*
	Peter Vaughan *QSM Bloomfield*
	James Faulkner *Lieutenant Melvill*
	Peter O'Toole *Lord Chelmsford*
	Nigel Davenport *Colonel Hamilton-Brown*
Kamera:	Ousama Rawi
Musik:	Elmer Bernstein
Produzent:	Nate Kohn, Barrie Saint Clair

Power Play

Deutscher Titel:	Power Play
Erstveröffentlichung:	1978
Regie:	Martyn Burke
Drehbuch:	Martyn Burke, Edward N. Luttwak (Buchvorlage)
Cast:	Jon Granik *Colonel Raymond Kasai*
	David Hemmings *Colonel Anthony Narriman*
	Barry Morse *Dr. Jean Rosseau*
	Peter O'Toole *Colonel Zeller*
	Donald Pleasence *Blair*
	Marcella Saint-Amant *Mrs Rosseau*
Kamera:	Ousama Rawi
Musik:	Ken Thorne
Produzent:	Christopher Dalton, David Hemmings

Rogue Male
Erstveröffentlichung: 1976 (TV)
Regie: Clive Donner
Drehbuch: Frederic Raphael, Geoffrey Household (Buchvorlage)
Cast: Peter O'Toole *Captain Robert Thorndyke*
John Standing *Major Quive-Smith*
Alastair Sim *The Earl*
Harold Pinter *Saul Abrahams*
Michael Byrne *Interrogator*
Cyd Hayman *Rebecca*
Kamera: Brian Tufano
Produzent: Mark Shivas

Foxtrot
Deutscher Titel: Tödliches Inselparadies
Erstveröffentlichung: 1975
Regie: Arturo Ripstein
Drehbuch: H.A.L. Craig, José Emilio Pacheco, Arturo Ripstein
Cast: Peter O'Toole *Liviu*
Charlotte Rampling *Julia*
Max von Sydow *Larsen*
Kamera: Alex Phillips jun.
Musik: Ray Evans, Jay Livingston, Pete Rugolo
Produzent: Gerald Green

Man Friday
Deutscher Titel: Freitag und Robinson
Erstveröffentlichung: 1975
Regie: Jack Gold
Drehbuch: Adrian Mitchell
Cast: Peter O'Toole *Robinson Crusoe*
Richard Roundtree *Friday*
Kamera: Alex Phillips jun.
Musik: Carl Davis
Produzent: David Korda

Rosebud
Deutscher Titel: Unternehmen Rosebud
Erstveröffentlichung: 1975
Regie: Otto Preminger
Drehbuch: Erik Lee Preminger, Paul Bonnecarrere (Buchvorlage)
Joan Hemingway (Buchvorlage)
Cast: Peter O'Toole *Larry Martin*
Richard Attenborough *Edward Sloat*

	Cliff Gorman	*Yafet Hemlekh*
	Claude Dauphin	*Charles-Andre Fargeau*
	Isabelle Huppert	*Helen Nikolaos*
	Kim Cattral	*Joyce Donnovan*
Kamera:	Denys N. Coop	
Musik:	Laurent Petitgirard	
Produzent:	Otto Preminger	

Under Milk Wood

Erstveröffentlichung:	1973	
Regie:	Les Orton, Andrew Sinclair	
Drehbuch:	Dylan Thomas	
Cast:	Richard Burton	*Sprecher*
	Elizabeth Taylor	*Rosie Probert*
	Peter O'Toole	*Captain Cat*
	Glynis Johns	*Myfanwy Price*
	Siân Phillips	*Mrs Ogmore-Pritchard*
Kamera:	Robert Huke	
Musik:	Brian Gascoigne, Trevor Herbert	
Produzent:	Jules Buck, Hugh French	

The Ruling Class

Erstveröffentlichung:	1972	
Regie:	Peter Medak	
Drehbuch:	Peter Barnes	
Cast:	Peter O'Toole	*Jack Arnold Alexander Tancred Gurney, 14th Earl of Gurney*
	Alastair Sim	*Bishop Lampton*
	Arthur Lowe	*Daniel Tucker*
	Harry Andrews	*13th Earl of Gurney*
	Coral Browne	*Lady Claire Gurney*
	Michael Bryant	*Dr. Herder*
	William Mervyn	*Sir Charles Gurney*
	Carolyn Seymour	*Grace Shelley*
	James Villiers	*Dinsdale*
Kamera:	Ken Hodges	
Musik:	John Cameron	
Produzent:	Jules Buck, Jack Hawkins	

Man of La Mancha

Deutscher Titel:	Der Mann von La Mancha
Erstveröffentlichung:	1972
Regie:	Arthur Hiller
Drehbuch:	Dale Wasserman, Miguel de Cervantes y Saavedra (Buchvorlage)

Cast:	Peter O'Toole	Don Quixote de La Mancha/ Miguel de Cervantes/Alonso Quijana
	Sophie Loren	Aldonza/Dulcinea
	James Coco	Sancho Panza/Cervantes Diener
	Harry Andrews	The »Govenor«/Wirt
	John Castle	The »Duke«/Dr. Sanson
	Brian Blessed	Pedro
Kamera:	Guiseppe Rotunno	
Musik:	Mitch Leigh	
Produzent:	Arthur Hiller	

Murphy's War

Deutsche Titel:	Murphy's Krieg	
	Das Wiegenlied der Verdammten	
Erstveröffentlichung:	1971	
Regie:	Peter Yates	
Drehbuch:	Stirling Silliphant, Max Catto (Buchvorlage)	
Cast:	Peter O'Toole	Murphy
	Siân Phillips	Dr. Hayden
	Philippe Noiret	Louis Brezon
	Horst Janson	Commander Lauchs
Kamera:	Douglas Slocombe	
Musik:	John Barry, Ken Thorne	
Produzent:	Michael Deeley	

Country Dance/Brotherly Love

Erstveröffentlichung:	1970	
Regie:	J. Lee Thompson	
Drehbuch:	James Kennaway	
Cast:	Peter O'Toole	Sir Charles Henry Arbuthnot Pinkerton Ferguson
	Susannah York	Hilary Dow
	Michael Craig	Douglas Dow
	Harry Andrews	Brigadier Crieff
	Brian Blessed	Jack Baird
Kamera:	Ted Moore	
Musik:	John Addison, Jimmy Blue	
Produzent:	Robert Emmet Ginna	

Goodbye, Mr. Chips

Deutsche Titel:	Goodbye, Mr. Chips
	Auf Wiedersehen, Mr. Chips
Erstveröffentlichung:	1969
Regie:	Herbert Ross

Drehbuch:	Terence Rattigan, James Hilton (Buchvorlage)
Cast:	Peter O'Toole — *Arthur Chipping*
	George Baker — *Lord Sutterwick*
	Petula Clark — *Katherine Bridges*
	Michael Redgrave — *The Headmaster*
	Siân Phillips — *Ursula Mossbank*
	Michael Bryant — *Max Staefel*
Kamera:	Oswald Morris
Musik:	Leslie Bricusse, John Williams
Produzent:	Arthur P. Jacobs

The Great Catherine

Deutscher Titel:	Die große Katherina
Erstveröffentlichung:	1968
Regie:	Gordon Flemyng
Drehbuch:	Hugh Leonard, George Bernard Shaw (Buchvorlage)
Cast:	Peter O'Toole — *Captain Charles Edaston*
	Zero Mostel — *Patiomkin*
	Jeanne Moreau — *Catherine*
	Jack Hawkins — *Der englische Botschafter*
	Marie Kean — *Prinzessin Dashkoff*
	Kenneth Griffith — *Naryshkin*
Kamera:	Oswald Morris
Musik:	Dimitri Tiomkin
Produzent:	Jules Buck

The Lion in Winter

Deutscher Titel:	Der Löwe im Winter
Erstveröffentlichung:	1968
Regie:	Anthony Harvey
Drehbuch:	James Goldman
Cast:	Peter O'Toole — *Henry II.*
	Katherine Hepburn — *Eleonore von Aquitanien*
	Anthony Hopkins — *Richard*
	John Castle — *Geoffrey*
	Nigel Terry — *John*
	Timothy Dalton — *Philipp II.*
	Jane Merrow — *Alais*
Kamera:	Douglas Slocombe
Musik:	John Barry
Produzent:	Martin Poll

Present Laughter
Erstveröffentlichung: 1968 (TV)
Cast: Peter O'Toole

The Night of the Generals
Deutscher Titel: Die Nacht der Generäle
Erstveröffentlichung: 1967
Regie: Anatole Livak
Drehbuch: James Hadley Chase, Paul Dehn, Joseph Kessel, Hans Hellmut Kirst (Buchvorlage)
Cast:
Peter O'Toole	*General Wilhelm Tanz*
Omar Sharif	*Major Grau*
Tom Courtenay	*Lance Corporal Kurt Hartmann*
Donald Pleasance	*Generalmajor Klaus Kahlenberge*
Joanna Pettet	*Ulrike von Seydlitz-Gabler*
Philipp Noiret	*Inspector Morand*
Charles Gray	*General von Seydlitz-Gabler*
Coral Browne	*Eleonore von Seydlitz-Gabler*
Nigel Stock	*Sergeant Otto Kopkie*
Christopher Plummer	*Feldmarschall Rommel*
Juliette Gréco	*Juliette Gréco*

Kamera: Henri Decae
Musik: Maurice Jarre
Produzent: Sam Spiegel

Casino Royale
Deutscher Titel: Casino Royale
Erstveröffentlichung: 1967
Regie: Val Guest, Ken Hughes, John Huston, Joseph McGrath, Robert Parrish
Drehbuch: Wolf Mankowitz, John Law, Michael Sayers, Ian Fleming (Buchvorlage)
Cast:
Peter Sellers	*Evelyn Tremble/James Bond 007*
Ursula Andress	*Vesper Lynd/007*
David Niven	*Sir James Bond*
Orson Welles	*Le Chiffre*
Joanna Pettet	*Mata Band/007*
Daliah Lavi	*The Detainer/007*
Woody Allen	*Jimmy Bond/Dr. Noah*
Deborah Kerr	*Agent Mimi*
William Holden	*Ransome*
Charles Boyer	*Legrand*
Jean-Paul Belmondo	*Französischer Legionär/Jean-Paul Belmondo*
Jacqueline Bisset	*Miss Goodtighs*

	Peter O'Toole	*Pfeifer*
Kamera:	Jack Hildyard	
Musik:	Burt Bacharach	
Produzent:	Jerry Bresler, Charles K. Feldman	

The Bible
Deutscher Titel: Die Bibel
Erstveröffentlichung: 1966
Regie: John Houston
Drehbuch: Vittorio Bonicelli, Christopher Fry, Jonathan Griffin, Ivo Perilli

Cast:	Michael Parks	*Adam*
	Ully Bergryd	*Eva*
	Richard Harris	*Kain*
	John Huston	*Noah/Gottes Stimme/ Stimme der Schlange/Erzähler*
	Stephen Boyd	*Nimrod*
	Ava Gardner	*Sarah*
	Peter O'Toole	*die drei Erzengel*
Kamera:	Guiseppe Rotunno	
Musik:	Toshirô Mayuzumi	
Produzent:	Dino De Laurentiis	

How to Steal a Million
Deutscher Titel: Wie klaut man eine Million?
Erstveröffentlichung: 1966
Regie: William Wyler
Drehbuch: Harry Kurnitz, George Bradshaw (Buchvorlage)

Cast:	Audrey Hepburn	*Nicole Bonnet*
	Peter O'Toole	*Simon Dermott*
	Eli Wallach	*Davis Leland*
	Hugh Griffith	*Charles Bonnet*
	Charles Boyer	*Charles de Solnay*
	Fernand Gravey	*Grammont*
Kamera:	Charles Lang	
Musik:	John Williams	
Produzent:	Fred Kohlmar	

The Sandpiper
Deutscher Titel: ... die alles begehren
Erstveröffentlichung: 1965
Regie: Vincente Minelli
Drehbuch: Martin Ransohoff, Irene und Louis Kamp, Dalton Trumbo, Michael Wilson

Cast:		Elizabeth Taylor	*Laura Reynolds*
		Richard Burton	*Dr. Edward Hewitt*
		Charles Bronson	*Cos Erickson*
		Peter O'Toole	*Stimme*
Kamera:		Milton R. Krasner	
Musik:		Johnny Mandel	
Produzent:		Martin Ransohoff	

What's New, Pussycat?

Deutscher Titel:	Was gibt's Neues, Pussy?	
Erstveröffentlichung:	1965	
Regie:	Clive Donner	
Drehbuch:	Woody Allen	
Cast:	Peter Sellers	*Dr. Fritz Fassbender*
	Peter O'Toole	*Michael James*
	Romy Schneider	*Carole Werner*
	Capucine	*Renee Lefebvre*
	Paula Prentiss	*Liz Bien*
	Woody Allen	*Victor Skakapopulis*
	Ursula Andress	*Rita*
	Eddra Gale	*Anna Fassbender*
	Richard Burton	*Gast in einer Striptease-Bar*
Kamera:	Jean Badal	
Musik:	Burt Bacharach	
Produzent:	Charles K. Feldman, Richard Sylbert	

Lord Jim

Deutscher Titel:	Lord Jim	
Erstveröffentlichung:	1965	
Regie:	Richard Brooks	
Drehbuch:	Richard Brooks, Joseph Conrad (Buchvorlage)	
Cast:	Peter O'Toole	*Lord Jim*
	James Mason	*Gentleman Brown*
	Curd Jürgens	*Cornelius*
	Eli Wallach	*Der General*
	Jack Hawkins	*Marlow*
	Daliah Lavi	*Das Mädchen*
Kamera:	Freddie Young	
Musik:	Bronislau Kaper	
Produzent:	Richard Brooks	
Co-Produzenten:	Jules Buck, Peter O'Toole	

Becket
Deutscher Titel: Becket
Erstveröffentlichung: 1964
Regie: Peter Glenville
Drehbuch: Edward Anhalt, Jean Anouihl (Theaterstück)
Cast: Richard Burton — *Thomas Becket*
Peter O'Toole — *Henry II.*
John Gielgud — *Louis VII.*
Donald Wolfit — *Bischof Foliot*
Felix Aymer — *Erzbischof von Canterbury*
Siân Phillips — *Gwendolen*
Kamera: Geoffrey Unsworth
Musik: Laurence Rosenthal
Produzent: Hal B. Wallis

Lawrence of Arabia
Deutscher Titel: Lawrence von Arabien
Erstveröffentlichung: 1962
Regie: David Lean
Drehbuch: Robert Bolt, Michael Wilson, T. E. Lawrence (Buchvorlage)
Cast: Peter O'Toole — *T. E. Lawrence*
Alec Guinness — *Prinz Feisal*
Anthony Quinn — *Auda abu Tayi*
Jack Hawkins — *General Allenby*
Omar Sharif — *Sherif Ali Ibn El Kharish*
José Ferrer — *Türkischer Bey*
Anthony Quayle — *Colonel Harry Brighton*
Claude Rains — *Mr. Dryden*
Arthur Kennedy — *Jackson Bentley*
Donald Wolfit — *General Murray*
Kamera: Freddie Young
Musik: Maurice Jarre
Produzent: Sam Spiegel

The Day They Robbed the Bank of England
Deutscher Titel: Bankraub des Jahrhunderts
Erstveröffentlichung: 1960
Regie: John Guillermin
Drehbuch: Howard Cleves, Richard Maibaum, John Brophy (Buchvorlage)
Cast: Aldo Ray — *Norgate*
Elizabeth Sellars — *Iris Muldoon*
Kieron Moore — *Walsh*
Peter O'Toole — *Captain Fitch*

	John Le Mesurier	*Green*
Kamera:	Georges Périnal	
Musik:	Edwin T. Astley	
Produzent:	Jules Buck	

Kidnapped
Deutscher Titel:	Entführt – Die Abenteuer des David Balfour	
Erstveröffentlichung:	1960	
Regie:	Robert Stevenson	
Drehbuch:	Robert Louis Stevenson (Buchvorlage)	
Cast:	Peter Finch	*Alan Breck Stewart*
	James MacArthur	*David Balfour*
	Bernard Lee	*Captain Hoseason*
	John Laurie	*Ebenezer Balfour*
	Peter O'Toole	*Robin MacGregor*
Kamera:	Paul Beeson	
Musik:	Cedric Thorpe Davie	
Produzent:	Walt Disney	

The Savage Innocents
Deutsche Titel:	Im Land der langen Schatten	
	Weiße Schatten	
Erstveröffentlichung:	1959	
Regie:	Nicholas Ray	
Drehbuch:	Nicholas Ray, Hans Ruesch, Franco Solinas	
Cast:	Anthony Quinn	*Inuk*
	Yako Tani	*Asiak*
	Carlo Guistini	*Second Trooper*
	Peter O'Toole	*First Trooper*
Kamera:	Peter Hennessy, Aldo Tonti	
Musik:	Angelo Francesco Lavagnino	
Produzent:	Maleno Malenotti	

LITERATUR

»Acting out Loud – Peter O'Toole«, in: *Biographies*, TV-Personality-Show-Reihe (USA), 1998
»Alle werden in diesem Jahr siebzig. Glückwunsch, große Jungs!«, in: *Neue Revue* 16, 2002, S. 40–43
Bernhard, Jeffrey: »Reach for the Ground – the Downhill Struggle of Jeffrey Bernard«, London 1996
Billington, Michael in: *The Guardian* vom 4. September 1980
Briefsammlung im Archiv der University of Reading
Brownlow, Kevin: »David Lean«, London 1997
Davies, Yowerth in: *The Guardian* vom 11. Dezember 1962
Dehn, Paul in: *Herald* vom 11. Dezember 1962
Dokumentation zu »Lawrence of Arabia«, DVD-Ausgabe, 2001
Freedland, Michael: »Peter O'Toole«, London 1983
Gibbs, Patrick in: *Daily Telegraph* vom 11. Dezember 1962
Howard, John/Egg (Edward Grahame Godfrey), ehemalige Bordkameraden von O'Toole: »The Young O'Toole – Episodes from the Life«, in: www.realitymouse.com/otoole/articles/nan12.html
Interview mit Peter O'Toole von Cathleen McGuigan, in: *Rolling Stone Magazine* vom 25. November 1982; auch veröffentlicht in: www.realitymouse.com/otoole/main
Interview mit Peter O'Toole von Charlie Rose, CBS Worldwide Inc., 2000
»Kirkus Review«, in: www.amazon.de
Koch, Werner: »Lawrence von Arabien«, Frankfurt 1995
»Man Behaving Bardly«, Interview mit Peter O'Toole von Anthony Holden, in: *The Observer* vom 11. Juli 1999; auch veröffentlicht in: www.guardian.co.uk/Archive/Article/0,4273,3882259,00.html
»Making of« zu »Molokai – The Story of Father Damien«, DVD-Ausgabe, 1999
McBride, Charlie: »Peter O'Tooles Intentional Loiterings«, in: www.iol.ie/resource/ga/archive/1996/Jun13/news/12.html

Morris, L. Robert/Raskin, Lawrence: »Lawrence of Arabia: The Official 30th Anniversary Pictorial History«, Doublesday 1992

O'Toole, Peter: »Loitering with Intent – The Child«, London 1993

O'Toole, Peter: »Loitering with Intent – The Apprentice«, New York 1996

»Part of Me Still Loves Her«, Interview mit Peter O'Toole, in: *Night and Day* vom 15. April 2001, S. 21–25.

»Peter O'Toole – A Candid Conversation with the Impudent, Irreverent Irish Actor«, Interview mit Peter O'Toole, in: *Playboy* 141, 1965, S. 91–100

Phillips, Siân: »Public Places – The Autobiography«, London 2001

Pressemitteilung der Firma Columbia Pictures vom 20. November 1960

Talese, Gay: »Peter O'Toole on the Ould Sod from the Book ›Fame and Obscurity‹«, in: www.realitymouse.com/otoole/articles/tales.htm

»Though He Is Plagued by a Custody Fight over His Son, Peter O'Toole Is a Triumph in Pygmalion«, Interview mit Peter O'Toole in: *People Magazine* 4, vom 29. Juni 1987, S. 96f.; auch veröffentlicht in: www.neoolympia.net/otoole/interview/custody.htm

Tinker, Jack in: *Daily Mail* vom 4. September 1980

Wapshott, Nicholas: »Peter O'Toole – A Biography«, London 1983

Waterhouse, Keith: »Jeffrey Bernard Is Unwell. A Play by Keith Waterhouse Based on the Life and Writings of Jeffrey Bernard«, London 1991

DANK

Es hat mir Freude gemacht, diese Biographie zu schreiben – auch, weil ich darin großartige Unterstützung hatte. Dafür will ich mich bedanken: Bei den Menschen aus O'Tooles Umfeld, die mit mir gesprochen und mir persönliche Eindrücke vermittelt haben, und bei den Menschen in meinem Umfeld, die mir mit Rat und Tat zur Seite gestanden haben. An erster Stelle stehen da meine Eltern, ohne deren Liebe und Rückhalt ich nicht dahin gekommen wäre, wo ich bin. Meinem Agenten Heider Tietz danke ich für seine Geduld, wenn er mich bei einem Durchhänger trösten musste, und für sein Lob und seine Motivation. Und schließlich danke ich meinen Freunden: Bianca Heidker, die mir bei der Recherche geholfen hat; Dr. Wolfgang Peter, der in der ihm eigenen Gründlichkeit und Schnelligkeit Korrektur gelesen und mir Feedback gegeben hat, und Karin Peter und Sylvia Mitterer, die geduldig zugehört haben, wenn ich laut nachdenken musste. Und last, but not least, gilt mein Dank Frank Nüßgen, der mit großer Fachkenntnis eingesprungen ist, wenn die Zitate aus O'Tooles Büchern sich allzu hartnäckig gegen die deutsche Sprache sträubten. Ich habe übersetzt. Er hat übertragen und das mit so viel Sprachgefühl, dass seine Texte an das Original heranreichen dürften.

BILDNACHWEIS

1, 2, 5–12, 14–31: Cinetext
3: Hipp Foto
4, 13: Performing Arts / Topham

NAMENSREGISTER

Aldington, Richard 75
Allen, Woody 104f., VIII
Alonso, John 118
Andress, Ursula 105f.
Anouilh, Jean 74, 79, 94, 115
Ashcroft, Peggy 72
Awad, Ben 29

Barillari, Lino 103
Barnes, Peter 127
Barnes, Sir Kenneth 35f., 40
Bates, Allan 41
Beckett, Samuel 54, 120
Behan, Brendan 164
Bernard, Jeffrey 15, 166ff., 175
Bertolucci, Bernardo 165, XV
Bettany, Paul 174
Billington, Michael 152
Blessed, Brian 28, 50
Bogarde, Dirk 171
Box, John 83
Brando, Marlon 68, 77
Brass, Tinto 138
Brecht, Berthold 90, III
Brenner, Nat 51f., 56, 119, 130, 146, 153
Broccoli, Cubby 70
Brooks, Richards 100
Bryant, Michael 122, 128
Buck, Joyce 66, 71f., 91, 141

Buck, Jules 65–68, 70ff., 74, 79, 88, 91, 104f., 117, 128f., 135ff., 140–143
Burton, Richard 70, 90, 93–98, 106, 115, VI
Burton, Sybil 95

Callas, Maria 98
Capucine s. Lefebvre, Germaine
Carrera, Barbara 14
Cervantes, Miguel 128
Churchill, Winston 75
Clark, Petula 122
Cole, Barbara 76, 84
Combs, Derek 55
Conrad, Joseph 100
Cowley, Dave 103
Craig, H. A. L. 133

Dalton, Timothy 108f., 116
Das, Lina 161
Davies, Yowerth 87
Dehn, Paul 87
Dixon, Shirley 46
Donner, Cliff 146

Elizabeth II., Königin von England 54f., 86f.
Epstein, Jacob 35

219

Ferguson, Constance Jane Eliot
s. O'Toole, Constance Jane Eliot
Finney, Albert 41, 77, 103
Forbes, Bryan 150f., 153
Foster, Jodie 30, 158, 173
Fraser, Ronald 41
Freedman, Michael 78
Freud, Sigmund 89

Gandhi, Mahatma 75
Georg IV., König von England 29
Gibbs, Patrick 58, 87
Gielgud, Sir John 58f., 98, 138
Gillen, Aidan 173f.
Ginna, Robert 116
Glenville, Peter 93f.
Goetz, Dr. Inga 123ff.
Gold, Jack 150
Gore, Al 138
Grant, Cary 112
Gregor-Dellin, Martin 8
Griffith, Kenneth 63f., 68, 149, 152f., 163
Guccione, Bob 138

Hall, Sir Peter 59, 65, 69ff., 74, 78f., 152, 177
Hamish, »Big« 19f.
Hamish, »Pongo« 19f.
Harris, Richard 41
Harrison, Rex 103
Hemingway, Mariel XV
Hepburn, Audrey 103, 111ff., IX
Hepburn, Katherine 115–118, 122, IX
Hitler, Adolf 18f., 144f.
Hodge, John 174
Holden, Anthony 165
Hopkins, Anthony 116
Household, Geoffrey 18, 144ff.
Houston, John 103
Hunt, Helen 138
Hurt, John 119, 167
Hussein, König von Jordanien 80

Ibsen, Henrik 28

Johnston, Reginald Fleming 166
Johnston, Richard 173
Jung, Carl Gustav 8
Jürgens, Curt VII

Keats, John 21
Kennaway, James 118
Kingsley, Sir Ben 50, 99
Kinnear, Roy 41
Kinski, Nastassja 166
Kipling, Rudyard 158
Kirst, Hans-Helmut 113

Laughton, Charles 156
Lavi, Daliah VII
Lawrence, Charlotte T. E. 75
Lawrence, Thomas Edward 75f., 81, V
Lean, Sir David 74–77, 81–85, 87, 147, 172, IV
Lefebvre, Germaine 104f.
Leigh, Andrew 150
Leigh, Vivien 99, 137
Loren, Sophia 107, 128, XI
Lowe, Arthur 129

MacBruin, Donal 19f.
Malleson, Miles II
Marsden, Lionel 40
Marx, Karl 89
May, Val 131
May, Mathilda 172
McDowell, Malcolm 138
McGowan, Rose 173
Mercer, David 110
Milton, Ernest 38f.
Moody, John 50–53
Moreau, Jeanne X
Morley, Sheridan 171

Nunn, Trevor 177

O'Casey, Sean 114
O'Connor, Joe 53ff., 59, 71, 154
O'Liver, Patrick 25, 28, 32, 34, 42
Olivier, Sir Laurence 93, 98f., 148, 157, 175f.
O'Toole, Kate 71-74, 95, 117f., 123, 126f., 130, 133, 135f., 139, 141, 161, 163f.
O'Toole, Pat 90, 117f., 123, 126f., 130, 133, 136, 139, 141, 163f.
O'Toole, Patricia 13f., 54f., 74
O'Toole, Patrick Josef 12ff., 23, 45, 63, 91, 131f.
O'Toole, Patrick Lorcan 159, 161-165, 167
O'Toole, Constance Jane Eliot 11-14, 16ff., 21, 23, 55, 63, 72, 91, 136, 154f.
Owen, Michael 149

Perkins, Peter 103
Phillip, Herzog von Edinburgh 87
Phillips, Sally 86, 89, 91, 107f., 141
Phillips, Siân 11, 61-67, 69, 70-74, 79f., 82f., 86-91, 95ff., 101f., 104, 106-112, 115, 117f., 123ff., 127, 129f., 133-137, 139-144, 146, VIII, XIf.
Pirandello, Luigi 46
Pleasance, Donald 147
Plummer, Christopher 79
»Pocahontas« 42f., 46
Ponti, Carlo 107
Powell, Robert 122
Pringle, Bryan 41, 173
Pu Yi, Kaiser von China 166

Quant, Mary 101
Quinn, Anthony 64f., II, V

Rampling, Charlotte 133
Redgrave, Sir Michael 33f., 122, 173
Reynolds, Burt 147
Richardson, Joely 172

Robertson, Toby 149f., 154, 156
Ross, Herbert 122
Rush, Richard 147

Sachs, Robin 137, 146
Schneider, Romy 105, VIII
Seé, Denise 123, 142
Sellers, Peter 105-108
Shakespeare, William 33, 70, 72, 139, 148, 156, 164, 180
Sharif, Omar 85, 111, 113, 172, IVf., X
Shaw, George Bernard 21, 28, 35, 38, 75, 114, 119f., 131, 158, 165, 175
Sherrin, Ned 175
Silva, Cornelius Flavius 148, XIV
Silverstein, Elliot 114
Sim, Alastair 128
Slattery, Dr. Gerry 134f.
Sobieski, Leelee 174
Somerville, Karen 158f., 162, 163
Spacey, Kevin 176
Spiegel, Sam 65, 74-78, 85, 88, 113
Steele, Barbara 103
Stevens, Roy 83
Stewart, Patrick 50
Stirling, W. F. 75
Stock, Nigel 119f.
Stone, Phillip 31
Styler Sting, Trudy 151

Taylor, Elizabeth 70, 95-98, 137, VI, XII
Thomas, Dylan 96, 172
Thorndyke, Dame Sibyl 38, 179
Tinker, Jack 152, 168
Tracey, Spencer 115
Traver, Ben 131
Tschechow, Anton 28, 130
Turgenjew Iwan 29

Ustinov, Sir Peter 54

Verdugo, Anna »Malinche« 133, 146f.
Victoria, Königin von England 29
Vidal, Gore 138

Wainwright, David 71
Waller, Thomas »Fats« 179
Waterhouse, Keith 166f., 171, 175
West, Timothy 150–155

Williams, Robin 158
Willoughby, Bob 123–126
Wilson, July 110
Wodehouse, Pelham Grenville 173
Wrottesley, Bob 45
Wu Tao XV

Zec, Donald 85f.